Birgit Gailer

# Den Zehnerübergang differenziert üben

Materialien für Unterricht und Wochenplan im Zahlenraum bis 100

2. Klasse

Band 2: ZE+/–ZE

Kopiervorlagen mit Lösungen

BRIGG VERLAG

Gedruckt auf umweltbewusst gefertigtem, chlorfrei gebleichtem und alterungsbeständigem Papier.

5. Auflage 2025



Layout/Satz: PrePress-Salumae.com, Kaisheim
Druck: Rausch Druck GmbH, Aindlinger Str. 14, 86167 Augsburg

ISBN 978-3-95660-**343**-3

www.brigg-verlag.de

# Inhalt

## Praktische Hinweise zur Arbeit mit den Kopiervorlagen



## Arbeitsblätter mit Lösungsblättern

### 1. Hinführung zum Zehnerübergang (ZE+/–ZE)



### 2. Differenzierte Arbeitsblätter (ZE+/–ZE)
*(auch einsetzbar als Wochenplanarbeit)*



### 3. Weiterführende Übungsblätter



## Blankoformulare

# Praktische Hinweise zur Arbeit mit den Kopiervorlagen

## Grundvoraussetzung für den Zehnerübergang

In der 1. Jahrgangsstufe haben die Kinder Erfahrungen, Kenntnisse und Fähigkeiten im Zerlegen und Zusammensetzen von Zahlen, im Lösen der Grundaufgaben im Zahlenraum bis 20 und im systematischen Aufbau des Zwanzigers (Stellenwertbegriff) gesammelt. Sie sind eine wichtige Voraussetzung, damit ihnen nun Rechenoperationen (Addition/Subtraktion) über Zahlzerlegung und Zahlzusammensetzung im Hunderterraum gelingen. Die zunehmende Sicherheit im Zahlverständnis unterstützt die rechnerischen Fähigkeiten der Kinder und umgekehrt.

## Differenzierung der Arbeitsblätter und Blankovorlagen

Der vorliegende Band enthält Arbeitsblätter in drei Schwierigkeitsgraden. Sie sind wie folgt gekennzeichnet:

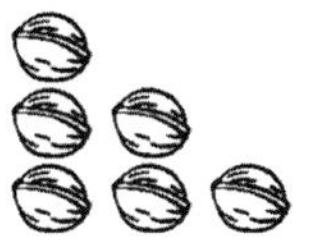

geringer Schwierigkeitsgrad
mittlerer Schwierigkeitsgrad
höherer Schwierigkeitsgrad

Die vorgenommene **Differenzierung** stellt nur ***eine*** Möglichkeit und Hilfe dar, um z. B. eine Übungssequenz oder einen Wochenplan differenziert aufzubauen. Intention des Buches ist, der Lehrkraft Möglichkeiten an die Hand zu geben, die Arbeitsblätter jederzeit individuell bezogen auf den jeweiligen Lern- und Leistungsstand der Schüler auswählen und in der Abfolge ändern zu können.

Aus diesem Grund enthält das Buch **Blankovorlagen**, die es erlauben, mit wenig Arbeitsaufwand weitere differenzierte Arbeitsblätter zu erstellen, z. B. auch für eine Hausaufgabe. Der Vorteil dabei ist, dass damit insbesondere leistungsschwächeren Kindern Übungsblätter an die Hand gegeben werden können, deren Aufgabenstruktur die Kinder bereits von der schulischen Unterrichtsarbeit her kennen. Ein ständiger Wechsel der Aufgabenstruktur stellt erfahrungsgemäß gerade für diese Schüler ein zusätzliches Problem dar und lenkt nur vom zu übenden Inhalt ab.

## Notwendiges Material

Um ein konkretes und anschauliches Durchführen der Rechenoperationen zu ermöglichen, sollte jeder Schüler, der es braucht, zumindest das abgedruckte Hunderterfeld (S. 110) in die Hand bekommen.
Als Anschauungsmaterialien sollten des Weiteren – insbesondere für rechenschwächere Schüler – ein Rechenrahmen oder ein Hunderter-Steckbrett oder der Abaco 100 (Schubi-Verlag) und ein Zahlenstrahl bis 100 zur Verfügung stehen.

## Wochenplanarbeit

Die differenzierten Arbeitsblätter lassen sich sowohl im „normalen" Unterricht als auch für die Wochenplanarbeit einsetzen.
In die Kopiervorlage „Wochenplan" (S. 111) müssen zuerst die Namen aller Schüler der Klasse eingetragen werden. Jedes Kind bekommt zum „Zehnerübergang ZE+/–ZE" sechs Arbeitsblätter (gekennzeichnet mit ⚀ - ⚁ - ⚂ - ⚃ - ⚄ - ⚅); diese werden dem Leistungsstand des Kindes entsprechend differenziert zugewiesen. Hat ein Kind z. B. Arbeitsblatt 1 bearbeitet, dann kennzeichnet es dies neben seinem Namen in der Wochenplanarbeitsliste mit einem ☑ oder ☒.
Zusätzlich können die Lösungsblätter zur Selbstkontrolle bereitgestellt werden; die Kennzeichnung, dass das Arbeitsblatt bearbeitet worden ist, erfolgt dann *nach* der Korrektur durch den Schüler.

# ARBEITSBLÄTTER

## mit Lösungsblättern

Name: ______________ Datum: ______________

# Wir rechnen bis 100 (+)

1. Rechne!

| | | |
|---|---|---|
| 4 + 2 = | 5 + 3 = | 3 + 4 = |
| 40 + 20 = | 50 + 30 = | 30 + 40 = |
| 42 + 20 = | 54 + 30 = | 36 + 40 = |
| 47 + 20 = | 51 + 30 = | 38 + 40 = |
| 44 + 20 = | 59 + 30 = | 34 + 40 = |

| | | |
|---|---|---|
| 7 + 2 = | 2 + 3 = | 4 + 5 = |
| 70 + 21 = | 20 + 34 = | 40 + 53 = |
| 70 + 25 = | 20 + 39 = | 40 + 57 = |
| 70 + 23 = | 20 + 36 = | 40 + 55 = |
| 70 + 28 = | 20 + 32 = | 40 + 58 = |

2. Rechne!

| | | |
|---|---|---|
| 40 + 35 = | 20 + 28 = | 30 + 46 = |
| 20 + 35 = | 70 + 28 = | 50 + 46 = |
| 60 + 35 = | 50 + 28 = | 10 + 46 = |
| 10 + 35 = | 30 + 28 = | 40 + 46 = |

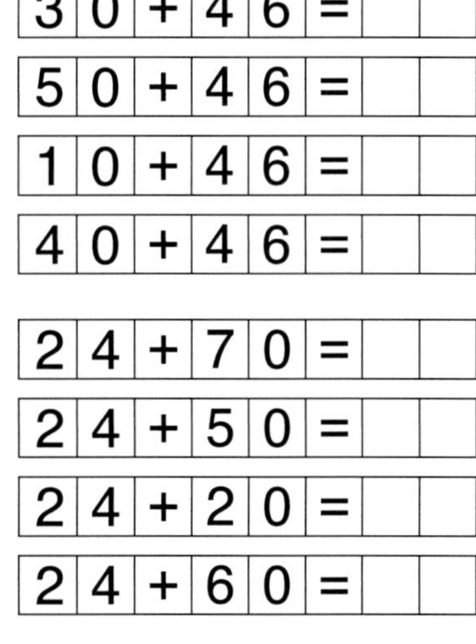

| | | |
|---|---|---|
| 13 + 40 = | 57 + 30 = | 24 + 70 = |
| 13 + 80 = | 57 + 10 = | 24 + 50 = |
| 13 + 60 = | 57 + 40 = | 24 + 20 = |
| 13 + 50 = | 57 + 20 = | 24 + 60 = |

3. Rechne!

| | | |
|---|---|---|
| 30 + 40 = | 50 + 20 = | 60 + 30 = |
| 5 + 3 = | 3 + 2 = | 4 + 4 = |
| **35 + 43** = | + = | + = |

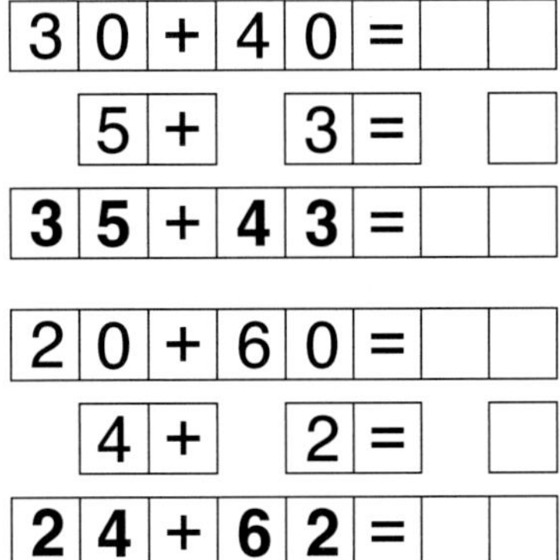

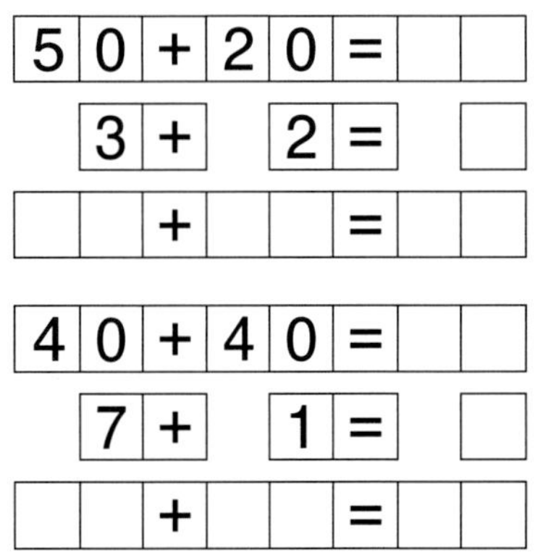

| | | |
|---|---|---|
| 20 + 60 = | 40 + 40 = | 20 + 30 = |
| 4 + 2 = | 7 + 1 = | 3 + 6 = |
| **24 + 62** = | + = | + = |

# Lösung

## Wir rechnen bis 100 (+)

1. Rechne!

| 4 + 2 = 6 | 5 + 3 = 8 | 3 + 4 = 7 |
|---|---|---|
| 40 + 20 = 60 | 50 + 30 = 80 | 30 + 40 = 70 |
| 42 + 20 = 62 | 54 + 30 = 84 | 36 + 40 = 76 |
| 47 + 20 = 67 | 51 + 30 = 81 | 38 + 40 = 78 |
| 44 + 20 = 64 | 59 + 30 = 89 | 34 + 40 = 74 |

| 7 + 2 = 9 | 2 + 3 = 5 | 4 + 5 = 9 |
|---|---|---|
| 70 + 21 = 91 | 20 + 34 = 54 | 40 + 53 = 93 |
| 70 + 25 = 95 | 20 + 39 = 59 | 40 + 57 = 97 |
| 70 + 23 = 93 | 20 + 36 = 56 | 40 + 55 = 95 |
| 70 + 28 = 98 | 20 + 32 = 52 | 40 + 58 = 98 |

2. Rechne!

| 40 + 35 = 75 | 20 + 28 = 48 | 30 + 46 = 76 |
|---|---|---|
| 20 + 35 = 55 | 70 + 28 = 98 | 50 + 46 = 96 |
| 60 + 35 = 95 | 50 + 28 = 78 | 10 + 46 = 56 |
| 10 + 35 = 45 | 30 + 28 = 58 | 40 + 46 = 86 |

| 13 + 40 = 53 | 57 + 30 = 87 | 24 + 70 = 94 |
|---|---|---|
| 13 + 80 = 93 | 57 + 10 = 67 | 24 + 50 = 74 |
| 13 + 60 = 73 | 57 + 40 = 97 | 24 + 20 = 44 |
| 13 + 50 = 63 | 57 + 20 = 77 | 24 + 60 = 84 |

3. Rechne!

| 30 + 40 = 70 | 50 + 20 = 70 | 60 + 30 = 90 |
|---|---|---|
| 5 + 3 = 8 | 3 + 2 = 5 | 4 + 4 = 8 |
| 35 + 43 = 78 | 53 + 22 = 75 | 64 + 34 = 98 |

| 20 + 60 = 80 | 40 + 40 = 80 | 20 + 30 = 50 |
|---|---|---|
| 4 + 2 = 6 | 7 + 1 = 8 | 3 + 6 = 9 |
| 24 + 62 = 86 | 47 + 41 = 88 | 23 + 36 = 59 |

Name: ____________________ Datum: ____________________

# Wir zerlegen Zahlen

## Immer 20

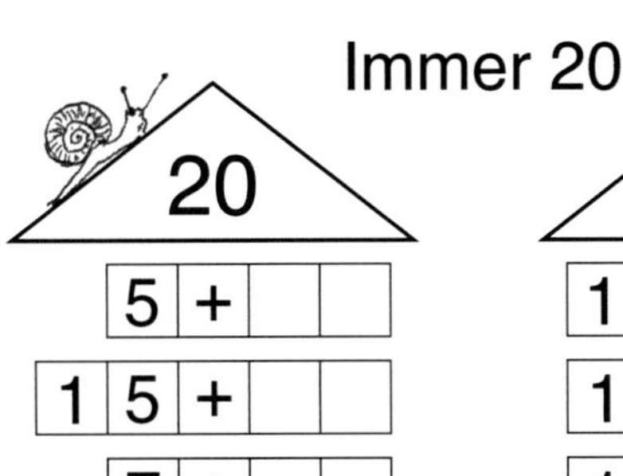

**20**

5 + ___
15 + ___
7 + ___
17 + ___

**20**

12 + ___
14 + ___
16 + ___
18 + ___

## Immer 30

**30**

20 + ___
22 + ___
26 + ___
6 + ___

**30**

15 + ___
5 + ___
16 + ___
17 + ___

## Immer 40

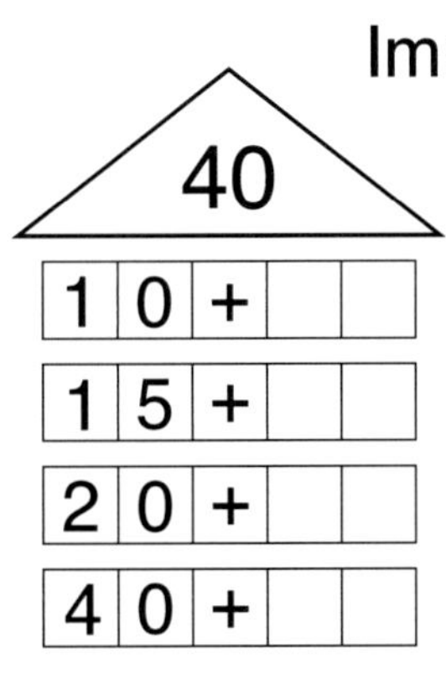

**40**

10 + ___
15 + ___
20 + ___
40 + ___

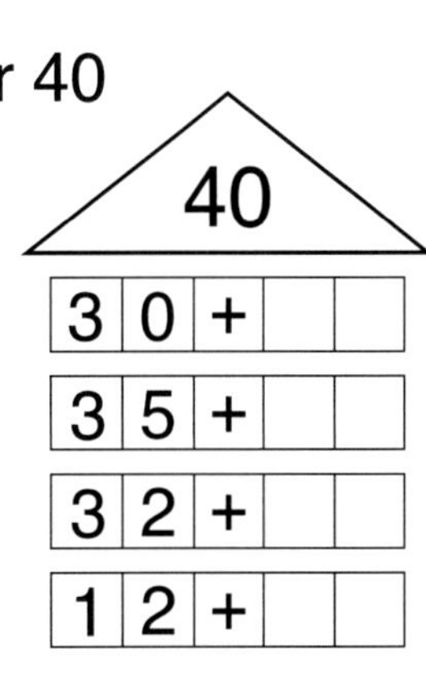

**40**

30 + ___
35 + ___
32 + ___
12 + ___

## Immer 50

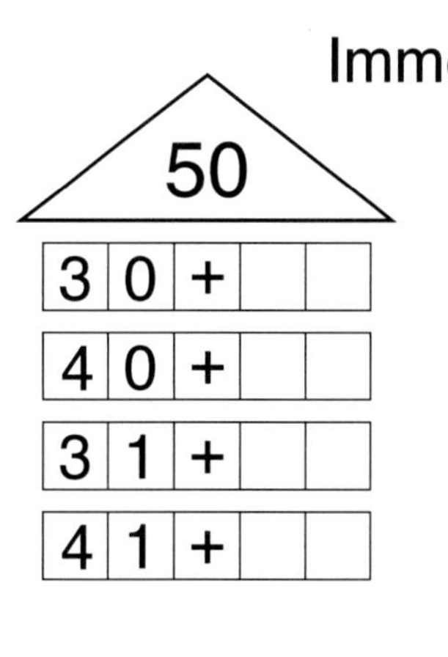

**50**

30 + ___
40 + ___
31 + ___
41 + ___

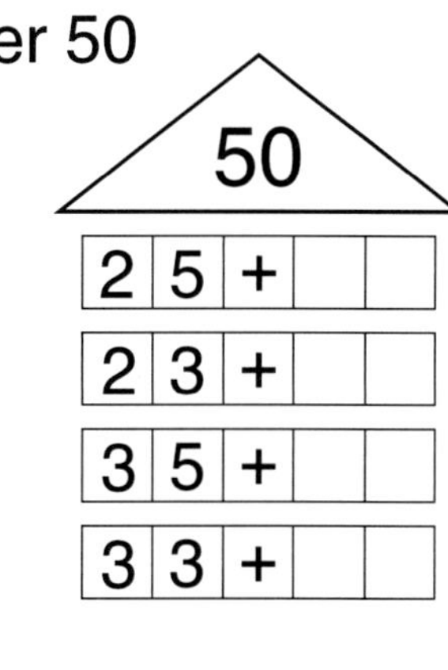

**50**

25 + ___
23 + ___
35 + ___
33 + ___

## Immer 60

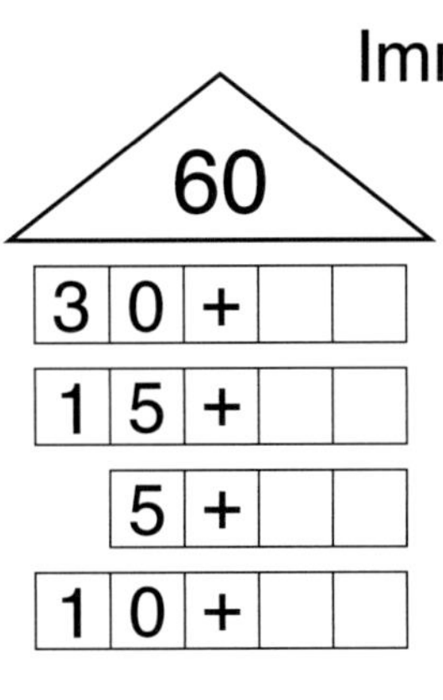

**60**

30 + ___
15 + ___
5 + ___
10 + ___

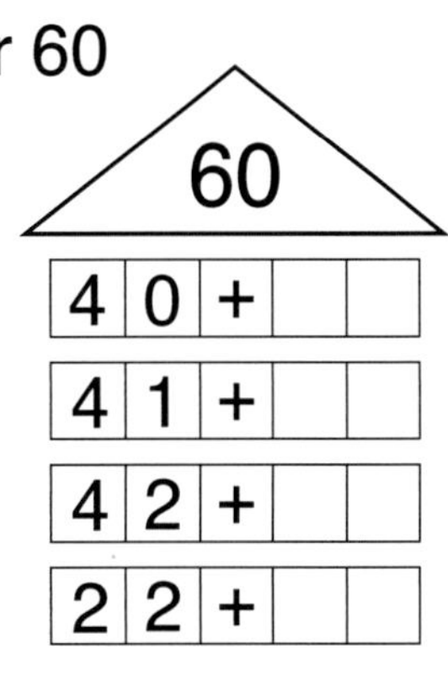

**60**

40 + ___
41 + ___
42 + ___
22 + ___

## Immer 70

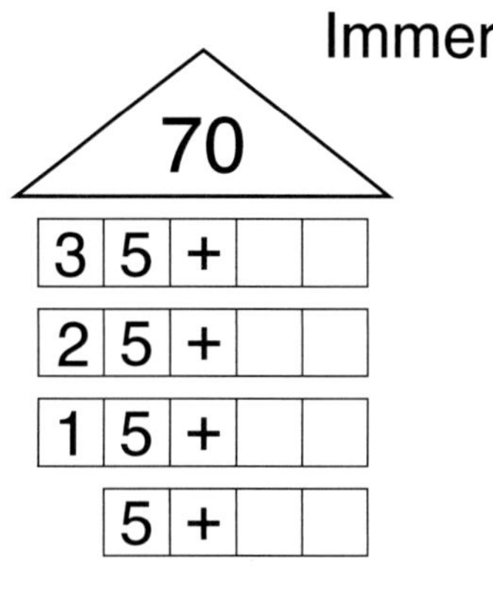

**70**

35 + ___
25 + ___
15 + ___
5 + ___

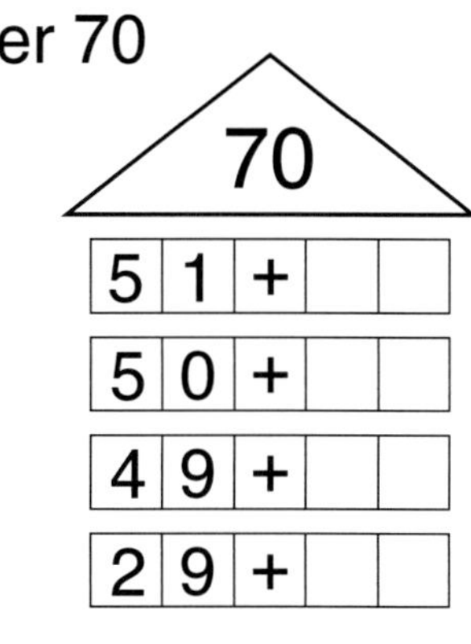

**70**

51 + ___
50 + ___
49 + ___
29 + ___

## Immer 80

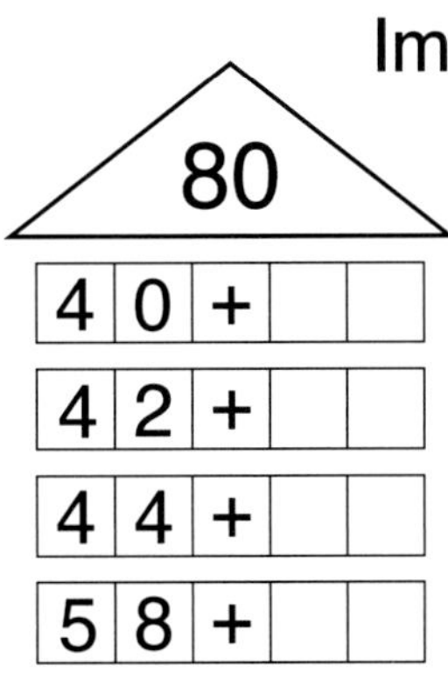

**80**

40 + ___
42 + ___
44 + ___
58 + ___

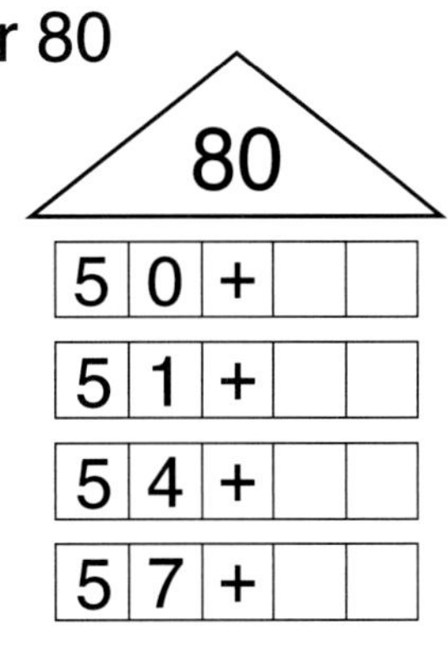

**80**

50 + ___
51 + ___
54 + ___
57 + ___

## Immer 90

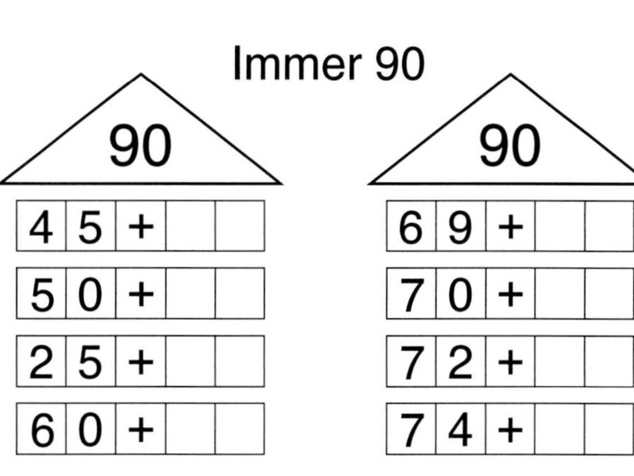

**90**

45 + ___
50 + ___
25 + ___
60 + ___

**90**

69 + ___
70 + ___
72 + ___
74 + ___

# Lösung

## Wir zerlegen Zahlen

### Immer 20

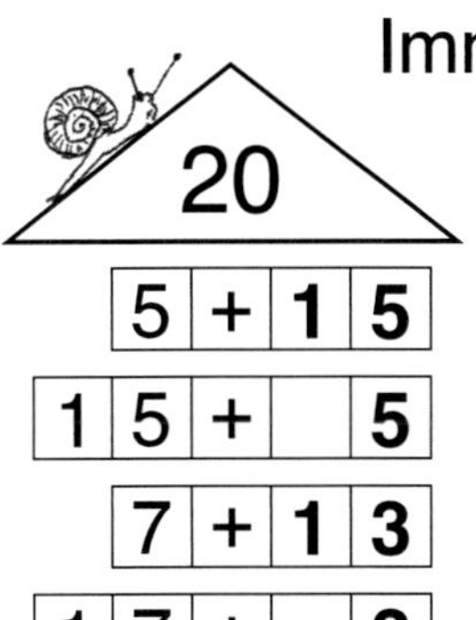

| 20 |
|---|
| 5 + **15** |
| 15 + **5** |
| 7 + **13** |
| 17 + **3** |

| 20 |
|---|
| 12 + **8** |
| 14 + **6** |
| 16 + **4** |
| 18 + **2** |

### Immer 30

| 30 |
|---|
| 20 + **10** |
| 22 + **8** |
| 26 + **4** |
| 6 + **14** |

| 30 |
|---|
| 15 + **15** |
| 5 + **25** |
| 16 + **14** |
| 17 + **13** |

### Immer 40

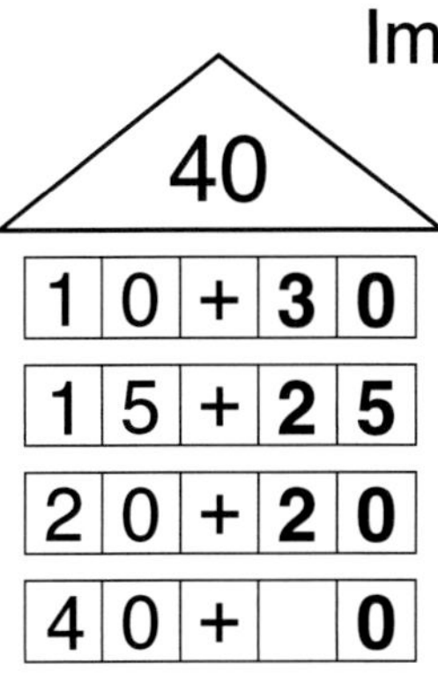

| 40 |
|---|
| 10 + **30** |
| 15 + **25** |
| 20 + **20** |
| 40 + **0** |

| 40 |
|---|
| 30 + **10** |
| 35 + **5** |
| 32 + **8** |
| 12 + **28** |

### Immer 50

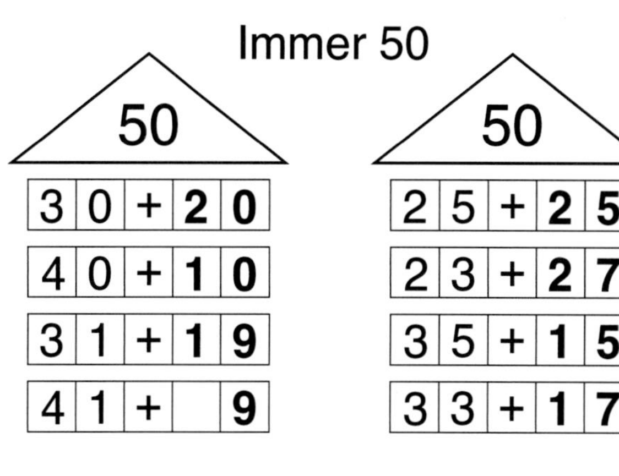

| 50 |
|---|
| 30 + **20** |
| 40 + **10** |
| 31 + **19** |
| 41 + **9** |

| 50 |
|---|
| 25 + **25** |
| 23 + **27** |
| 35 + **15** |
| 33 + **17** |

### Immer 60

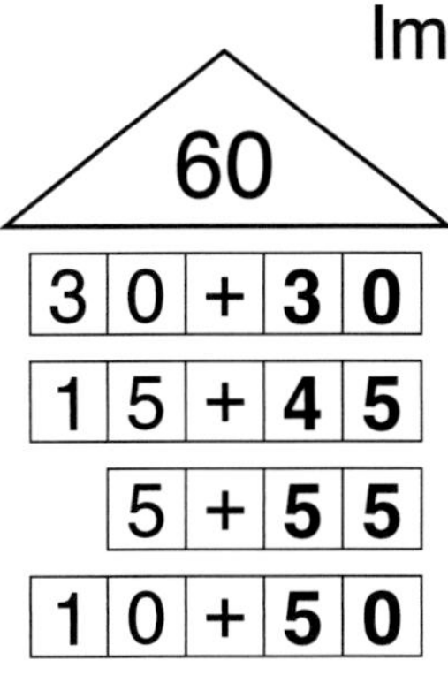

| 60 |
|---|
| 30 + **30** |
| 15 + **45** |
| 5 + **55** |
| 10 + **50** |

| 60 |
|---|
| 40 + **20** |
| 41 + **19** |
| 42 + **18** |
| 22 + **38** |

### Immer 70

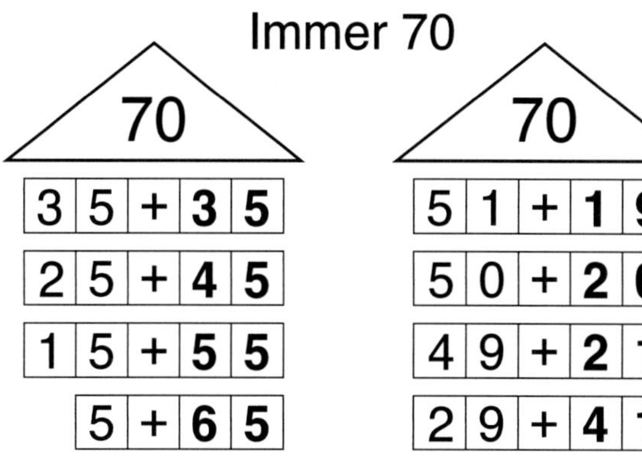

| 70 |
|---|
| 35 + **35** |
| 25 + **45** |
| 15 + **55** |
| 5 + **65** |

| 70 |
|---|
| 51 + **19** |
| 50 + **20** |
| 49 + **21** |
| 29 + **41** |

### Immer 80

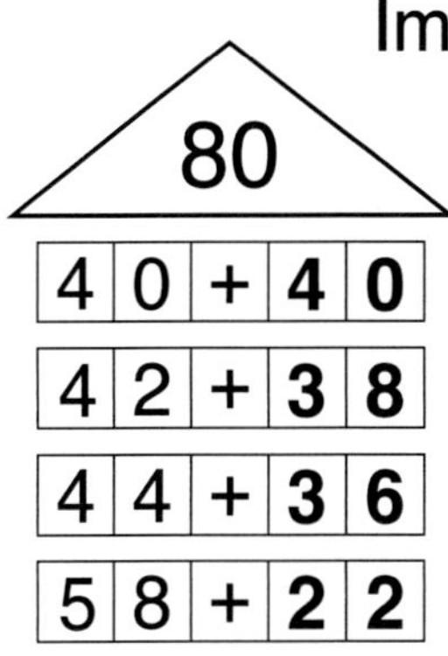

| 80 |
|---|
| 40 + **40** |
| 42 + **38** |
| 44 + **36** |
| 58 + **22** |

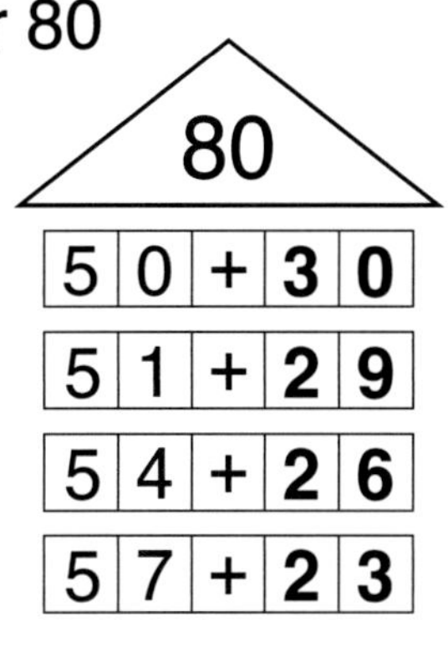

| 80 |
|---|
| 50 + **30** |
| 51 + **29** |
| 54 + **26** |
| 57 + **23** |

### Immer 90

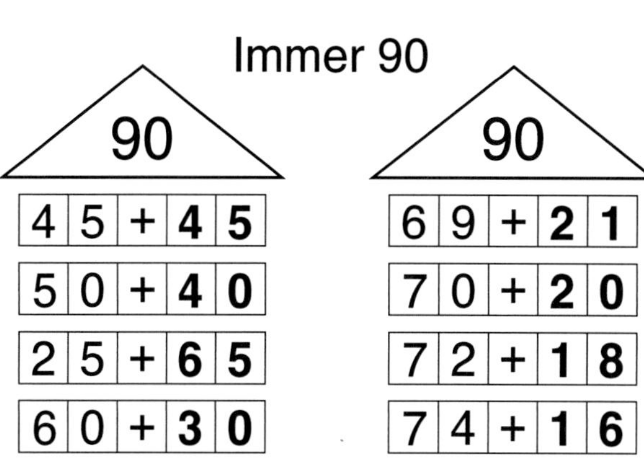

| 90 |
|---|
| 45 + **45** |
| 50 + **40** |
| 25 + **65** |
| 60 + **30** |

| 90 |
|---|
| 69 + **21** |
| 70 + **20** |
| 72 + **18** |
| 74 + **16** |

| Name: | | Datum: | |
|---|---|---|---|

# Wir ergänzen bis 100

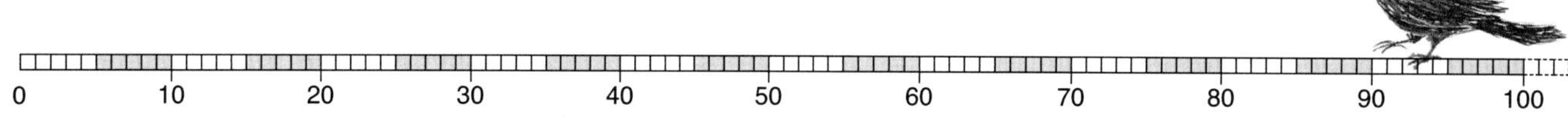


Ergänze die fehlende Zahl!

1.

| | | |
|---|---|---|
| 95 + ___ = 100 | 86 + ___ = 100 | 92 + ___ = 100 |
| 85 + ___ = 100 | 76 + ___ = 100 | 82 + ___ = 100 |
| 75 + ___ = 100 | 56 + ___ = 100 | 62 + ___ = 100 |
| 65 + ___ = 100 | 36 + ___ = 100 | 42 + ___ = 100 |
| 35 + ___ = 100 | 16 + ___ = 100 | 22 + ___ = 100 |

2.

| | | |
|---|---|---|
| 75 + ___ = 100 | 39 + ___ = 100 | 53 + ___ = 100 |
| 72 + ___ = 100 | 36 + ___ = 100 | 59 + ___ = 100 |
| 78 + ___ = 100 | 35 + ___ = 100 | 52 + ___ = 100 |
| 76 + ___ = 100 | 38 + ___ = 100 | 56 + ___ = 100 |
| 73 + ___ = 100 | 33 + ___ = 100 | 57 + ___ = 100 |

3.

| | | |
|---|---|---|
| 20 + ___ = 100 | 32 + ___ = 100 | 99 + ___ = 100 |
| 24 + ___ = 100 | 31 + ___ = 100 | 88 + ___ = 100 |
| 27 + ___ = 100 | 30 + ___ = 100 | 77 + ___ = 100 |
| 67 + ___ = 100 | 29 + ___ = 100 | 66 + ___ = 100 |
| 63 + ___ = 100 | 28 + ___ = 100 | 55 + ___ = 100 |

4.

| | | |
|---|---|---|
| 87 + ___ = 100 | 69 + ___ = 100 | 74 + ___ = 100 |
| 76 + ___ = 100 | 58 + ___ = 100 | 65 + ___ = 100 |
| 65 + ___ = 100 | 47 + ___ = 100 | 56 + ___ = 100 |
| 54 + ___ = 100 | 36 + ___ = 100 | 47 + ___ = 100 |
| 43 + ___ = 100 | 25 + ___ = 100 | 38 + ___ = 100 |

# Lösung

## Wir ergänzen bis 100

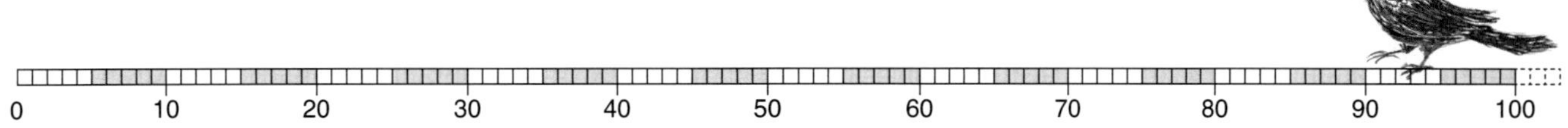


Ergänze die fehlende Zahl!

1.

| | | |
|---|---|---|
| 95 + **5** = 100 | 86 + **14** = 100 | 92 + **8** = 100 |
| 85 + **15** = 100 | 76 + **24** = 100 | 82 + **18** = 100 |
| 75 + **25** = 100 | 56 + **44** = 100 | 62 + **38** = 100 |
| 65 + **35** = 100 | 36 + **64** = 100 | 42 + **58** = 100 |
| 35 + **65** = 100 | 16 + **84** = 100 | 22 + **78** = 100 |

2.

| | | |
|---|---|---|
| 75 + **25** = 100 | 39 + **61** = 100 | 53 + **47** = 100 |
| 72 + **28** = 100 | 36 + **64** = 100 | 59 + **41** = 100 |
| 78 + **22** = 100 | 35 + **65** = 100 | 52 + **48** = 100 |
| 76 + **24** = 100 | 38 + **62** = 100 | 56 + **44** = 100 |
| 73 + **27** = 100 | 33 + **67** = 100 | 57 + **43** = 100 |

3.

| | | |
|---|---|---|
| 20 + **80** = 100 | 32 + **68** = 100 | 99 + **1** = 100 |
| 24 + **76** = 100 | 31 + **69** = 100 | 88 + **12** = 100 |
| 27 + **73** = 100 | 30 + **70** = 100 | 77 + **23** = 100 |
| 67 + **33** = 100 | 29 + **71** = 100 | 66 + **34** = 100 |
| 63 + **37** = 100 | 28 + **72** = 100 | 55 + **45** = 100 |

4.

| | | |
|---|---|---|
| 87 + **13** = 100 | 69 + **31** = 100 | 74 + **26** = 100 |
| 76 + **24** = 100 | 58 + **42** = 100 | 65 + **35** = 100 |
| 65 + **35** = 100 | 47 + **53** = 100 | 56 + **44** = 100 |
| 54 + **46** = 100 | 36 + **64** = 100 | 47 + **53** = 100 |
| 43 + **57** = 100 | 25 + **75** = 100 | 38 + **62** = 100 |

Name: ______________ Datum: ______________

## Nachbarn helfen (+)

1. Rechne zuerst die Aufgabe in der Mitte!

| | | |
|---|---|---|
| 23 + 28 = | 47 + 18 = | 35 + 38 = |
| 23 + 29 = | 47 + 19 = | 35 + 39 = |
| **23 + 30 =** | **47 + 20 =** | **35 + 40 =** |
| 23 + 31 = | 47 + 21 = | 35 + 41 = |
| 23 + 32 = | 47 + 22 = | 35 + 42 = |

2. Rechne zuerst die Aufgabe in der Mitte!

| | | |
|---|---|---|
| 56 +    = | 34 +    = | 28 +    = |
| 56 + 19 = | 34 + 29 = | 28 + 59 = |
| **56 + 20 =** | **34 + 30 =** | **28 + 60 =** |
| 56 + 21 = | 34 + 31 = | 28 + 61 = |
| 56 +    = | 34 +    = | 28 +    = |

3. Rechne zuerst die Aufgabe in der Mitte! – Finde die Nachbaraufgaben!

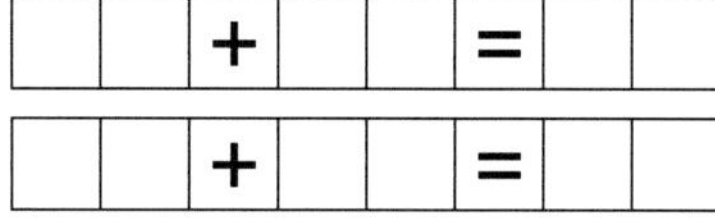

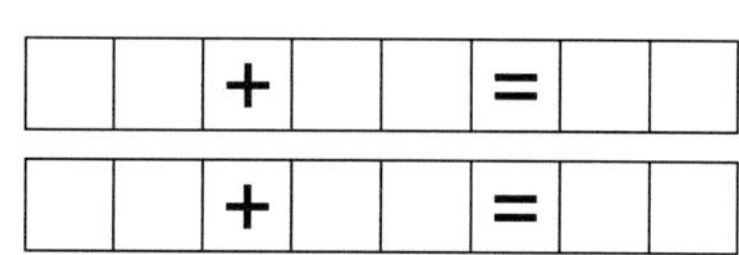

| | | |
|---|---|---|
|    +    = |    +    = |    +    = |
|    +    = |    +    = |    +    = |
| **75 + 20 =** | **37 + 50 =** | **18 + 20 =** |
|    +    = |    +    = |    +    = |
|    +    = |    +    = |    +    = |

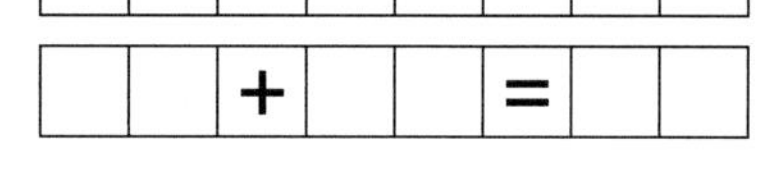

4. Rechne!

| | | |
|---|---|---|
| 65 + 30 = | 48 + 30 = | 24 + 40 = |
| 65 + 29 = | 48 + 32 = | 24 + 39 = |
| 65 + 31 = | 48 + 35 = | 24 + 38 = |

# Lösung

## Nachbarn helfen (+)

1. Rechne zuerst die Aufgabe in der Mitte!

| | | |
|---|---|---|
| 23 + 28 = **51** | 47 + 18 = **65** | 35 + 38 = **73** |
| 23 + 29 = **52** | 47 + 19 = **66** | 35 + 39 = **74** |
| **23 + 30 = 53** | **47 + 20 = 67** | **35 + 40 = 75** |
| 23 + 31 = **54** | 47 + 21 = **68** | 35 + 41 = **76** |
| 23 + 32 = **55** | 47 + 22 = **69** | 35 + 42 = **77** |

2. Rechne zuerst die Aufgabe in der Mitte!

| | | |
|---|---|---|
| 56 + **18** = **74** | 34 + **28** = **62** | 28 + **58** = **86** |
| 56 + 19 = **75** | 34 + 29 = **63** | 28 + 59 = **87** |
| **56 + 20 = 76** | **34 + 30 = 64** | **28 + 60 = 88** |
| 56 + 21 = **77** | 34 + 31 = **65** | 28 + 61 = **89** |
| 56 + **22** = **78** | 34 + **32** = **66** | 28 + **62** = **90** |

3. Rechne zuerst die Aufgabe in der Mitte! – Finde die Nachbaraufgaben!

| | | |
|---|---|---|
| **75** + **18** = **93** | **37** + **48** = **85** | **18** + **18** = **36** |
| **75** + **19** = **94** | **37** + **49** = **86** | **18** + **19** = **37** |
| **75 + 20 = 95** | **37 + 50 = 87** | **18 + 20 = 38** |
| **75** + **21** = **96** | **37** + **51** = **88** | **18** + **21** = **39** |
| **75** + **22** = **97** | **37** + **52** = **89** | **18** + **22** = **40** |

4. Rechne!

| | | |
|---|---|---|
| 65 + 30 = **95** | 48 + 30 = **78** | 24 + 40 = **64** |
| 65 + 29 = **94** | 48 + 32 = **80** | 24 + 39 = **63** |
| 65 + 31 = **96** | 48 + 35 = **83** | 24 + 38 = **62** |

# Auf die Einer kommt es an (+)

1. Schreibe die Zahlen! – Markiere alle Einer farbig!
2. Zähle die Einer zusammen! – Rechnest du dabei bis zum nächsten Zehner oder musst du über den Zehner rechnen?
3. Schreibe die Aufgaben auf und rechne die aus, die du rechnen kannst!
4. Lege eine Tabelle in deinem Heft an und ordne die Aufgaben!

| Bis zum Zehner | Über den Zehner |
|---|---|
| | |

| | | |
|---|---|---|
| ☐☐ + ☐☐ = ☐☐ | ☐☐ + ☐☐ = ☐☐ | ☐☐ + ☐☐ = ☐☐ |
| ☐☐ + ☐☐ = ☐☐ | ☐☐ + ☐☐ = ☐☐ | ☐☐ + ☐☐ = ☐☐ |
| ☐☐ + ☐☐ = ☐☐ | ☐☐ + ☐☐ = ☐☐ | ☐☐ + ☐☐ = ☐☐ |
| ☐☐ + ☐☐ = ☐☐ | ☐☐ + ☐☐ = ☐☐ | ☐☐ + ☐☐ = ☐☐ |
| ☐☐ + ☐☐ = ☐☐ | ☐☐ + ☐☐ = ☐☐ | ☐☐ + ☐☐ = ☐☐ |

# Lösung

## Auf die Einer kommt es an (+)

1. Schreibe die Zahlen! – Markiere alle Einer farbig!
2. Zähle die Einer zusammen! – Rechnest du dabei bis zum nächsten Zehner oder musst du über den Zehner rechnen?
3. Schreibe die Aufgaben auf und rechne die aus, die du rechnen kannst!
4. Lege eine Tabelle in deinem Heft an und ordne die Aufgaben!

| Bis zum Zehner | Über den Zehner |
|---|---|
| ① | ② |

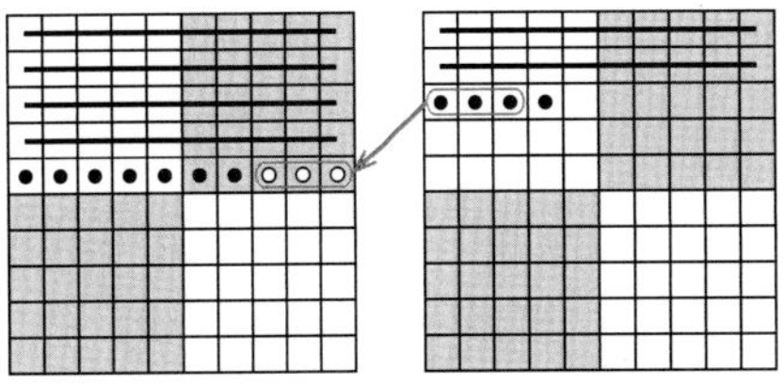

| | | |
|---|---|---|
| ② 47 + 24 = 71 | ① 33 + 46 = 79 | ① 67 + 22 = 89 |
| ① 24 + 55 = 79 | ② 53 + 39 = 92 | ① 35 + 41 = 76 |
| ① 73 + 14 = 87 | ① 22 + 63 = 85 | ② 24 + 28 = 52 |
| ② 16 + 65 = 81 | ② 47 + 16 = 63 | ② 37 + 18 = 55 |
| ② 38 + 26 = 64 | ② 49 + 44 = 93 | ① 46 + 53 = 99 |

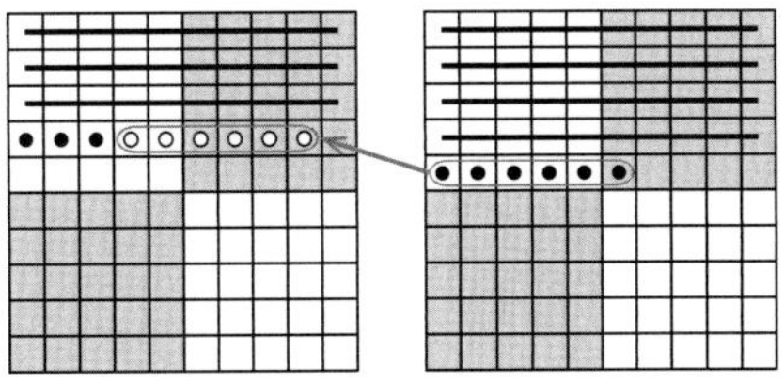

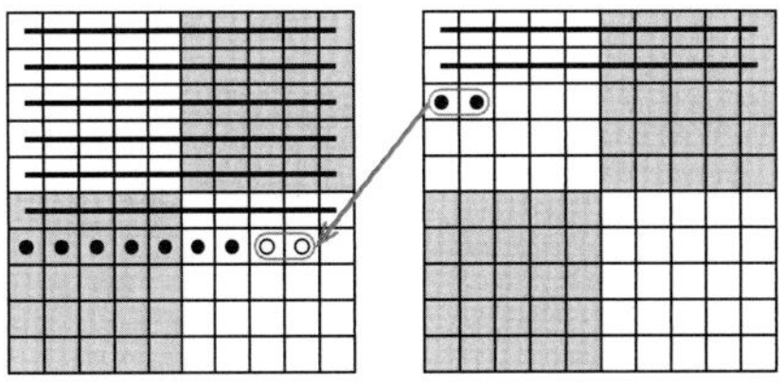

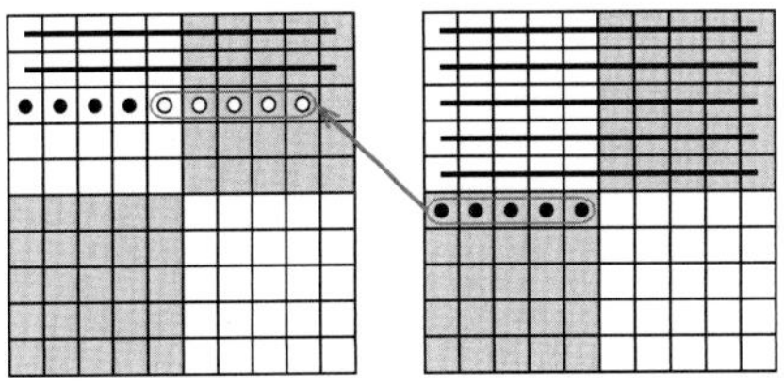

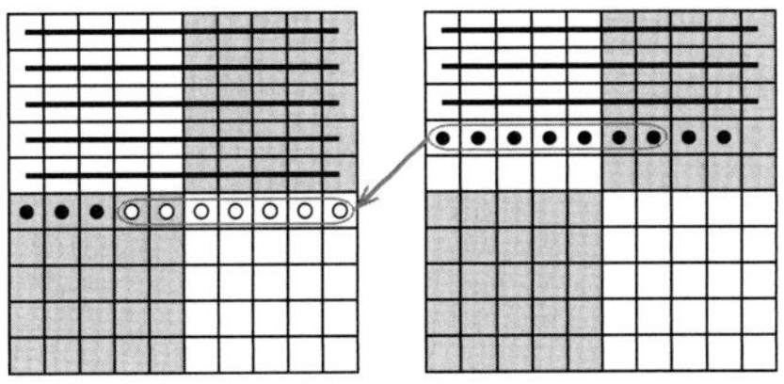

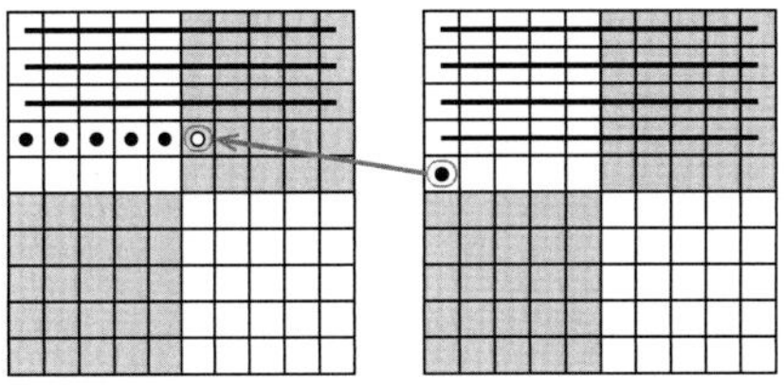

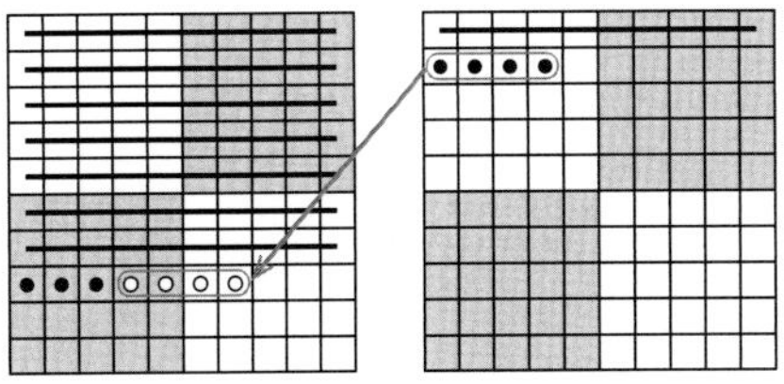

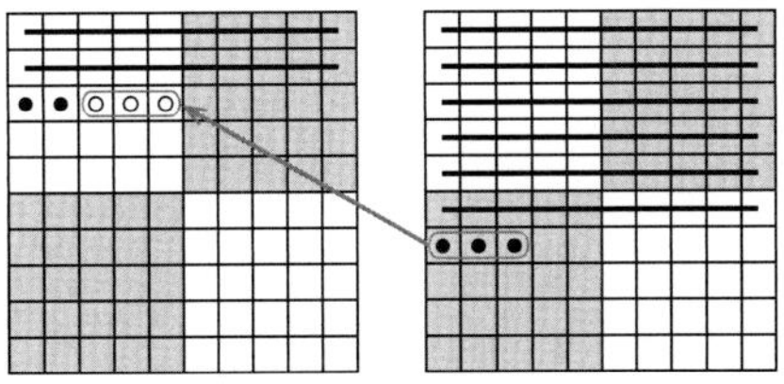

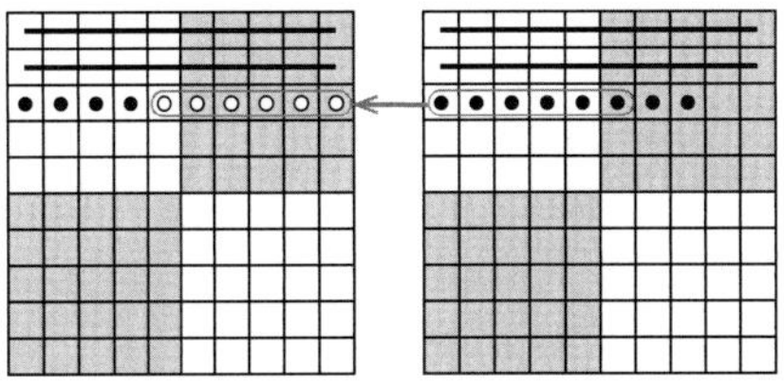

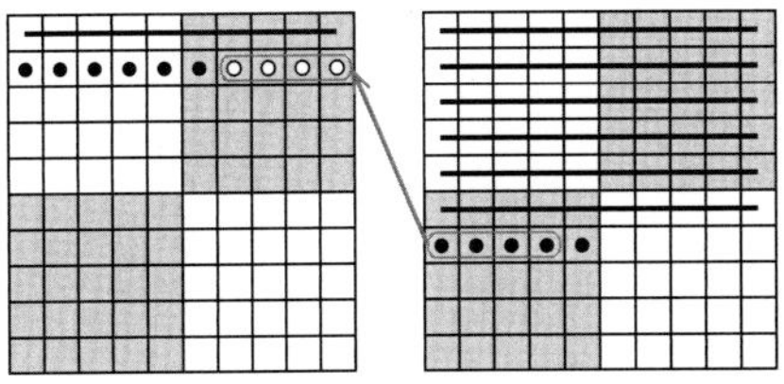

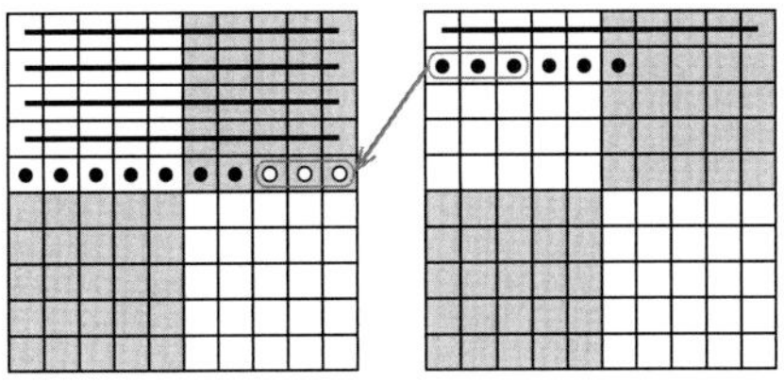

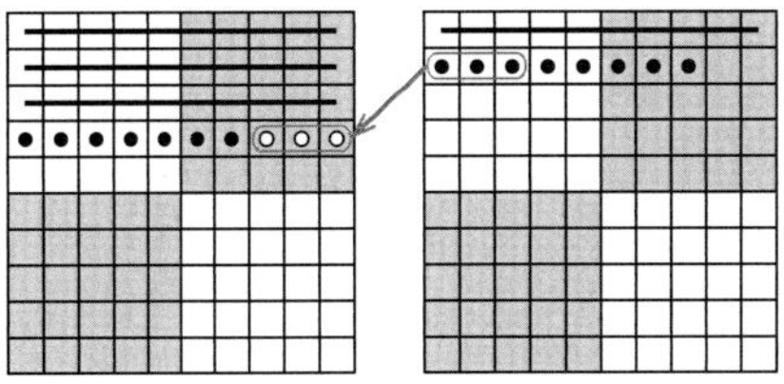

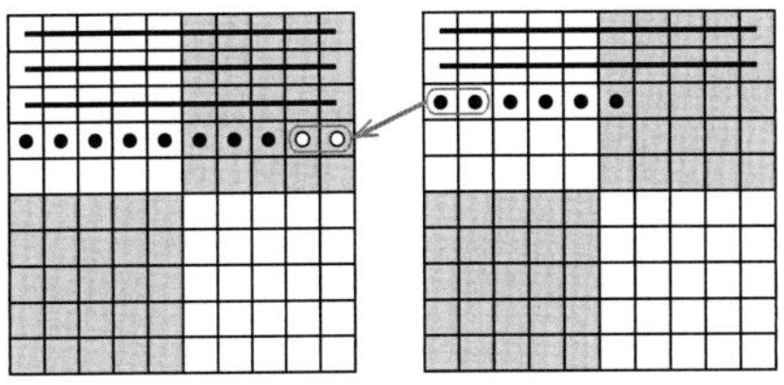

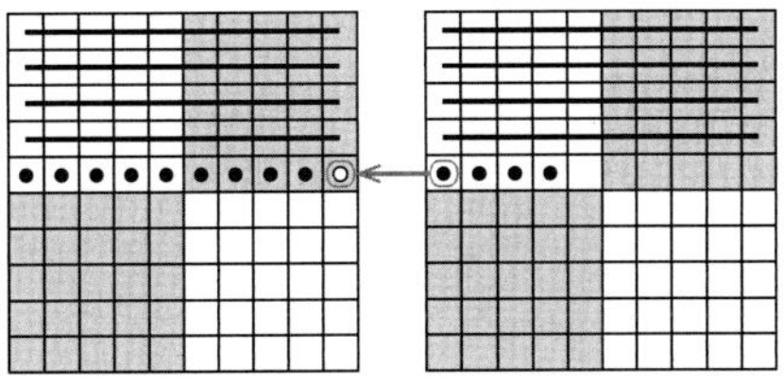

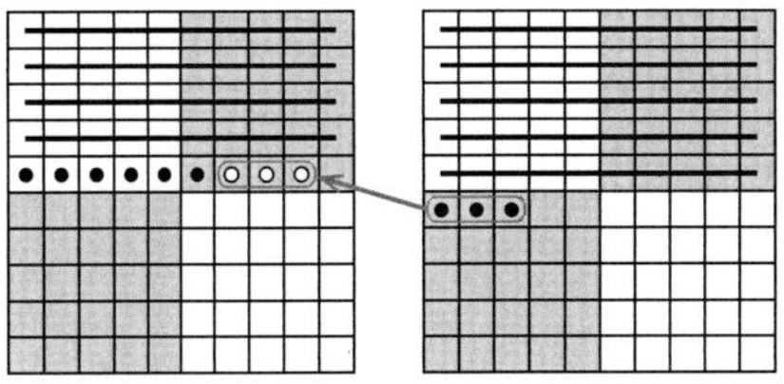

| Name: | | Datum: | |
|---|---|---|---|

# Auf die Einer kommt es an (+)

**Übung A**

1. Markiere alle Einer farbig!
2. Zähle die Einer zusammen! – Rechnest du dabei bis zum nächsten Zehner oder musst du über den Zehner rechnen?
3. Lege eine Tabelle in deinem Heft an und ordne die Aufgaben!
4. Rechne die Aufgaben aus, die du rechnen kannst!

| Bis zum Zehner | Über den Zehner |
|---|---|
| | |

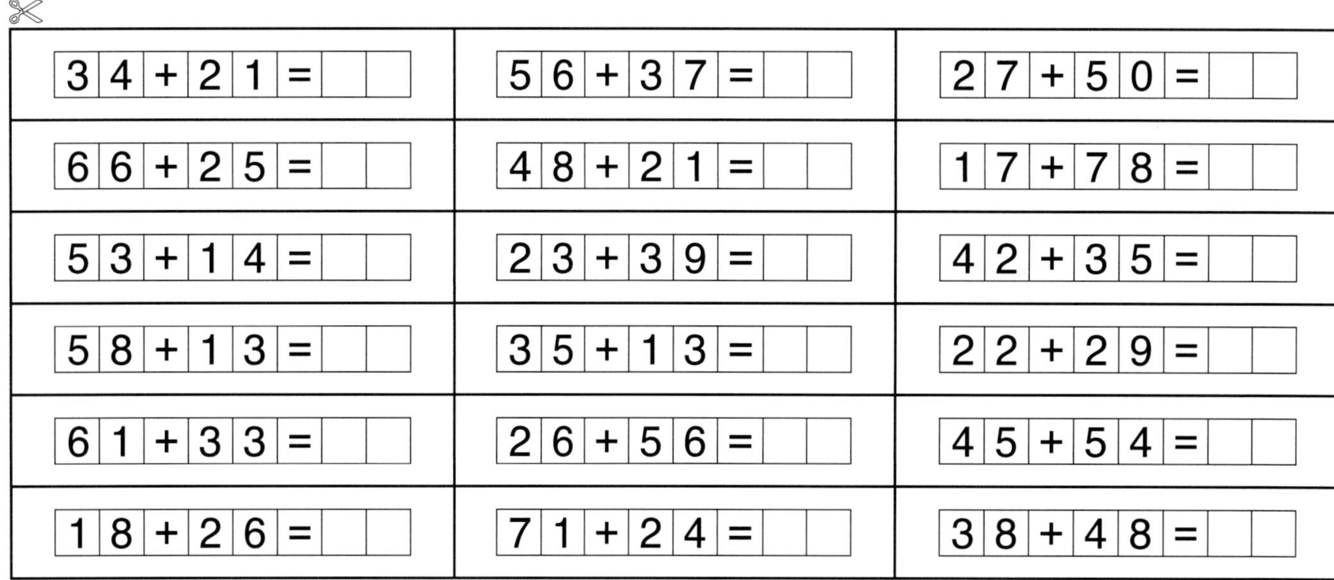

| | | |
|---|---|---|
| 34 + 21 = | 56 + 37 = | 27 + 50 = |
| 66 + 25 = | 48 + 21 = | 17 + 78 = |
| 53 + 14 = | 23 + 39 = | 42 + 35 = |
| 58 + 13 = | 35 + 13 = | 22 + 29 = |
| 61 + 33 = | 26 + 56 = | 45 + 54 = |
| 18 + 26 = | 71 + 24 = | 38 + 48 = |

**Übung B**

1. Nimm vier Ziffernkarten und bilde damit zwei zweistellige Zahlen!
2. Lege damit verschiedene Additionen bis 100!
3. Zeichne eine Tabelle in dein Heft und schreibe die Additionen geordnet auf!

Beispiel: 3 5 2 7

□□ + □□

| Bis zum Zehner | Über den Zehner |
|---|---|
| 75 + 23 = 98 | 35 + 27 = 62 |
| 52 + 37 = 89 | … |
| … | |

| 1 | 2 | 3 | 4 | 5 | 6 | 7 | 8 | 9 |
|---|---|---|---|---|---|---|---|---|

# Lösung

## Auf die Einer kommt es an (+)

**Übung A**

1. Markiere alle Einer farbig!
2. Zähle die Einer zusammen! – Rechnest du dabei bis zum nächsten Zehner oder musst du über den Zehner rechnen?
3. Lege eine Tabelle in deinem Heft an und ordne die Aufgaben!
4. Rechne die Aufgaben aus, die du rechnen kannst!

| Bis zum Zehner | Über den Zehner |
|---|---|
| ① | ② |

| | | |
|---|---|---|
| ① 34 + 21 = **55** | ② 56 + 37 = **93** | ① 27 + 50 = **77** |
| ② 66 + 25 = **91** | ① 48 + 21 = **69** | ② 17 + 78 = **95** |
| ① 53 + 14 = **67** | ② 23 + 39 = **62** | ① 42 + 35 = **77** |
| ② 58 + 13 = **71** | ① 35 + 13 = **48** | ② 22 + 29 = **51** |
| ① 61 + 33 = **94** | ② 26 + 56 = **82** | ① 45 + 54 = **99** |
| ② 18 + 26 = **44** | ① 71 + 24 = **95** | ② 38 + 48 = **86** |

**Übung B**

1. Nimm vier Ziffernkarten und bilde damit zwei zweistellige Zahlen!
2. Lege damit verschiedene Additionen bis 100!
3. Zeichne eine Tabelle in dein Heft und schreibe die Additionen geordnet auf!

Beispiel: 3 5 2 7

☐☐ + ☐☐

| Bis zum Zehner | Über den Zehner |
|---|---|
| 75 + 23 = 98 | 35 + 27 = 62 |
| 52 + 37 = 89 | … |
| … | |

| 1 | 2 | 3 | 4 | 5 | 6 | 7 | 8 | 9 |
|---|---|---|---|---|---|---|---|---|

Name: Datum:

# Auf die Einer kommt es an (+)

1. Schreibe die Zahlen! – Markiere alle Einer farbig! – Zähle die Einer zusammen!
   Markiere alle Aufgaben, bei denen du nicht über den Zehner rechnest, grün!
   Markiere alle Aufgaben, bei denen du über den Zehner rechnest, gelb!
2. Rechne alle grün markierten Aufgaben aus! – Rechne auch die gelb markierten Aufgaben, wenn du sie bereits lösen kannst!

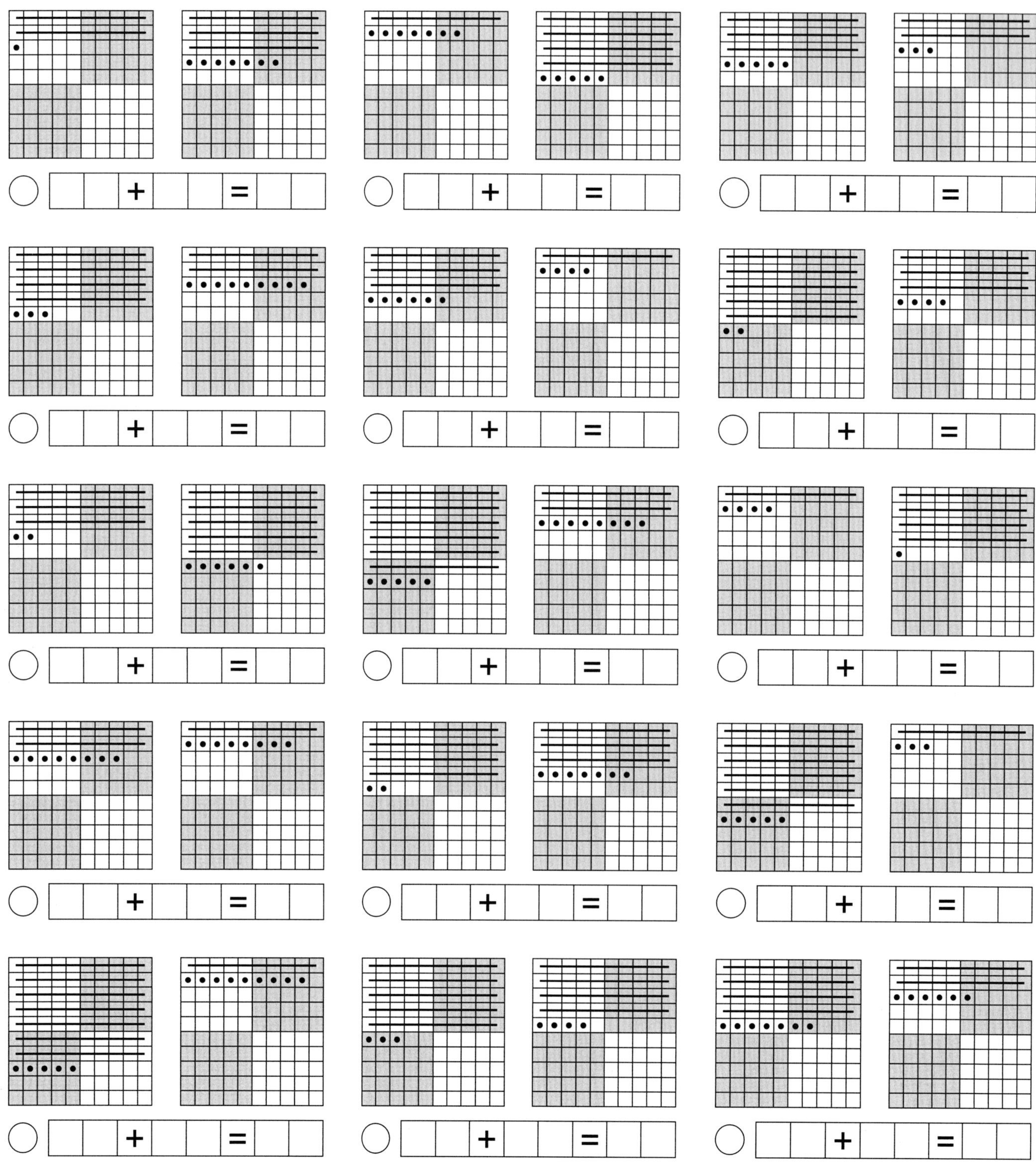



Birgit Gailer: Den Zehnerübergang differenziert üben · 2. Klasse – Band 2 · Best.-Nr. 343 · © Brigg Verlag, Friedberg

# Lösung

## Auf die Einer kommt es an (+)

1. Schreibe die Zahlen! – Markiere alle Einer farbig! – Zähle die Einer zusammen!
   Markiere alle Aufgaben, bei denen du nicht über den Zehner rechnest, grün! ●
   Markiere alle Aufgaben, bei denen du über den Zehner rechnest, gelb! ○
2. Rechne alle grün markierten Aufgaben aus! – Rechne auch die gelb markierten Aufgaben, wenn du sie bereits lösen kannst!

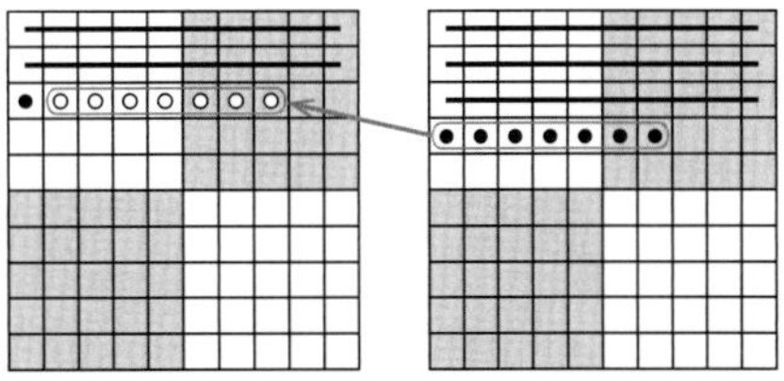

● 21 + 37 = 58

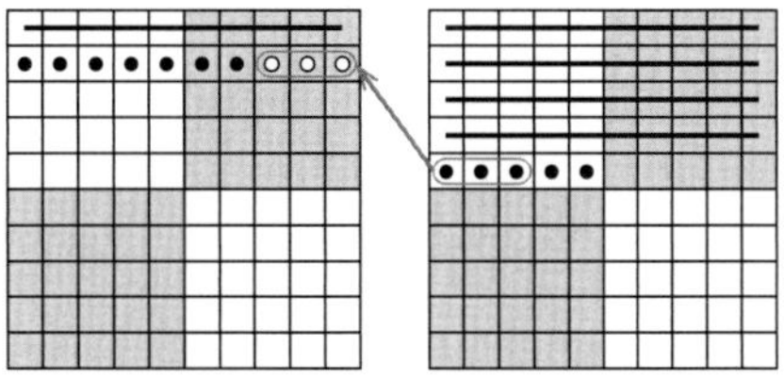

○ 17 + 45 = 62

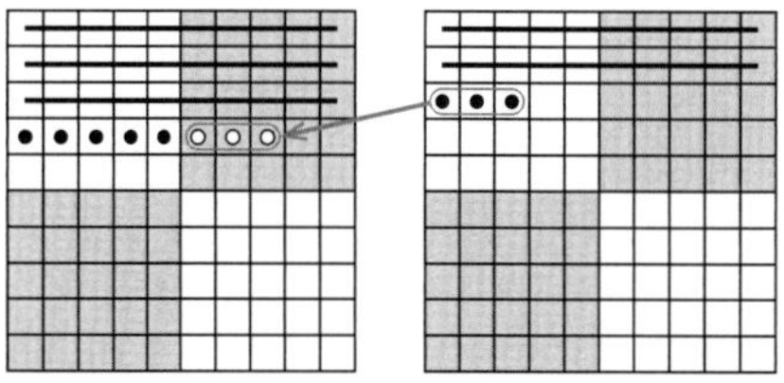

● 35 + 23 = 58

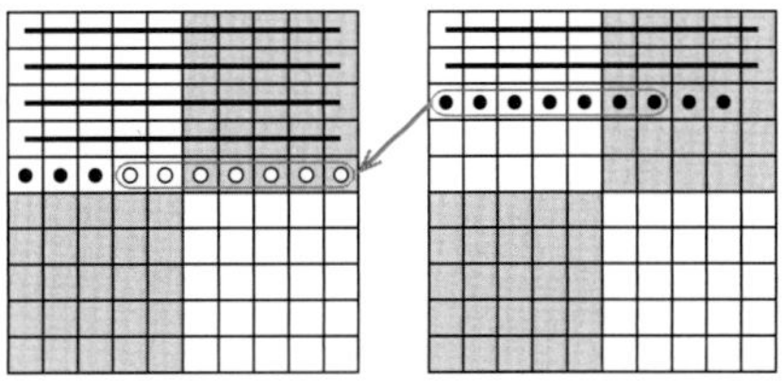

○ 43 + 29 = 72

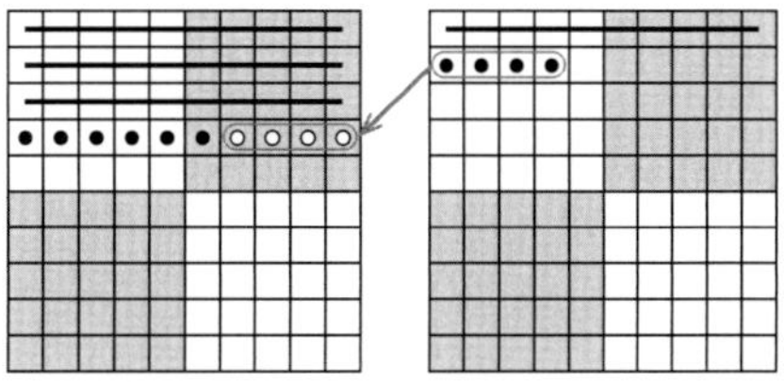

● 36 + 14 = 50

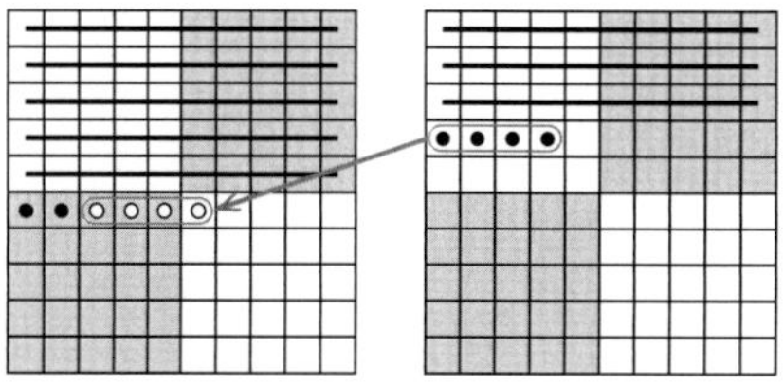

● 52 + 34 = 86

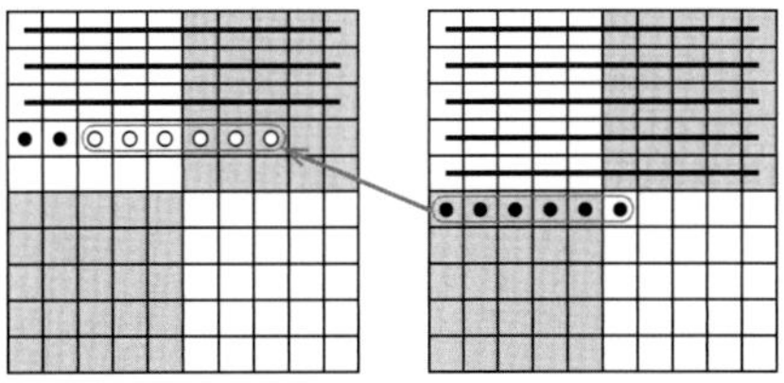

● 32 + 56 = 88

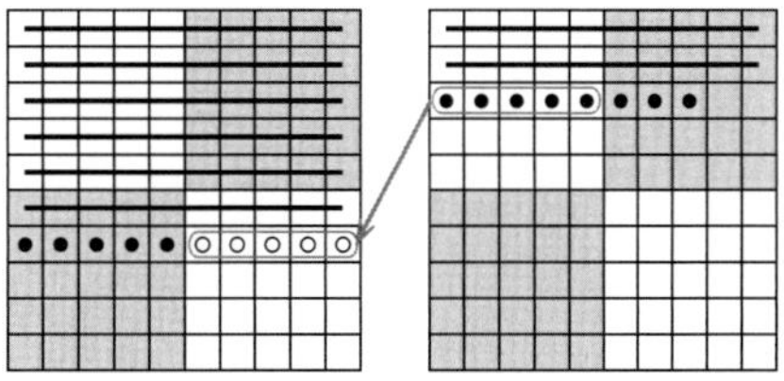

○ 65 + 28 = 83

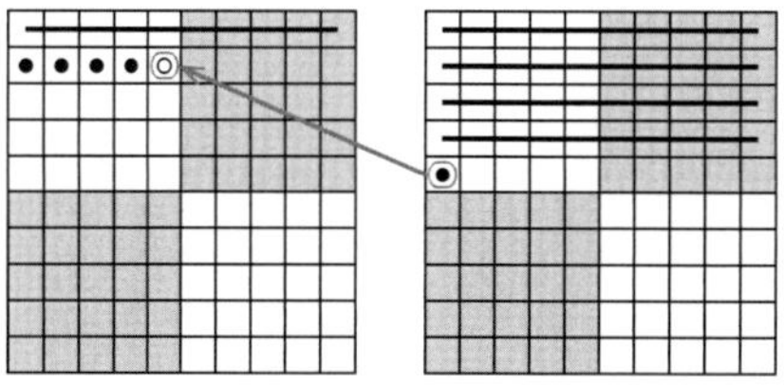

● 14 + 41 = 55

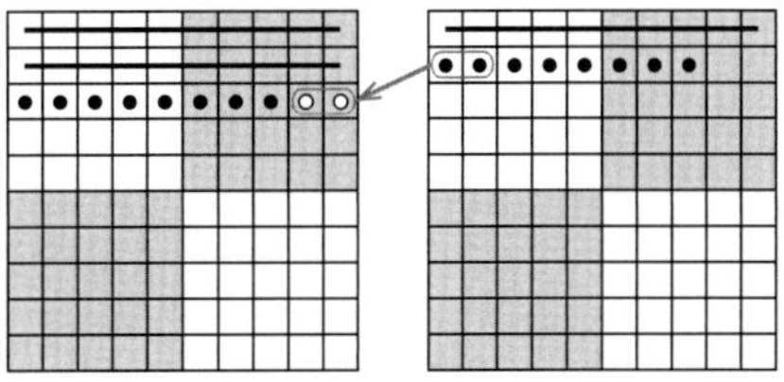

○ 28 + 18 = 46

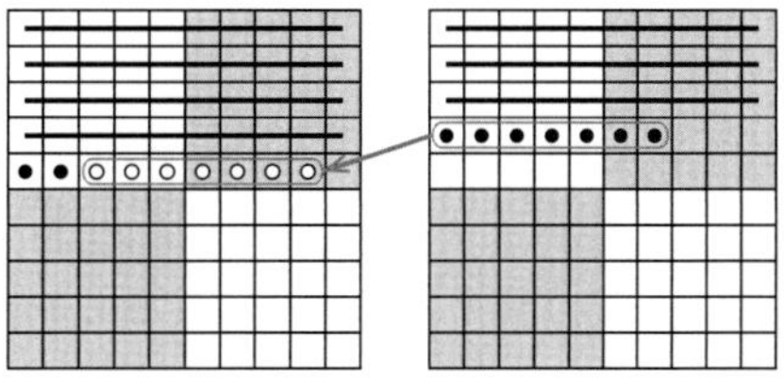

● 42 + 37 = 79

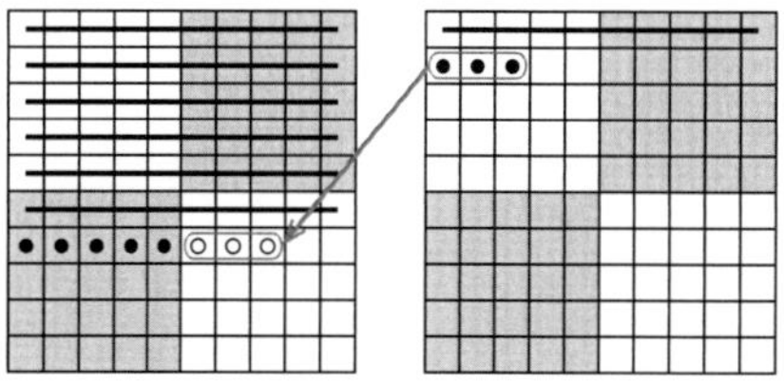

● 65 + 13 = 78

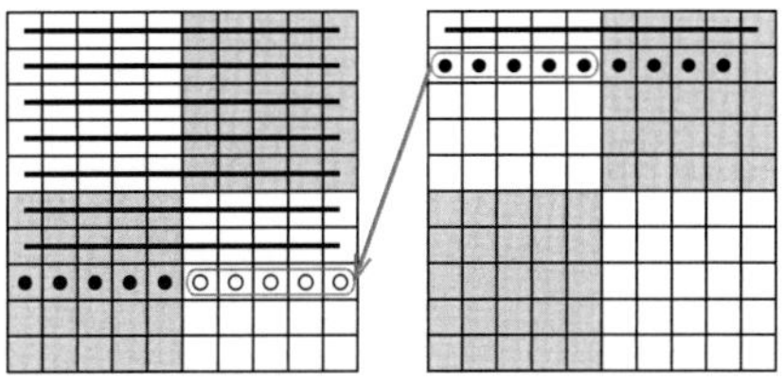

○ 75 + 19 = 94

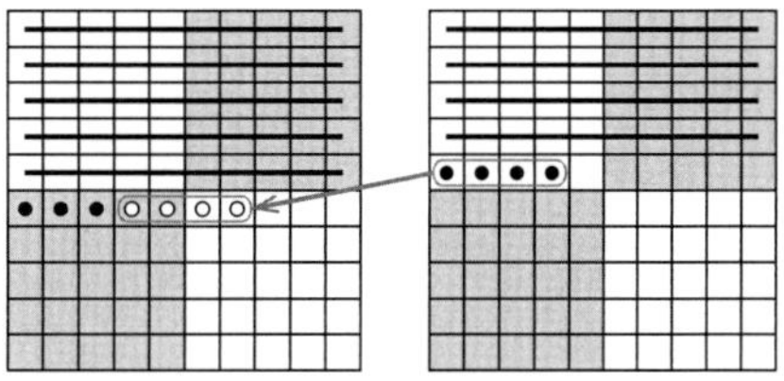

● 53 + 44 = 97

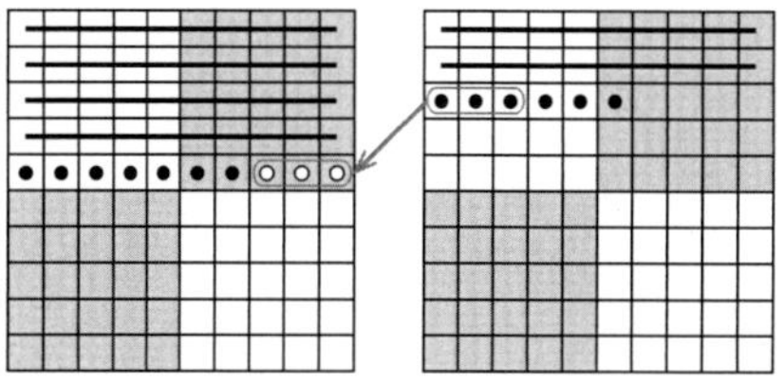

○ 47 + 26 = 73

Name: Datum:

# Auf die Einer kommt es an (+)

1. Überlege zuerst!
   Markiere alle Aufgaben, bei denen du nicht über den Zehner rechnest, grün!
   Markiere alle Aufgaben, bei denen du über den nächsten Zehner rechnest, gelb!
2. Rechne alle grün markierten Aufgaben aus! – Rechne auch die gelb markierten Aufgaben, wenn du sie bereits lösen kannst! Du kannst den Rechenweg dazuschreiben.

| | | |
|---|---|---|
| 61 + 36 = | 16 + 45 = | 36 + 23 = |
| 42 + 29 = | 39 + 11 = | 55 + 34 = |
| 22 + 54 = | 58 + 25 = | 73 + 25 = |
| 38 + 53 = | 17 + 13 = | 34 + 48 = |
| 70 + 18 = | 48 + 37 = | 81 + 15 = |
| 45 + 42 = | 75 + 13 = | 23 + 29 = |
| 55 + 17 = | 63 + 18 = | 75 + 12 = |
| 46 + 34 = | 29 + 15 = | 32 + 16 = |

# Lösung

## Auf die Einer kommt es an (+)

1. Überlege zuerst!
   Markiere alle Aufgaben, bei denen du nicht über den Zehner rechnest, grün! ●
   Markiere alle Aufgaben, bei denen du über den nächsten Zehner rechnest, gelb! ○
2. Rechne alle grün markierten Aufgaben aus! – Rechne auch die gelb markierten Aufgaben, wenn du sie bereits lösen kannst! Du kannst den Rechenweg dazuschreiben.

| | | |
|---|---|---|
| ● 61 + 36 = **97**<br>**60** + **30** = **90**<br>**1** + **6** = **7** | ○ 16 + 45 = **61**<br>**10** + **40** = **50**<br>**6** + **5** = **11** | ● 36 + 23 = **59**<br>**30** + **20** = **50**<br>**6** + **3** = **9** |
| ○ 42 + 29 = **71**<br>**40** + **20** = **60**<br>**2** + **9** = **11** | ● 39 + 11 = **50**<br>**30** + **10** = **40**<br>**9** + **1** = **10** | ● 55 + 34 = **89**<br>**50** + **30** = **80**<br>**5** + **4** = **9** |
| ● 22 + 54 = **76**<br>**20** + **50** = **70**<br>**2** + **4** = **6** | ○ 58 + 25 = **83**<br>**50** + **20** = **70**<br>**8** + **5** = **13** | ● 73 + 25 = **98**<br>**70** + **20** = **90**<br>**3** + **5** = **8** |
| ○ 38 + 53 = **91**<br>**30** + **50** = **80**<br>**8** + **3** = **11** | ● 17 + 13 = **30**<br>**10** + **10** = **20**<br>**7** + **3** = **10** | ○ 34 + 48 = **82**<br>**30** + **40** = **70**<br>**4** + **8** = **12** |
| ● 70 + 18 = **88**<br>**70** + **10** = **80**<br>**0** + **8** = **8** | ○ 48 + 37 = **85**<br>**40** + **30** = **70**<br>**8** + **7** = **15** | ● 81 + 15 = **96**<br>**80** + **10** = **90**<br>**1** + **5** = **6** |
| ● 45 + 42 = **87**<br>**40** + **40** = **80**<br>**5** + **2** = **7** | ● 75 + 13 = **88**<br>**70** + **10** = **80**<br>**5** + **3** = **8** | ○ 23 + 29 = **52**<br>**20** + **20** = **40**<br>**3** + **9** = **12** |
| ○ 55 + 17 = **72**<br>**50** + **10** = **60**<br>**5** + **7** = **12** | ○ 63 + 18 = **81**<br>**60** + **10** = **70**<br>**3** + **8** = **11** | ● 75 + 12 = **87**<br>**70** + **10** = **80**<br>**5** + **2** = **7** |
| ● 46 + 34 = **80**<br>**40** + **30** = **70**<br>**6** + **4** = **10** | ○ 29 + 15 = **44**<br>**20** + **10** = **30**<br>**9** + **5** = **14** | ● 32 + 16 = **48**<br>**30** + **10** = **40**<br>**2** + **6** = **8** |

# Von einfachen zu schweren Aufgaben (+)

Name: ______________ Datum: ______________

Zeichne und rechne!

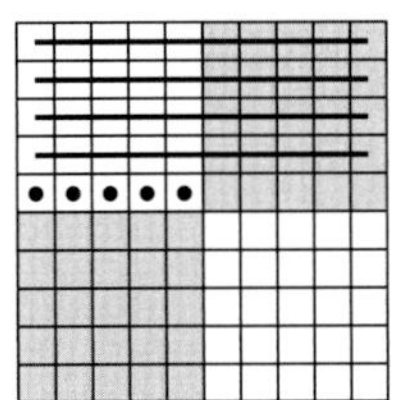

40 + 20 = __

5 + 7 = __

**45 + 27 = __**

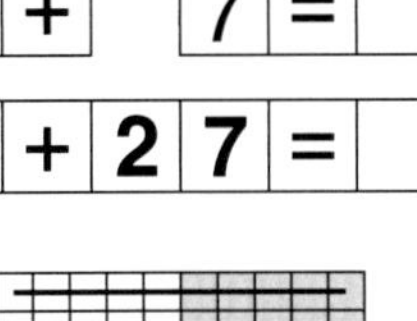

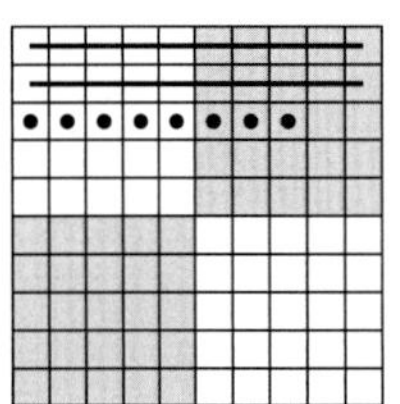

20 + 30 = __

8 + 5 = __

**28 + 35 = __**

10 + 20 = __

6 + 8 = __

**16 + 28 = __**

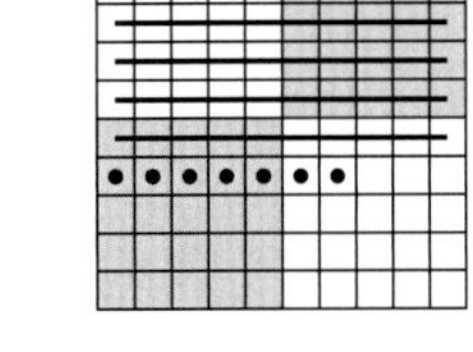

__ + 10 = __

__ + 6 = __

__ + __ = __

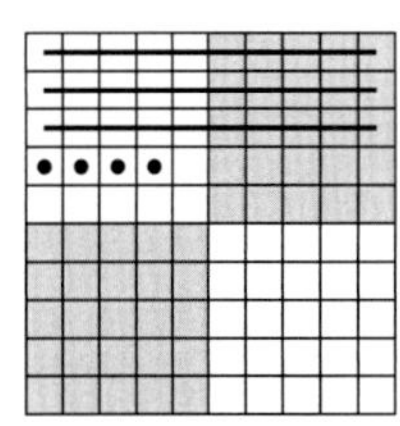

__ + 40 = __

__ + 9 = __

__ + __ = __

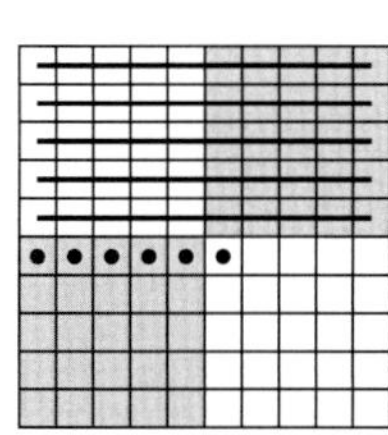

__ + 20 = __

__ + 6 = __

__ + __ = __

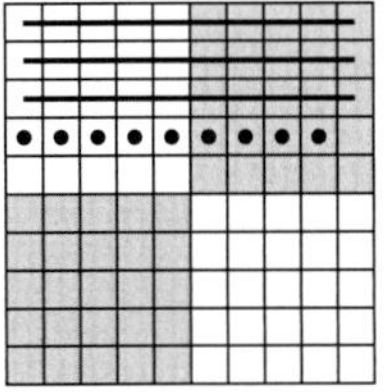

__ + 10 = __

__ + 5 = __

__ + __ = __

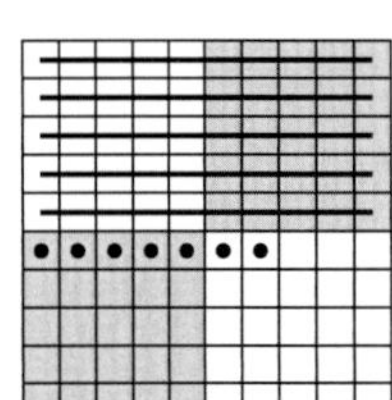

__ + 30 = __

__ + 4 = __

__ + __ = __

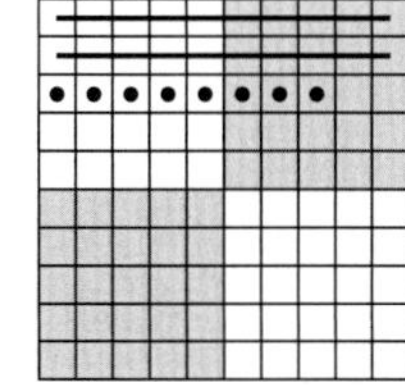

__ + 60 = __

__ + 7 = __

__ + __ = __

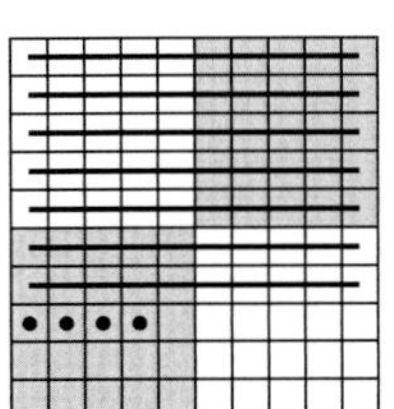

__ + 10 = __

__ + 8 = __

__ + __ = __

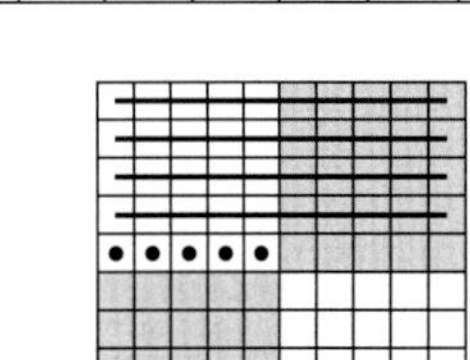

__ + 30 = __

__ + 6 = __

__ + __ = __

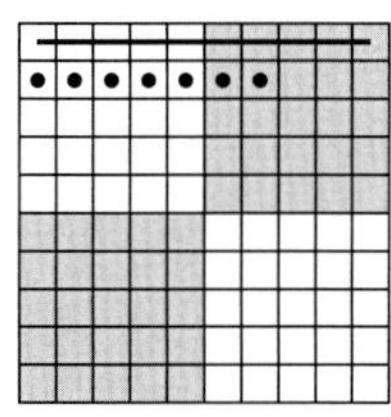

__ + 50 = __

__ + 7 = __

__ + __ = __

# Lösung

## Von einfachen zu schweren Aufgaben (+)

Zeichne und rechne!

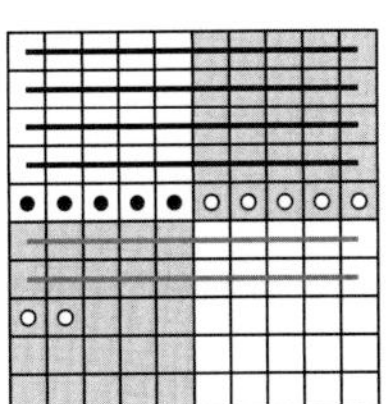

40 + 20 = 60
5 + 7 = 12
45 + 27 = 72

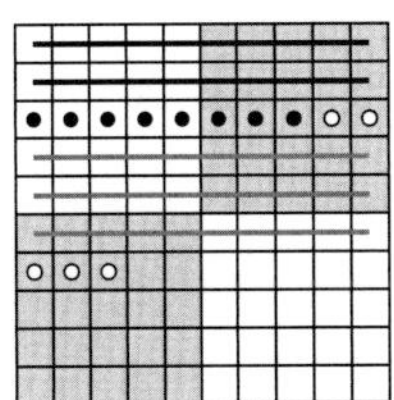

20 + 30 = 50
8 + 5 = 13
28 + 35 = 63

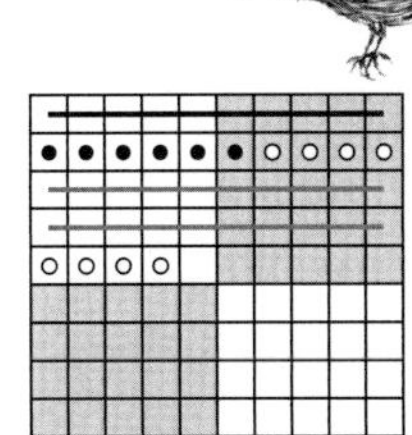

10 + 20 = 30
6 + 8 = 14
16 + 28 = 44

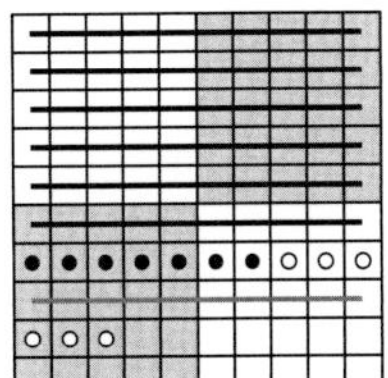

60 + 10 = 70
7 + 6 = 13
67 + 16 = 83

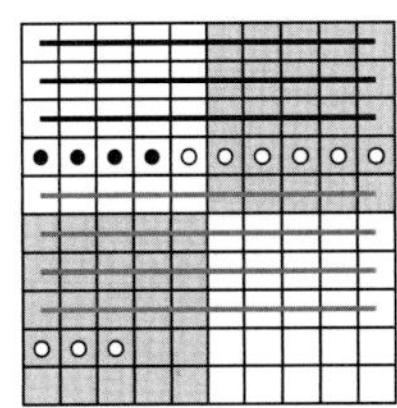

30 + 40 = 70
4 + 9 = 13
34 + 49 = 83

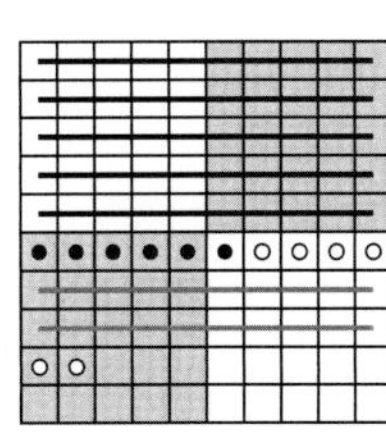

50 + 20 = 70
6 + 6 = 12
56 + 26 = 82

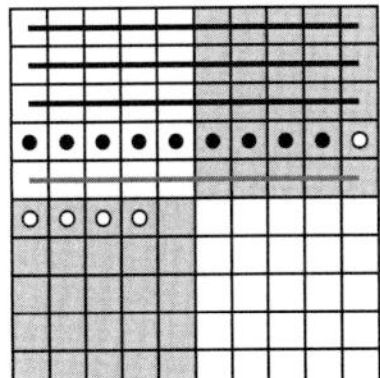

30 + 10 = 40
9 + 5 = 14
39 + 15 = 54

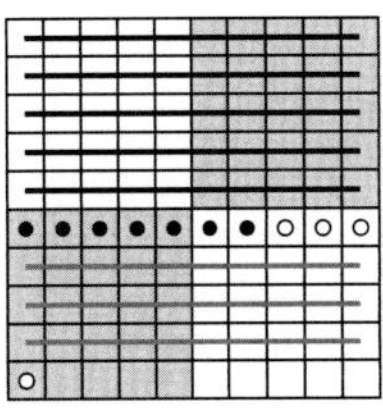

50 + 30 = 80
7 + 4 = 11
57 + 34 = 91

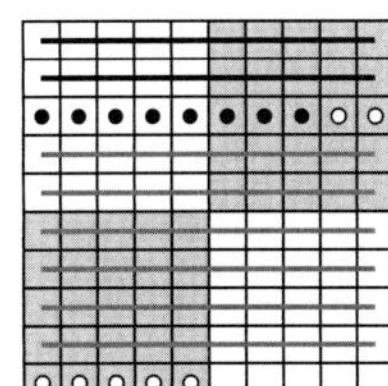

20 + 60 = 80
8 + 7 = 15
28 + 67 = 95

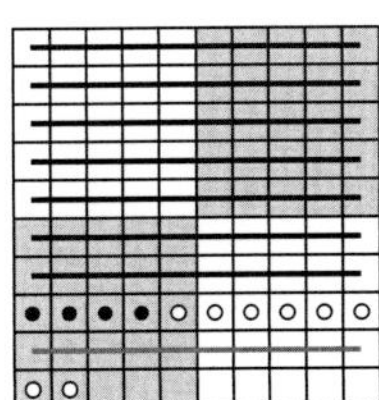

70 + 10 = 80
4 + 8 = 12
74 + 18 = 92

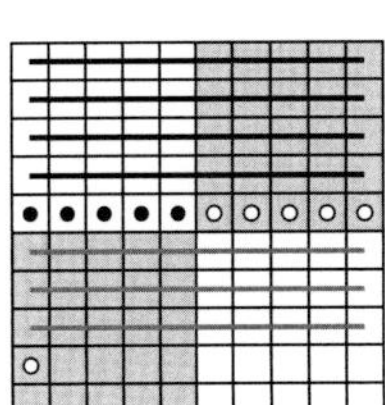

40 + 30 = 70
5 + 6 = 11
45 + 36 = 81

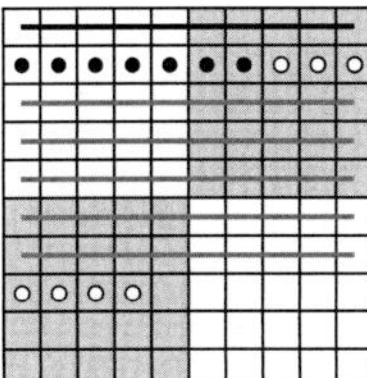

10 + 50 = 60
7 + 7 = 14
17 + 57 = 74

Name: ______ Datum: ______

# Von einfachen zu schweren Aufgaben (+)

Rechne!

1.

| 20 + 40 = | 30 + 50 = | 40 + 30 = |
|---|---|---|
| 5 + 6 = | 7 + 4 = | 6 + 7 = |
| **25** + **46** = | **37** + **54** = | **46** + **37** = |
| 60 + 20 = | 40 + 40 = | 20 + 10 = |
| 6 + 6 = | 8 + 5 = | 9 + 3 = |
| **66** + **26** = | **48** + **45** = | **29** + **13** = |

2.

| 10 + 40 = | 20 + 60 = | 10 + 20 = |
|---|---|---|
| 9 + 2 = | 7 + 7 = | 8 + 9 = |
| + = | + = | + = |
| 60 + 10 = | 40 + 30 = | 20 + 50 = |
| 6 + 8 = | 5 + 8 = | 8 + 7 = |
| + = | + = | + = |
| 50 + 30 = | 20 + 10 = | 60 + 20 = |
| 7 + 9 = | 9 + 2 = | 7 + 6 = |
| + = | + = | + = |

3.

| + = | + = | + = |
|---|---|---|
| + = | + = | + = |
| **63** + **29** = | **49** + **38** = | **57** + **14** = |
| + = | + = | + = |
| + = | + = | + = |
| **39** + **54** = | **28** + **43** = | **45** + **37** = |

# Lösung

## Von einfachen zu schweren Aufgaben (+)

Rechne!

1.

20 + 40 = 60
5 + 6 = 11
25 + 46 = 71

30 + 50 = 80
7 + 4 = 11
37 + 54 = 91

40 + 30 = 70
6 + 7 = 13
46 + 37 = 83

60 + 20 = 80
6 + 6 = 12
66 + 26 = 92

40 + 40 = 80
8 + 5 = 13
48 + 45 = 93

20 + 10 = 30
9 + 3 = 12
29 + 13 = 42

2.

10 + 40 = 50
9 + 2 = 11
19 + 42 = 61

20 + 60 = 80
7 + 7 = 14
27 + 67 = 94

10 + 20 = 30
8 + 9 = 17
18 + 29 = 47

60 + 10 = 70
6 + 8 = 14
66 + 18 = 84

40 + 30 = 70
5 + 8 = 13
45 + 38 = 83

20 + 50 = 70
8 + 7 = 15
28 + 57 = 85

50 + 30 = 80
7 + 9 = 16
57 + 39 = 96

20 + 10 = 30
9 + 2 = 11
29 + 12 = 41

60 + 20 = 80
7 + 6 = 13
67 + 26 = 93

3.

60 + 20 = 80
3 + 9 = 12
63 + 29 = 92

40 + 30 = 70
9 + 8 = 17
49 + 38 = 87

50 + 10 = 60
7 + 4 = 11
57 + 14 = 71

30 + 50 = 80
9 + 4 = 13
39 + 54 = 93

20 + 40 = 60
8 + 3 = 11
28 + 43 = 71

40 + 30 = 70
5 + 7 = 12
45 + 37 = 82

Name: ____________________ Datum: ____________________

# Verschiedene Lösungswege (+)

1. Wie rechnen die Kinder?

2. Probiere selbst verschiedene Lösungswege aus!

a) 37 + 28   b) 45 + 38   c) 56 + 15   d) 64 + 29

Name: ______________________ Datum: ______________________

# Wir rechnen bis 100 (–)

1. Rechne!

4 − 1 =
40 − 10 =
45 − 10 =
47 − 10 =
43 − 10 =

5 − 4 =
50 − 40 =
51 − 40 =
56 − 40 =
58 − 40 =

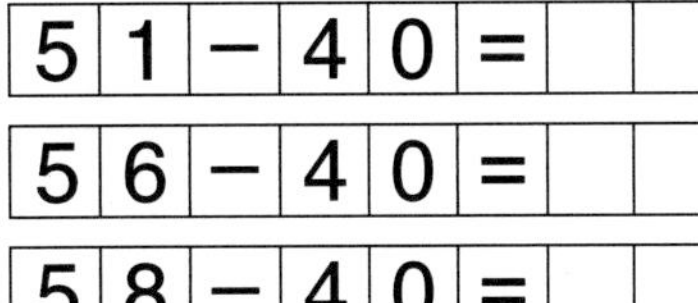

9 − 6 =
90 − 60 =
99 − 60 =
94 − 60 =
92 − 60 =

7 − 5 =
70 − 50 =
73 − 50 =
78 − 50 =
75 − 50 =

8 − 3 =
80 − 30 =
82 − 30 =
89 − 30 =
86 − 30 =

6 − 2 =
60 − 20 =
67 − 20 =
65 − 20 =
69 − 20 =

2. Rechne!

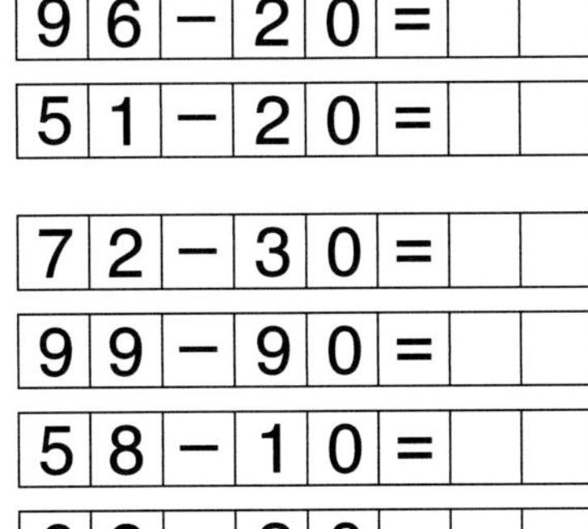

73 − 20 =
45 − 20 =
96 − 20 =
51 − 20 =

67 − 40 =
55 − 40 =
82 − 40 =
46 − 40 =

81 − 30 =
34 − 30 =
78 − 30 =
56 − 30 =

72 − 30 =
99 − 90 =
58 − 10 =
63 − 20 =

77 − 20 =
69 − 50 =
93 − 30 =
85 − 60 =

56 − 40 =
86 − 20 =
75 − 50 =
97 − 70 =

3. Rechne!

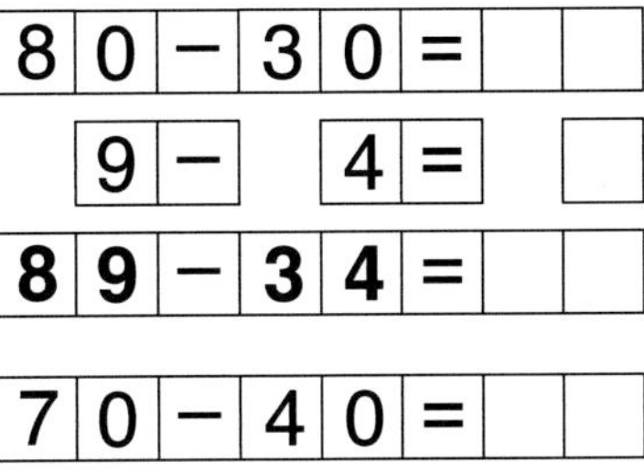

80 − 30 =
9 − 4 =
**89 − 34 =**

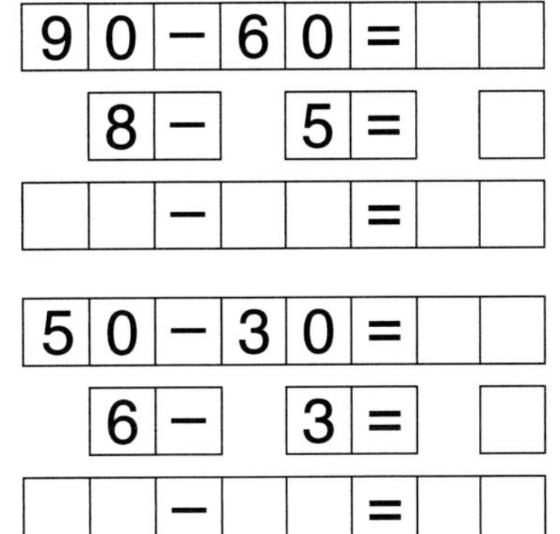

90 − 60 =
8 − 5 =
___ − ___ =

60 − 20 =
7 − 4 =
___ − ___ =

70 − 40 =
5 − 1 =
**75 − 41 =**

50 − 30 =
6 − 3 =
___ − ___ =

80 − 50 =
9 − 7 =
___ − ___ =

# Lösung

## Wir rechnen bis 100 (–)

1. Rechne!

| | | |
|---|---|---|
| 4 – 1 = **3** | 5 – 4 = **1** | 9 – 6 = **3** |
| 40 – 10 = **30** | 50 – 40 = **10** | 90 – 60 = **30** |
| 45 – 10 = **35** | 51 – 40 = **11** | 99 – 60 = **39** |
| 47 – 10 = **37** | 56 – 40 = **16** | 94 – 60 = **34** |
| 43 – 10 = **33** | 58 – 40 = **18** | 92 – 60 = **32** |
| 7 – 5 = **2** | 8 – 3 = **5** | 6 – 2 = **4** |
| 70 – 50 = **20** | 80 – 30 = **50** | 60 – 20 = **40** |
| 73 – 50 = **23** | 82 – 30 = **52** | 67 – 20 = **47** |
| 78 – 50 = **28** | 89 – 30 = **59** | 65 – 20 = **45** |
| 75 – 50 = **25** | 86 – 30 = **56** | 69 – 20 = **49** |

2. Rechne!

| | | |
|---|---|---|
| 73 – 20 = **53** | 67 – 40 = **27** | 81 – 30 = **51** |
| 45 – 20 = **25** | 55 – 40 = **15** | 34 – 30 = **4** |
| 96 – 20 = **76** | 82 – 40 = **42** | 78 – 30 = **48** |
| 51 – 20 = **31** | 46 – 40 = **6** | 56 – 30 = **26** |
| 72 – 30 = **42** | 77 – 20 = **57** | 56 – 40 = **16** |
| 99 – 90 = **9** | 69 – 50 = **19** | 86 – 20 = **66** |
| 58 – 10 = **48** | 93 – 30 = **63** | 75 – 50 = **25** |
| 63 – 20 = **43** | 85 – 60 = **25** | 97 – 70 = **27** |

3. Rechne!

| | | |
|---|---|---|
| 80 – 30 = **50** | 90 – 60 = **30** | 60 – 20 = **40** |
| 9 – 4 = **5** | 8 – 5 = **3** | 7 – 4 = **3** |
| **89** – **34** = **55** | **98** – **65** = **33** | **67** – **24** = **43** |
| 70 – 40 = **30** | 50 – 30 = **20** | 80 – 50 = **30** |
| 5 – 1 = **4** | 6 – 3 = **3** | 9 – 7 = **2** |
| **75** – **41** = **34** | **56** – **33** = **23** | **89** – **57** = **32** |

Name: ______________ Datum: ______________

# Nachbarn helfen (–)

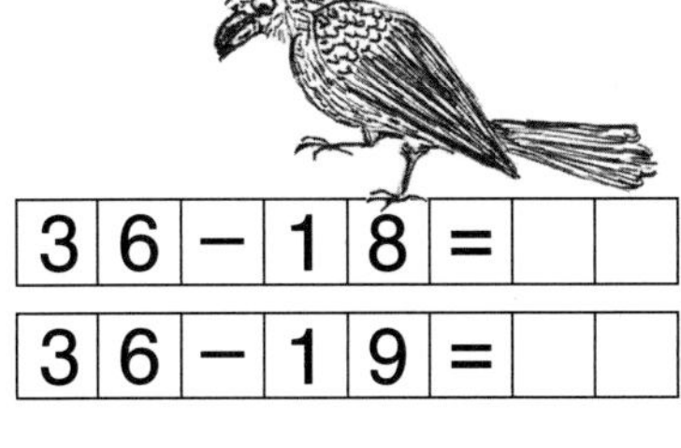

1. Rechne zuerst die Aufgabe in der Mitte!

| | | |
|---|---|---|
| 54 − 28 = | 87 − 48 = | 36 − 18 = |
| 54 − 29 = | 87 − 49 = | 36 − 19 = |
| **54 − 30 =** | **87 − 50 =** | **36 − 20 =** |
| 54 − 31 = | 87 − 51 = | 36 − 21 = |
| 54 − 32 = | 87 − 52 = | 36 − 22 = |

2. Rechne zuerst die Aufgabe in der Mitte!

| | | |
|---|---|---|
| 65 − = | 48 − = | 73 − = |
| 65 − 39 = | 48 − 29 = | 73 − 49 = |
| **65 − 40 =** | **48 − 30 =** | **73 − 50 =** |
| 65 − 41 = | 48 − 31 = | 73 − 51 = |
| 65 − = | 48 − = | 73 − = |

3. Rechne zuerst die Aufgabe in der Mitte! – Finde die Nachbaraufgaben!

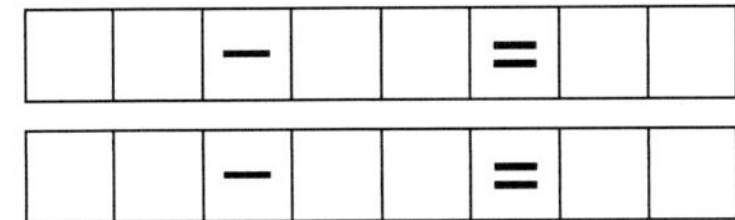

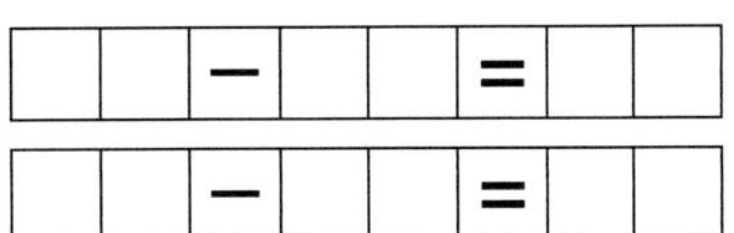

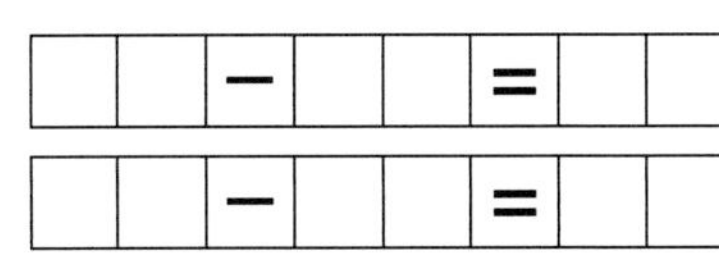

| | | |
|---|---|---|
| − = | − = | − = |
| − = | − = | − = |
| **97 − 60 =** | **52 − 20 =** | **83 − 40 =** |
| − = | − = | − = |
| − = | − = | − = |

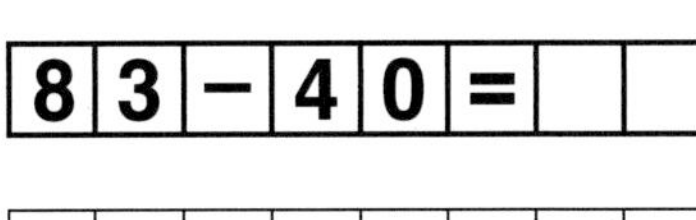

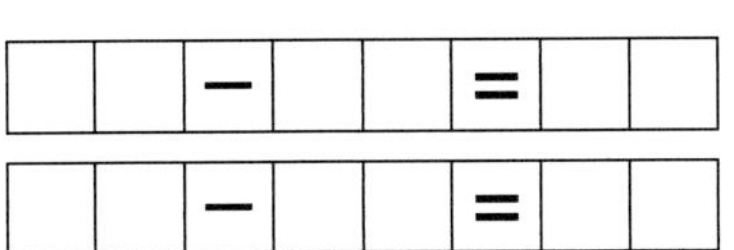

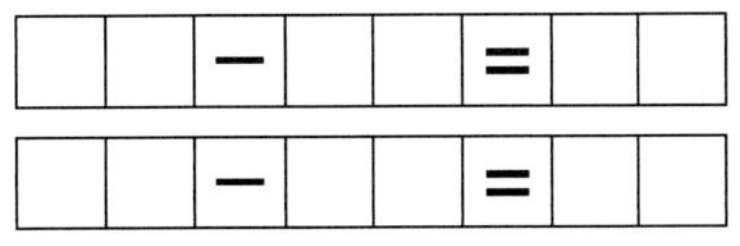

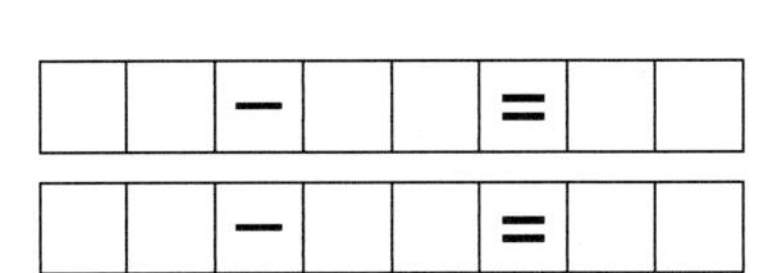

4. Rechne!

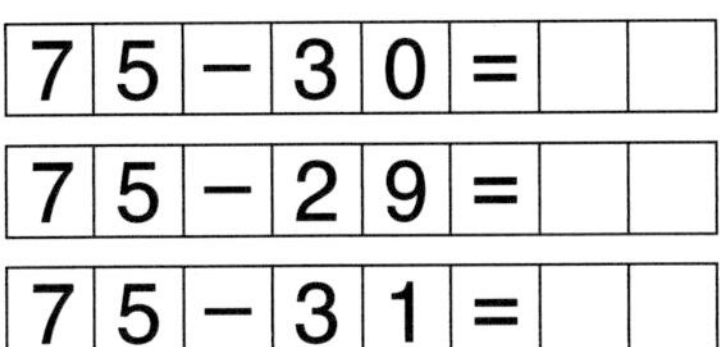

| | | |
|---|---|---|
| 75 − 30 = | 46 − 20 = | 64 − 30 = |
| 75 − 29 = | 46 − 22 = | 64 − 29 = |
| 75 − 31 = | 46 − 18 = | 64 − 28 = |

# Lösung

## Nachbarn helfen (–)

1. Rechne zuerst die Aufgabe in der Mitte!

| | | |
|---|---|---|
| 54 – 28 = **26** | 87 – 48 = **39** | 36 – 18 = **18** |
| 54 – 29 = **25** | 87 – 49 = **38** | 36 – 19 = **17** |
| **54 – 30 = 24** | **87 – 50 = 37** | **36 – 20 = 16** |
| 54 – 31 = **23** | 87 – 51 = **36** | 36 – 21 = **15** |
| 54 – 32 = **22** | 87 – 52 = **35** | 36 – 22 = **14** |

2. Rechne zuerst die Aufgabe in der Mitte!

| | | |
|---|---|---|
| 65 – **38** = **27** | 48 – **28** = **20** | 73 – **48** = **25** |
| 65 – 39 = **26** | 48 – 29 = **19** | 73 – 49 = **24** |
| **65 – 40 = 25** | **48 – 30 = 18** | **73 – 50 = 23** |
| 65 – 41 = **24** | 48 – 31 = **17** | 73 – 51 = **22** |
| 65 – **42** = **23** | 48 – **32** = **16** | 73 – **52** = **21** |

3. Rechne zuerst die Aufgabe in der Mitte! – Finde die Nachbaraufgaben!

| | | |
|---|---|---|
| **97** – **58** = **39** | **52** – **18** = **34** | **83** – **38** = **45** |
| **97** – **59** = **38** | **52** – **19** = **33** | **83** – **39** = **44** |
| **97 – 60 = 37** | **52 – 20 = 32** | **83 – 40 = 43** |
| **97** – **61** = **36** | **52** – **21** = **31** | **83** – **41** = **42** |
| **97** – **62** = **35** | **52** – **22** = **30** | **83** – **42** = **41** |

4. Rechne!

| | | |
|---|---|---|
| 75 – 30 = **45** | 46 – 20 = **26** | 64 – 30 = **34** |
| 75 – 29 = **46** | 46 – 22 = **24** | 64 – 29 = **35** |
| 75 – 31 = **44** | 46 – 18 = **28** | 64 – 28 = **36** |

Name: ____________ Datum: ____________

## Auf die Einer kommt es an (–)

1. Schreibe die Zahl! – Streiche zuerst die Einer weg, dann die Zehner!
2. Rechnest du dabei bis zum Zehner oder musst du über den Zehner rechnen?
3. Rechne die Aufgaben aus, die du rechnen kannst!
4. Lege eine Tabelle in deinem Heft an und ordne die Aufgaben!

| Bis zum Zehner | Über den Zehner |
|---|---|
| | |

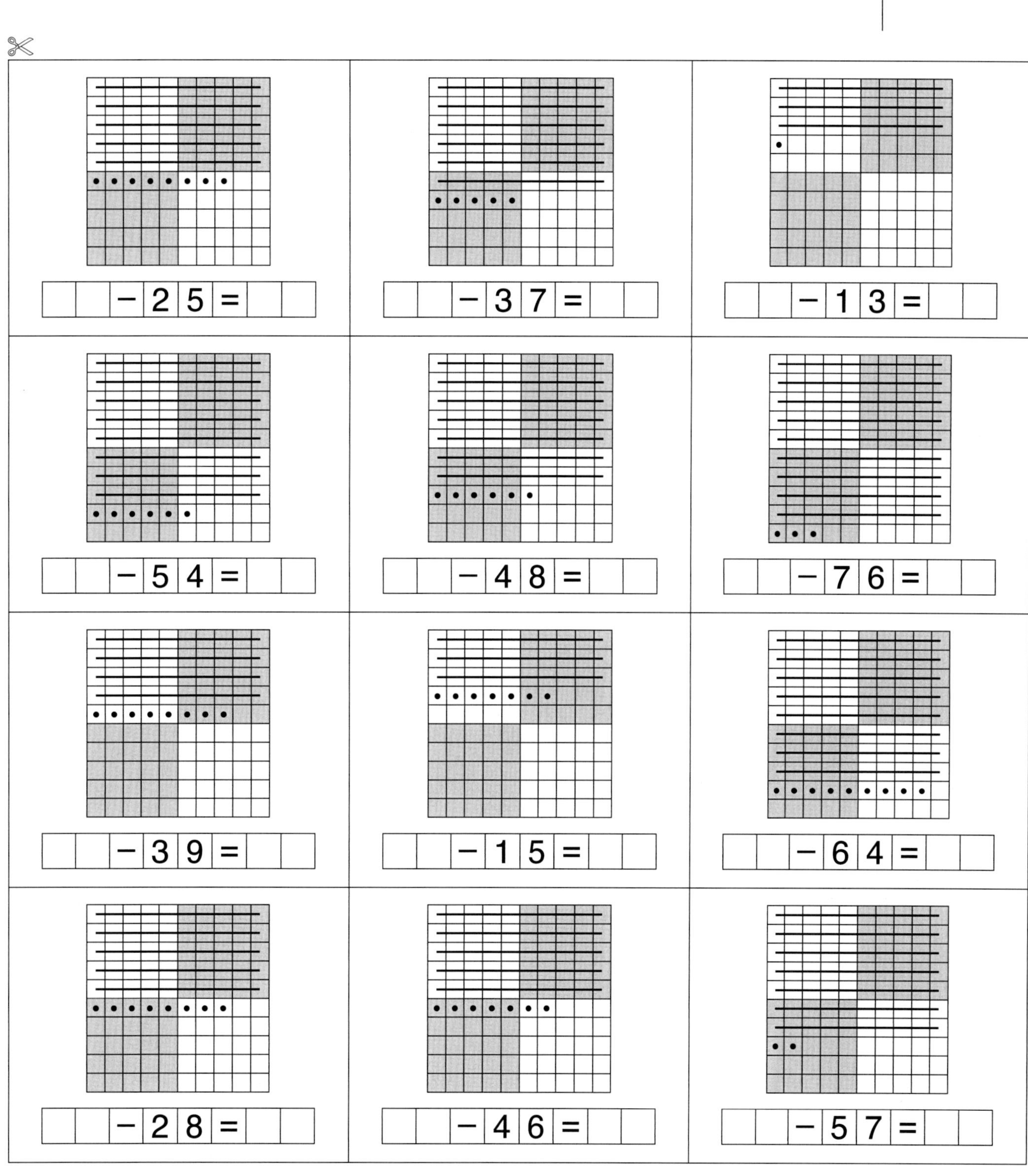

# Lösung

## Auf die Einer kommt es an (–)

1. Schreibe die Zahl! – Streiche zuerst die Einer weg, dann die Zehner!
2. Rechnest du dabei bis zum Zehner oder musst du über den Zehner rechnen?
3. Rechne die Aufgaben aus, die du rechnen kannst!
4. Lege eine Tabelle in deinem Heft an und ordne die Aufgaben!

| Bis zum Zehner | Über den Zehner |
|---|---|
| ① | ② |

| | | |
|---|---|---|
| ① 58 – 25 = 33 | ② 65 – 37 = 28 | ② 31 – 13 = 18 |
| ① 86 – 54 = 32 | ② 76 – 48 = 28 | ② 93 – 76 = 17 |
| ② 48 – 39 = 9 | ① 37 – 15 = 22 | ① 89 – 64 = 25 |
| ① 58 – 28 = 30 | ① 57 – 46 = 11 | ② 72 – 57 = 15 |

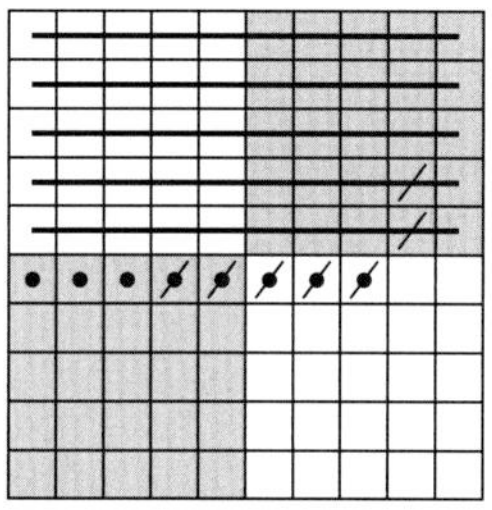

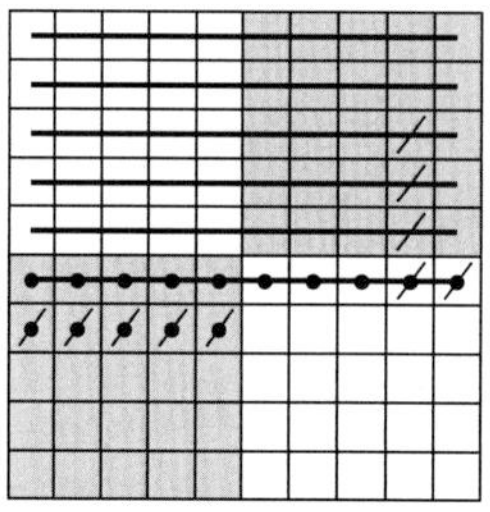

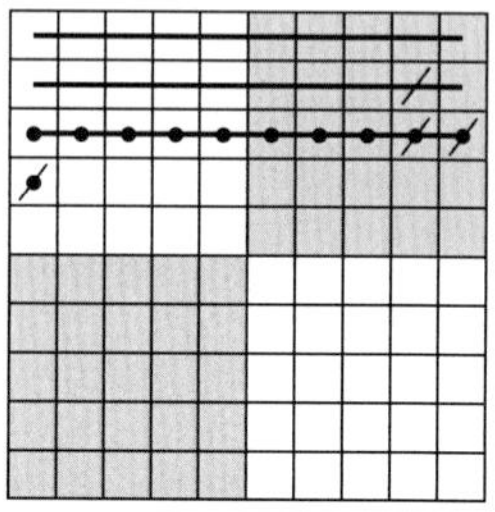

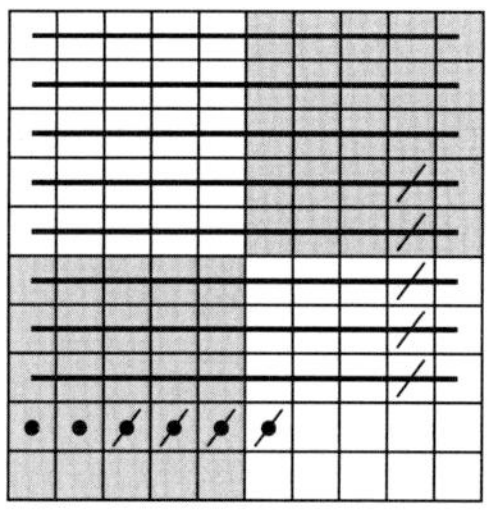

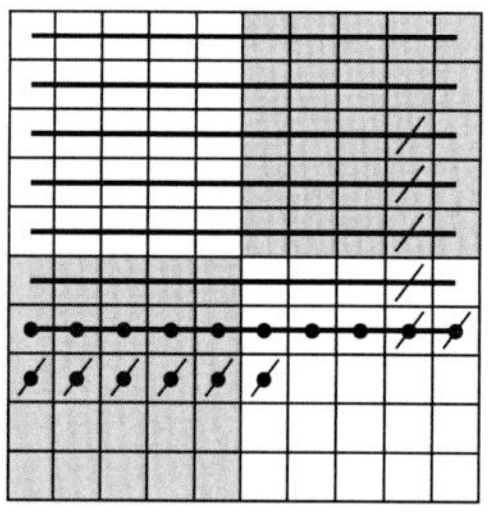

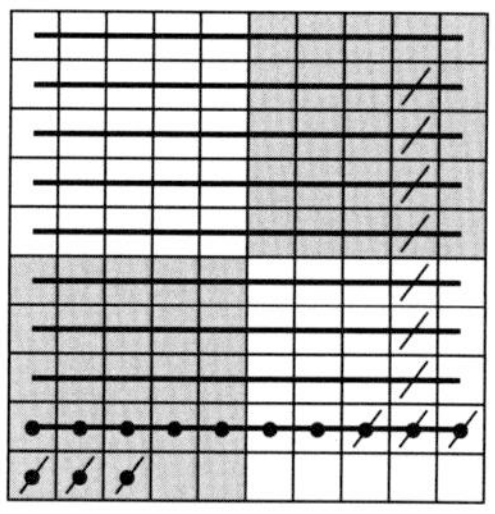

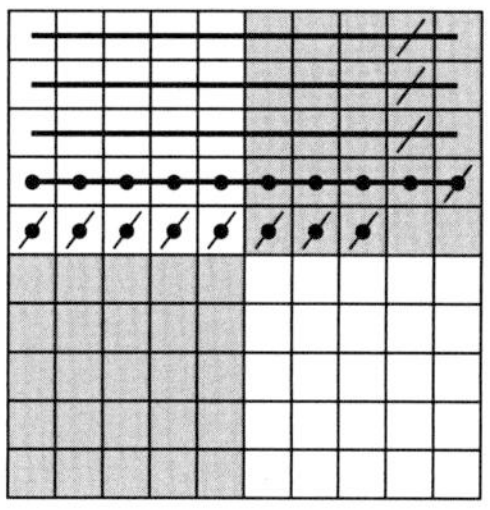

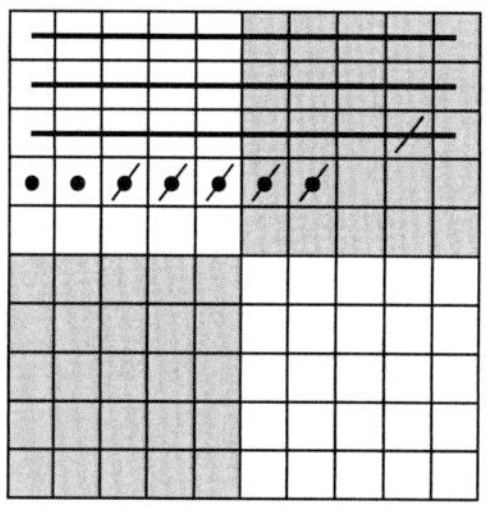

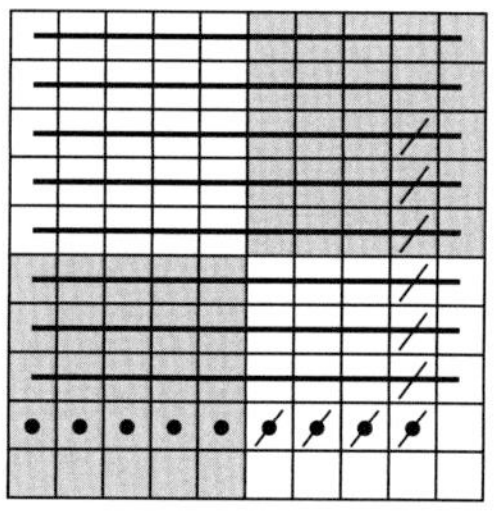

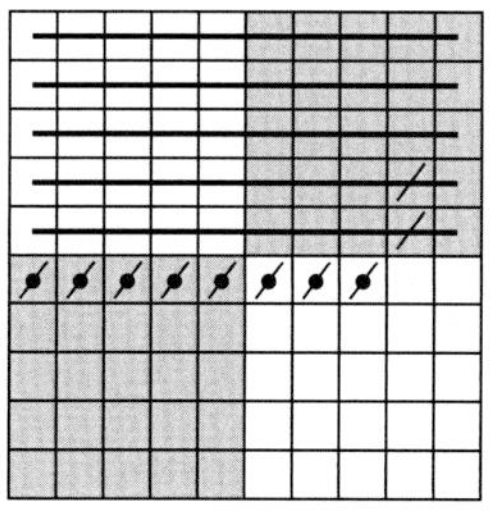

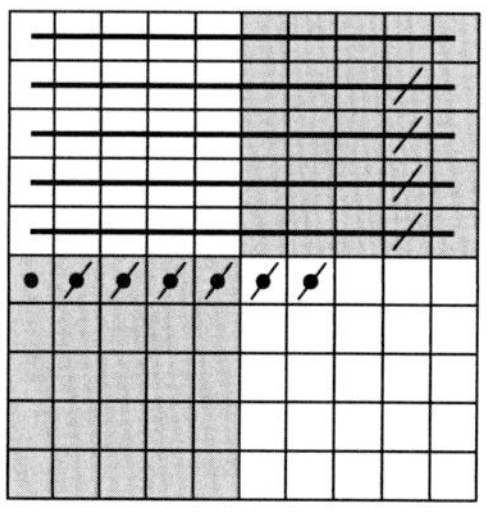

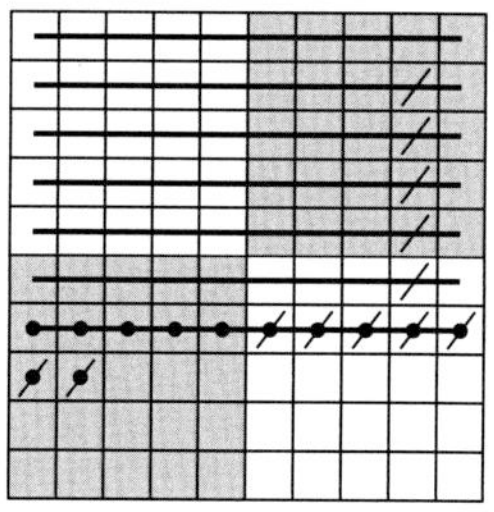

Name: ____________ Datum: ____________

# Auf die Einer kommt es an (–)

## Übung A

1. Markiere alle Einer farbig!
2. Ziehe die Einer ab! – Rechnest du dabei bis zum nächsten Zehner oder musst du über den Zehner rechnen?
3. Lege eine Tabelle in deinem Heft an und ordne die Aufgaben!
4. Rechne die Aufgaben aus, die du rechnen kannst!

| Bis zum Zehner | Über den Zehner |
|---|---|
| | |

| | | |
|---|---|---|
| 34 – 16 = | 53 – 32 = | 83 – 64 = |
| 57 – 24 = | 97 – 69 = | 49 – 17 = |
| 68 – 28 = | 61 – 46 = | 96 – 54 = |
| 71 – 45 = | 72 – 31 = | 75 – 28 = |
| 43 – 19 = | 85 – 24 = | 62 – 37 = |
| 86 – 53 = | 56 – 47 = | 58 – 42 = |

## Übung B

1. Nimm vier Ziffernkarten und bilde damit zwei zweistellige Zahlen!
2. Lege damit verschiedene Subtraktionen!
3. Zeichne eine Tabelle in dein Heft und schreibe die Subtraktionen geordnet auf!

Beispiel: 3 8 4 1

☐☐ – ☐☐

| Bis zum Zehner | Über den Zehner |
|---|---|
| 84 – 31 = 53 | 41 – 38 = 3 |
| 83 – 41 = 42 | 43 – 18 = 25 |
| … | … |

# Lösung

## Auf die Einer kommt es an (–)

### Übung A

1. Markiere alle Einer farbig!
2. Ziehe die Einer ab! – Rechnest du dabei bis zum nächsten Zehner oder musst du über den Zehner rechnen?
3. Lege eine Tabelle in deinem Heft an und ordne die Aufgaben!
4. Rechne die Aufgaben aus, die du rechnen kannst!

| Bis zum Zehner | Über den Zehner |
|---|---|
| ① | ② |

| | | |
|---|---|---|
| ② 34 – 16 = **18** | ① 53 – 32 = **21** | ② 83 – 64 = **19** |
| ① 57 – 24 = **33** | ② 97 – 69 = **28** | ① 49 – 17 = **32** |
| ① 68 – 28 = **40** | ② 61 – 46 = **15** | ① 96 – 54 = **42** |
| ② 71 – 45 = **26** | ① 72 – 31 = **41** | ② 75 – 28 = **47** |
| ② 43 – 19 = **24** | ① 85 – 24 = **61** | ② 62 – 37 = **25** |
| ① 86 – 53 = **33** | ② 56 – 47 = **9** | ① 58 – 42 = **16** |

### Übung B

1. Nimm vier Ziffernkarten und bilde damit zwei zweistellige Zahlen!
2. Lege damit verschiedene Subtraktionen!
3. Zeichne eine Tabelle in dein Heft und schreibe die Subtraktionen geordnet auf!

Beispiel: 3 8 4 1

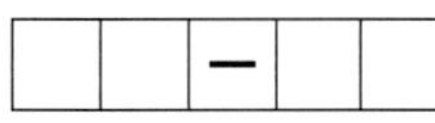

| Bis zum Zehner | Über den Zehner |
|---|---|
| 84 – 31 = 53 | 41 – 38 = 3 |
| 83 – 41 = 42 | 43 – 18 = 25 |
| … | … |

| 0 | 1 | 2 | 3 | 4 | 5 | 6 | 7 | 8 | 9 |
|---|---|---|---|---|---|---|---|---|---|

Name: ____________ Datum: ____________

# Auf die Einer kommt es an (–)

1. Schreibe die Zahl! – Streiche zuerst die Einer weg, dann die Zehner!
   Markiere alle Aufgaben, bei denen du nicht über den Zehner rechnest, grün! ●
   Markiere alle Aufgaben, bei denen du über den Zehner rechnest, gelb! ○
2. Rechne alle grün markierten Aufgaben aus! – Rechne auch die gelb markierten Aufgaben, wenn du sie bereits lösen kannst!

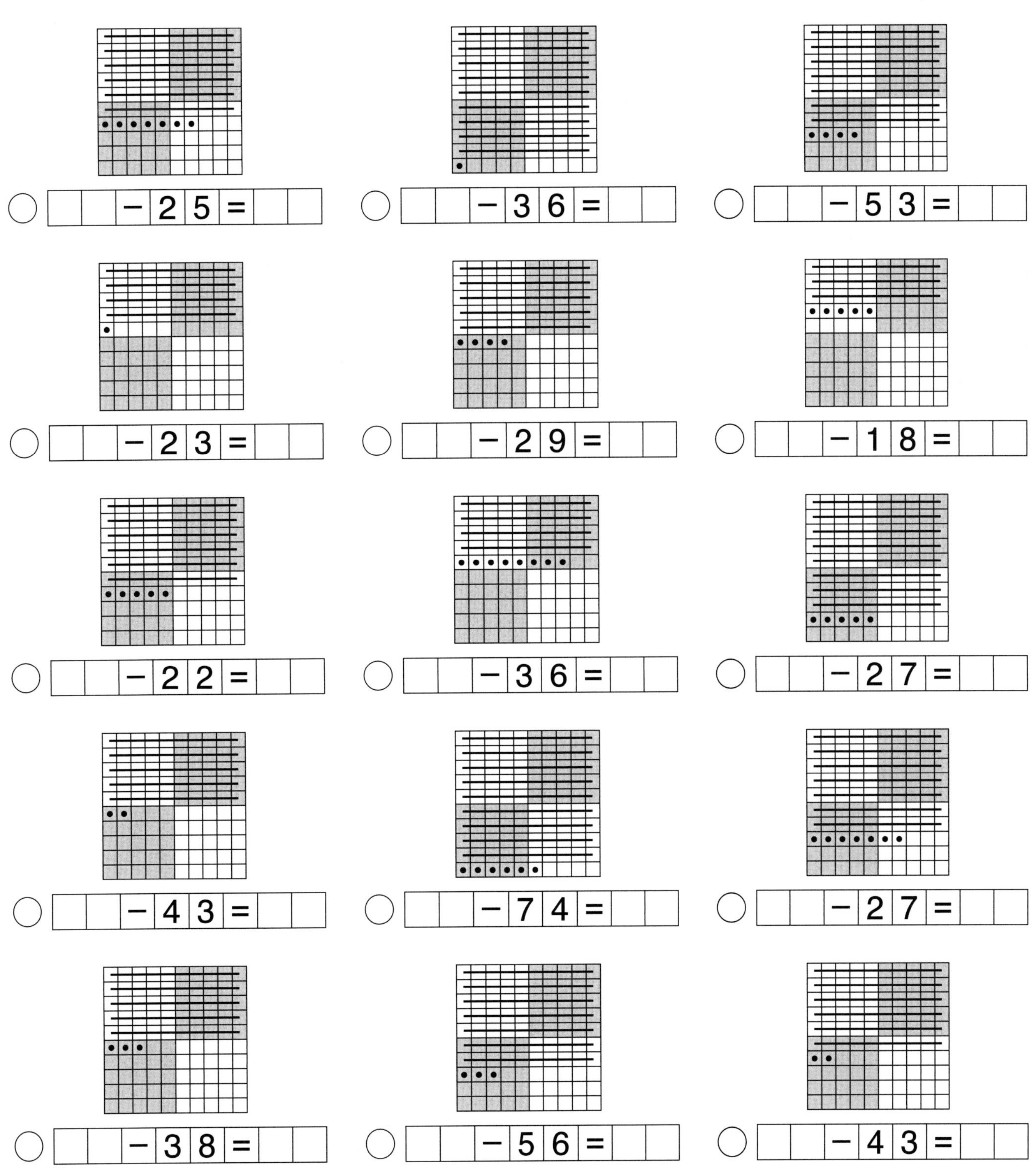

# Lösung

## Auf die Einer kommt es an (–)

1. Schreibe die Zahl! – Streiche zuerst die Einer weg, dann die Zehner!
   Markiere alle Aufgaben, bei denen du nicht über den Zehner rechnest, grün! ●
   Markiere alle Aufgaben, bei denen du über den Zehner rechnest, gelb! ○
2. Rechne alle grün markierten Aufgaben aus! – Rechne auch die gelb markierten Aufgaben, wenn du sie bereits lösen kannst!

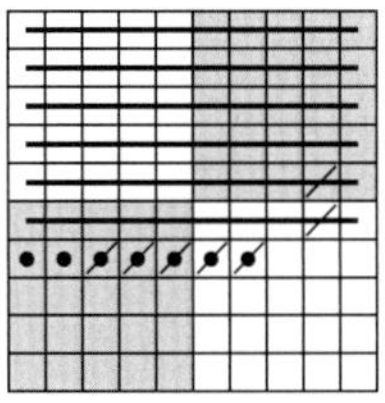

● 67 – 25 = 42 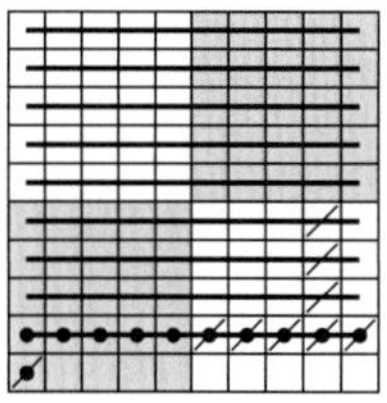 ○ 91 – 36 = 55 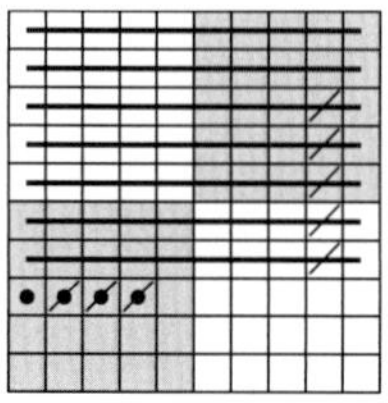 ● 74 – 53 = 21

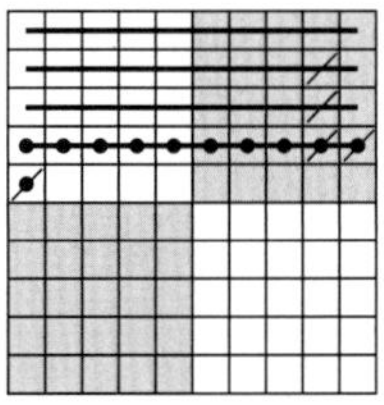

○ 41 – 23 = 18 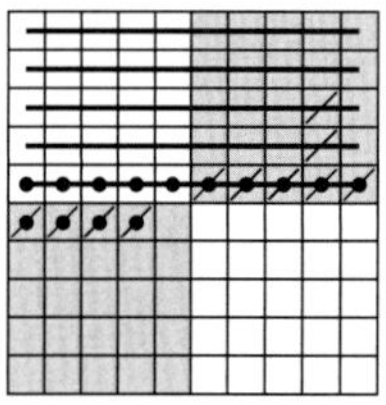 ○ 54 – 29 = 25 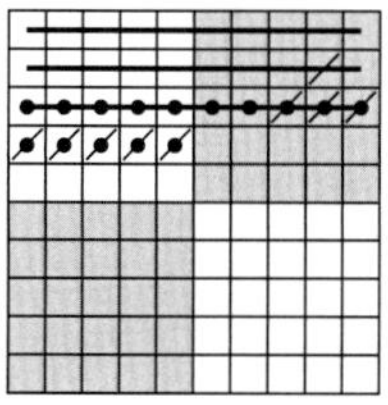 ○ 35 – 18 = 17

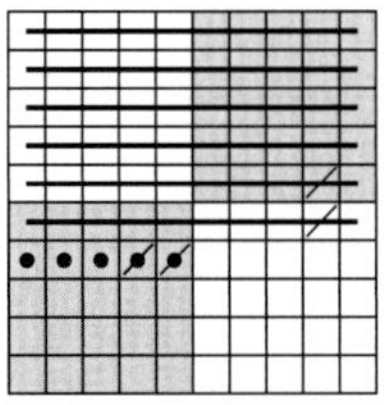

● 65 – 22 = 43 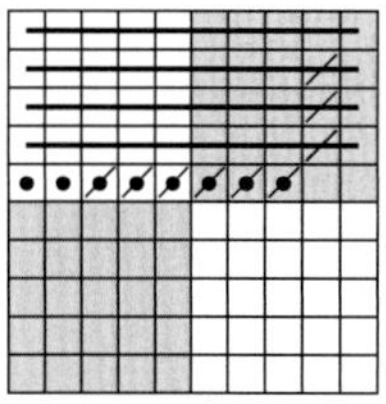 ● 48 – 36 = 12 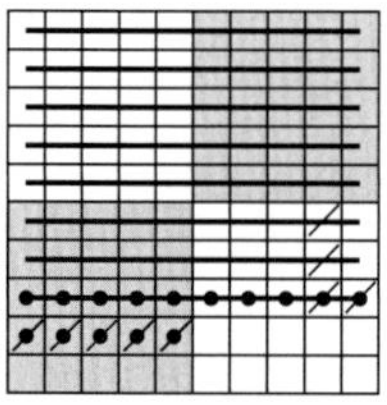 ○ 85 – 27 = 58

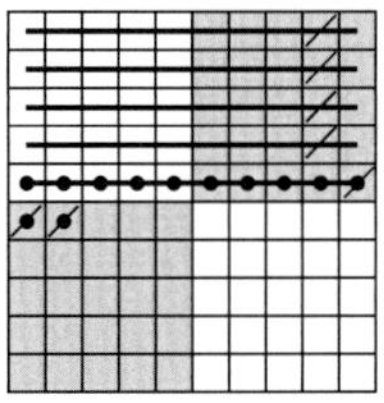

○ 52 – 43 = 9 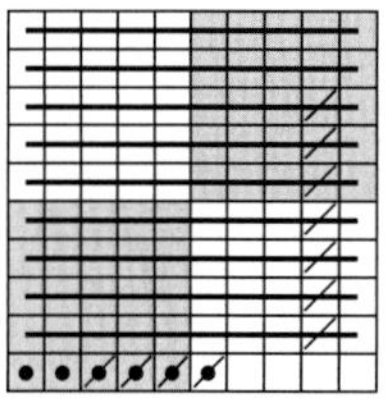 ● 96 – 74 = 22 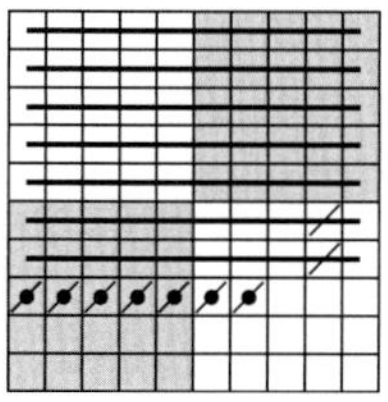 ● 77 – 27 = 50

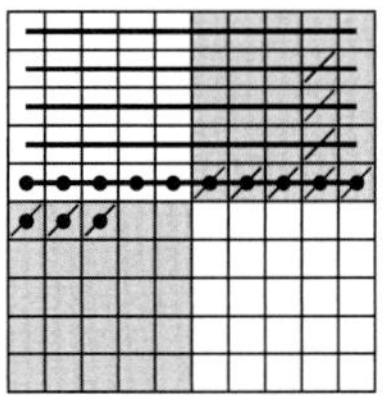

○ 53 – 38 = 15 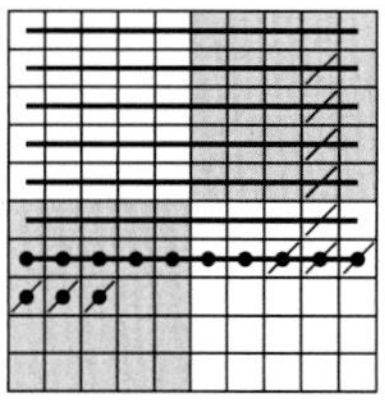 ○ 73 – 56 = 17 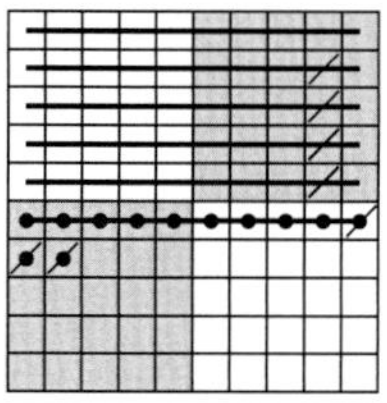 ○ 62 – 43 = 19

Name: ____________ Datum: ____________

## Auf die Einer kommt es an (–)

1. Überlege zuerst!
   Markiere alle Aufgaben, bei denen du nicht über den Zehner rechnest, grün! ●
   Markiere alle Aufgaben, bei denen du über den Zehner rechnest, gelb! ○
2. Rechne alle grün markierten Aufgaben aus! – Rechne auch die gelb markierten Aufgaben, wenn du sie bereits lösen kannst! Du kannst den Rechenweg dazuschreiben.

| | | |
|---|---|---|
| ● 67 – 25 = | ○ 91 – 36 = | ● 74 – 53 = |
| ○ 41 – 23 = | ○ 53 – 29 = | ○ 35 – 18 = |
| ● 84 – 43 = | ○ 61 – 36 = | ● 58 – 37 = |
| ● 48 – 22 = | ● 97 – 74 = | ○ 44 – 27 = |
| ○ 85 – 38 = | ● 69 – 43 = | ● 88 – 56 = |
| ○ 92 – 46 = | ○ 54 – 28 = | ○ 72 – 45 = |
| ● 68 – 35 = | ● 99 – 64 = | ○ 63 – 37 = |
| ● 79 – 56 = | ● 87 – 34 = | ○ 74 – 16 = |

# Lösung

## Auf die Einer kommt es an (–)

1. Überlege zuerst!
   Markiere alle Aufgaben, bei denen du nicht über den Zehner rechnest, grün! ●
   Markiere alle Aufgaben, bei denen du über den Zehner rechnest, gelb! ○
2. Rechne alle grün markierten Aufgaben aus! – Rechne auch die gelb markierten Aufgaben, wenn du sie bereits lösen kannst! Du kannst den Rechenweg dazuschreiben.

| | | |
|---|---|---|
| ● 67 − 25 = 42<br>* 67 − 20 = 47<br>47 − 5 = 42 | ○ 91 − 36 = 55<br>91 − 30 = 61<br>61 − 6 = 55 | ● 74 − 53 = 21<br>74 − 50 = 24<br>24 − 3 = 21 |
| ○ 41 − 23 = 18<br>41 − 20 = 21<br>21 − 3 = 18 | ○ 53 − 29 = 24<br>53 − 20 = 33<br>33 − 9 = 24 | ○ 35 − 18 = 17<br>35 − 10 = 25<br>25 − 8 = 17 |
| ● 84 − 43 = 41<br>84 − 40 = 44<br>44 − 3 = 41 | ○ 61 − 36 = 25<br>61 − 30 = 31<br>31 − 6 = 25 | ● 58 − 37 = 21<br>58 − 30 = 28<br>28 − 7 = 21 |
| ● 48 − 22 = 26<br>48 − 20 = 28<br>28 − 2 = 26 | ● 97 − 74 = 23<br>97 − 70 = 27<br>27 − 4 = 23 | ○ 44 − 27 = 17<br>44 − 20 = 24<br>24 − 7 = 17 |
| ○ 85 − 38 = 47<br>85 − 30 = 55<br>55 − 8 = 47 | ● 69 − 43 = 26<br>69 − 40 = 29<br>29 − 3 = 26 | ● 88 − 56 = 32<br>88 − 50 = 38<br>38 − 6 = 32 |
| ○ 92 − 46 = 46<br>92 − 40 = 52<br>52 − 6 = 46 | ○ 54 − 28 = 26<br>54 − 20 = 34<br>34 − 8 = 26 | ○ 72 − 45 = 27<br>72 − 40 = 32<br>32 − 5 = 27 |
| ● 68 − 35 = 33<br>68 − 30 = 38<br>38 − 5 = 33 | ● 99 − 64 = 35<br>99 − 60 = 39<br>39 − 4 = 35 | ○ 63 − 37 = 26<br>63 − 30 = 33<br>33 − 7 = 26 |
| ● 79 − 56 = 23<br>79 − 50 = 29<br>29 − 6 = 23 | ● 87 − 34 = 53<br>87 − 30 = 57<br>57 − 4 = 53 | ○ 74 − 16 = 58<br>74 − 10 = 64<br>64 − 6 = 58 |

* *Zweiter möglicher Lösungsweg!   67 – 5 = 62   62 – 20 = 42*

Name: Datum:

# Von einfachen zu schweren Aufgaben (–)

1. Schreibe die Zahl, streiche weg und rechne!

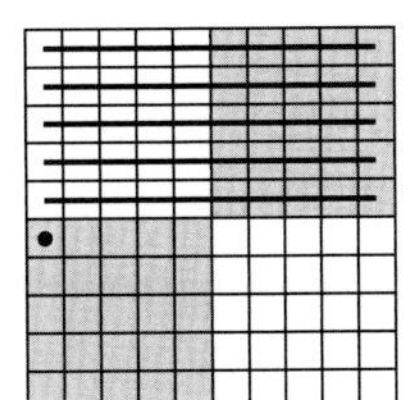

51 – 4 =
51 – 14 =
51 – 24 =
51 – 34 =
51 – 44 =

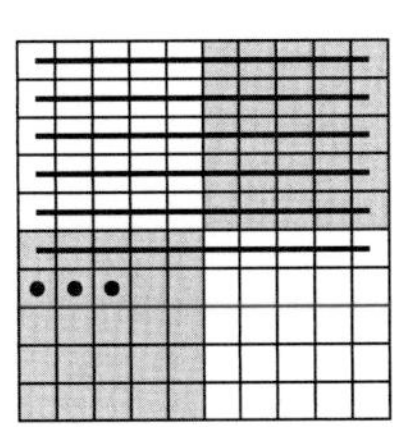

63 – 5 =
– 15 =
– 25 =
– 35 =
– 45 =

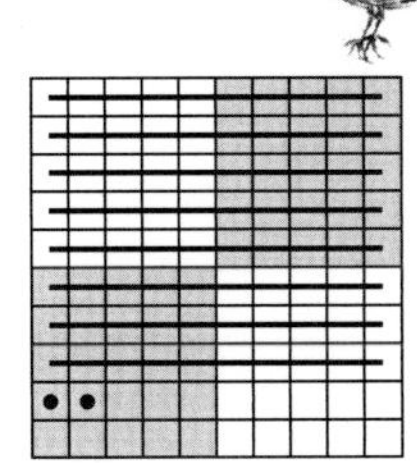

82 – 6 =
– 16 =
– 26 =
– 36 =
– 46 =

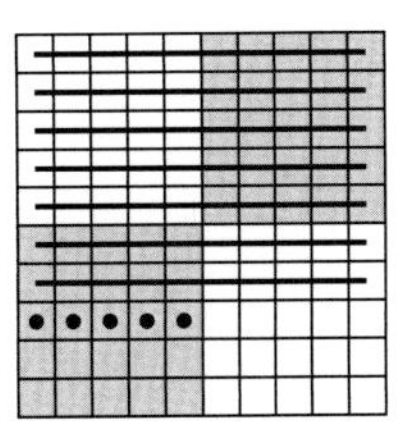

– 7 =
– 17 =
– 27 =
– 37 =

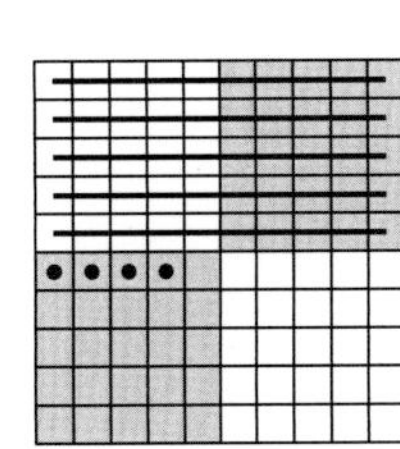

– 8 =
– 18 =
– 28 =
– 38 =

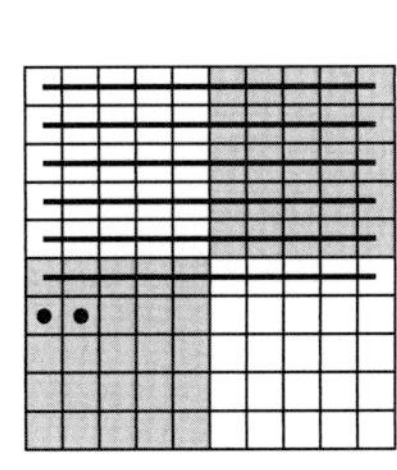

– 5 =
– 15 =
– 25 =
– 35 =

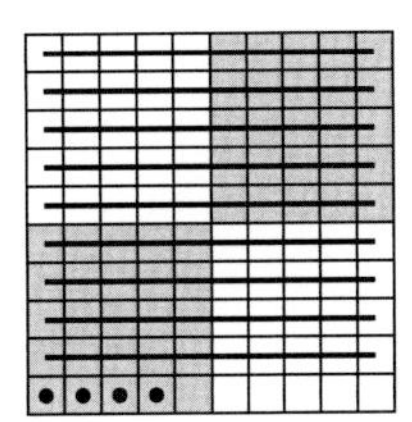

– 6 =
– 26 =
– 56 =

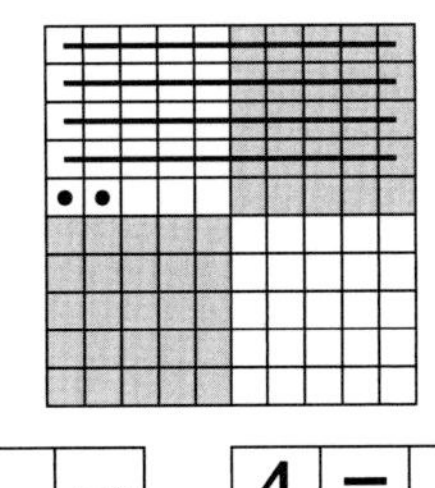

– 4 =
– 34 =
– 14 =

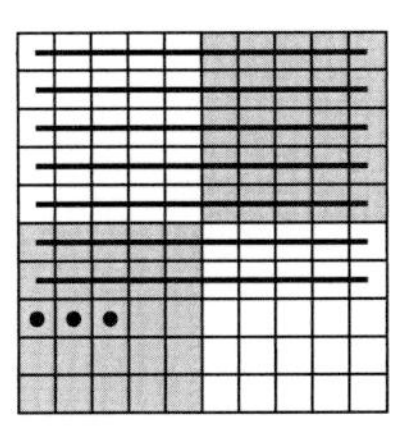

– 7 =
– 47 =
– 27 =

2. Rechne!

61 – 3 =
61 – 13 =
61 – 43 =

53 – 5 =
53 – 35 =
53 – 15 =

72 – 8 =
72 – 58 =
72 – 28 =

# Lösung

## Von einfachen zu schweren Aufgaben (–)

1. Schreibe die Zahl, streiche weg und rechne!

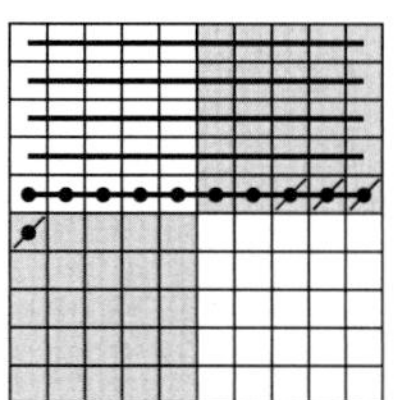
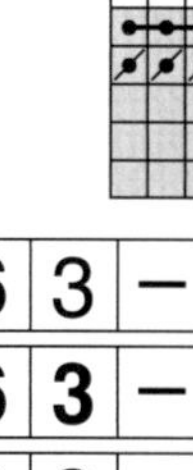
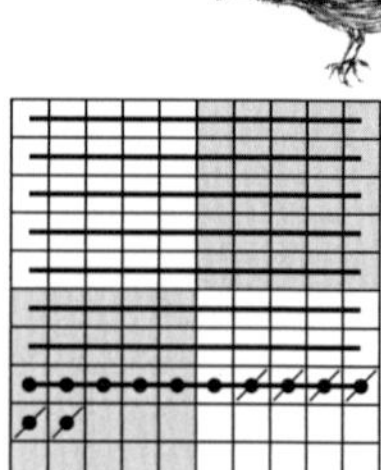

| | | |
|---|---|---|
| 51 − 4 = **47** | 63 − 5 = **58** | 82 − 6 = **76** |
| 51 − 14 = **37** | **63** − 15 = **48** | **82** − 16 = **66** |
| 51 − 24 = **27** | **63** − 25 = **38** | **82** − 26 = **56** |
| 51 − 34 = **17** | **63** − 35 = **28** | **82** − 36 = **46** |
| 51 − 44 = **7** | **63** − 45 = **18** | **82** − 46 = **36** |

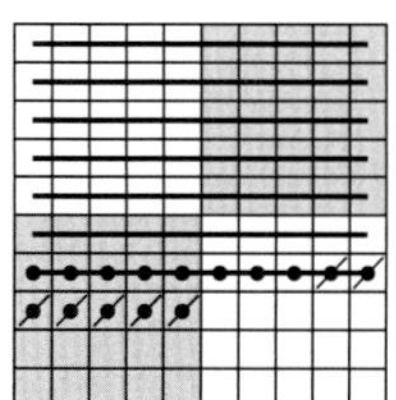
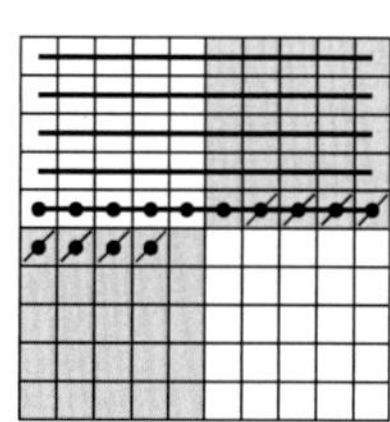
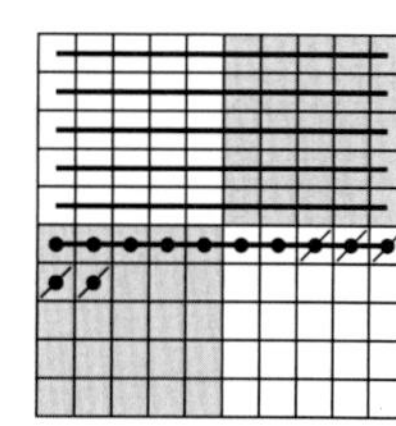

| | | |
|---|---|---|
| **75** − 7 = **68** | **54** − 8 = **46** | **62** − 5 = **57** |
| **75** − 17 = **58** | **54** − 18 = **36** | **62** − 15 = **47** |
| **75** − 27 = **48** | **54** − 28 = **26** | **62** − 25 = **37** |
| **75** − 37 = **38** | **54** − 38 = **16** | **62** − 35 = **27** |

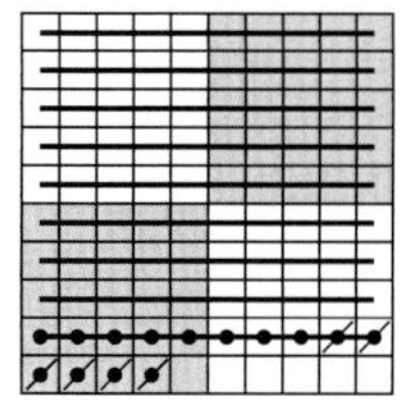
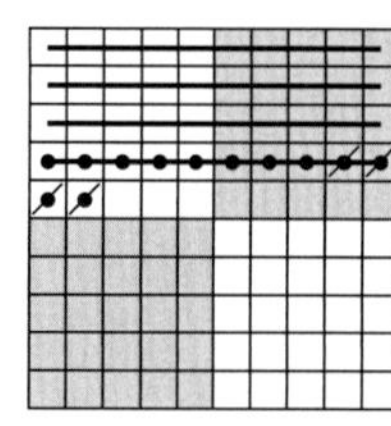
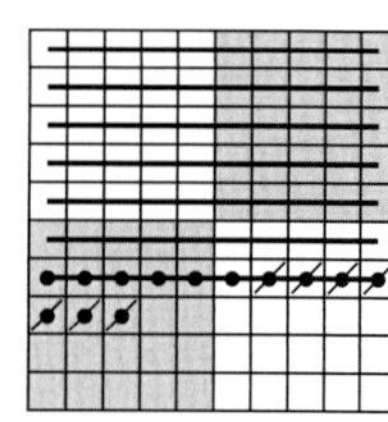

| | | |
|---|---|---|
| **94** − 6 = **88** | **42** − 4 = **38** | **73** − 7 = **66** |
| **94** − 26 = **68** | **42** − 34 = **8** | **73** − 47 = **26** |
| **94** − 56 = **38** | **42** − 14 = **28** | **73** − 27 = **46** |

2. Rechne!

| | | |
|---|---|---|
| 61 − 3 = **58** | 53 − 5 = **48** | 72 − 8 = **64** |
| 61 − 13 = **48** | 53 − 35 = **18** | 72 − 58 = **14** |
| 61 − 43 = **18** | 53 − 15 = **38** | 72 − 28 = **44** |

Name: ______ Datum: ______

# Von einfachen zu schweren Aufgaben (–)

1. Rechne!

52 – 6 =
52 – 16 =
52 – 26 =
52 – 36 =
52 – 46 =

64 – 7 =
64 – 17 =
64 – 27 =
64 – 37 =
64 – 47 =

83 – 8 =
83 – 18 =
83 – 28 =
83 – 38 =
83 – 48 =

2. Rechne!

96 – 8 =
96 – 68 =
96 – 48 =

51 – 4 =
51 – 34 =
51 – 14 =

42 – 7 =
42 – 17 =
42 – 37 =

74 – 6 =
74 – 26 =
74 – 56 =

63 – 9 =
63 – 49 =
63 – 29 =

85 – 6 =
85 – 66 =
85 – 36 =

3. Finde die kleine Aufgabe und rechne!

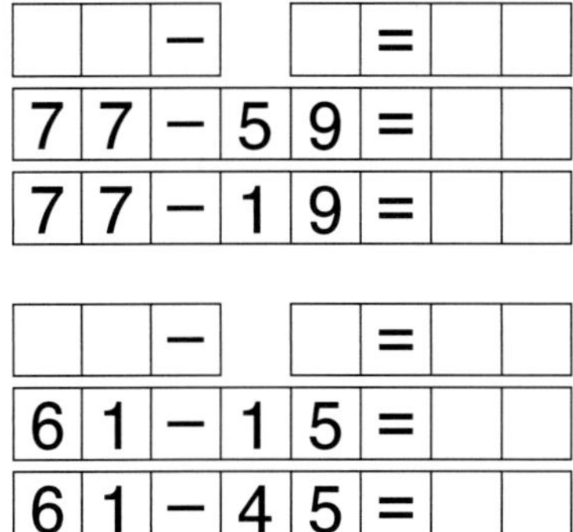

– =
77 – 59 =
77 – 19 =

– =
92 – 18 =
92 – 38 =

– =
53 – 46 =
53 – 26 =

– =
61 – 15 =
61 – 45 =

– =
45 – 27 =
45 – 17 =

– =
84 – 38 =
84 – 68 =

3. Finde die kleine Aufgabe und rechne!

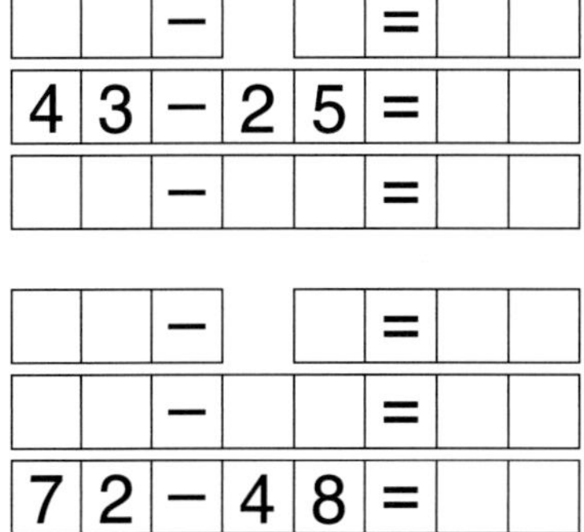

– =
43 – 25 =
– =

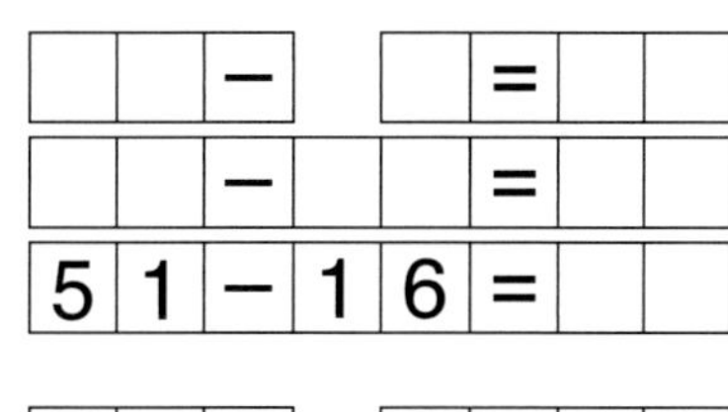

– =
– =
51 – 16 =

– =
65 – 38 =
– =

– =
– =
72 – 48 =

– =
93 – 74 =
– =

– =
– =
86 – 59 =

# Lösung

## Von einfachen zu schweren Aufgaben (–)

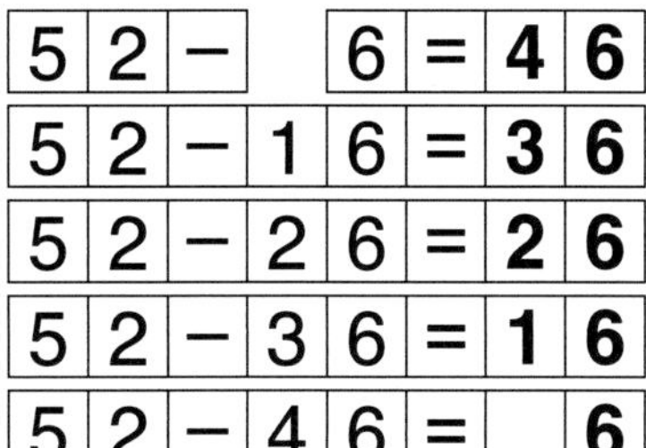

1. Rechne!

52 − 6 = **46**
52 − 16 = **36**
52 − 26 = **26**
52 − 36 = **16**
52 − 46 = **6**

64 − 7 = **57**
64 − 17 = **47**
64 − 27 = **37**
64 − 37 = **27**
64 − 47 = **17**

83 − 8 = **75**
83 − 18 = **65**
83 − 28 = **55**
83 − 38 = **45**
83 − 48 = **35**

2. Rechne!

96 − 8 = **88**
96 − 68 = **28**
96 − 48 = **48**

51 − 4 = **47**
51 − 34 = **17**
51 − 14 = **37**

42 − 7 = **35**
42 − 17 = **25**
42 − 37 = **5**

74 − 6 = **68**
74 − 26 = **48**
74 − 56 = **18**

63 − 9 = **54**
63 − 49 = **14**
63 − 29 = **34**

85 − 6 = **79**
85 − 66 = **19**
85 − 36 = **49**

3. Finde die kleine Aufgabe und rechne!

**77** − **9** = **68**
77 − 59 = **18**
77 − 19 = **58**

**92** − **8** = **84**
92 − 18 = **74**
92 − 38 = **54**

**53** − **6** = **47**
53 − 46 = **7**
53 − 26 = **27**

**61** − **5** = **56**
61 − 15 = **46**
61 − 45 = **16**

**45** − **7** = **38**
45 − 27 = **18**
45 − 17 = **28**

**84** − **8** = **76**
84 − 38 = **46**
84 − 68 = **16**

3. Finde die kleine Aufgabe und rechne!

**43** − **5** = **38**
43 − 25 = **18**
* − =

**51** − **6** = **45**
− =
51 − 16 = **35**

**65** − **8** = **57**
65 − 38 = **27**
− =

**72** − **8** = **64**
− =
72 − 48 = **24**

**93** − **4** = **89**
93 − 74 = **19**
− =

**86** − **9** = **77**
− =
86 − 59 = **27**

* Mehrere Möglichkeiten!

Name: Datum:

# Von einfachen zu schweren Aufgaben (–)

Schreibe die Zahl, streiche weg und rechne!

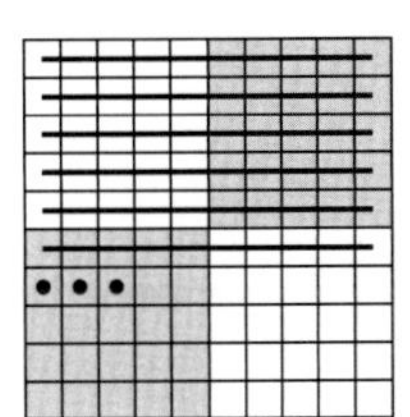

− 20 =

43 − 7 =

− **27** =

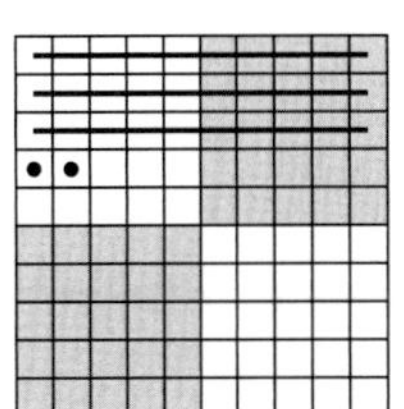

− 10 =

22 − 5 =

− **15** =

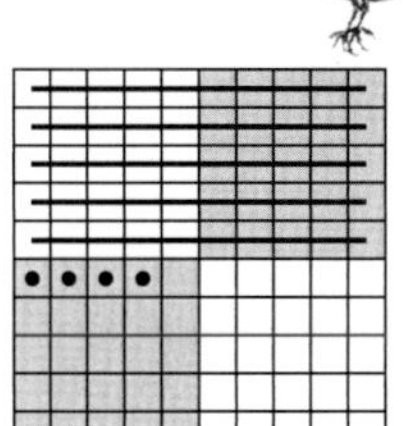

− 30 =

24 − 6 =

− **36** =

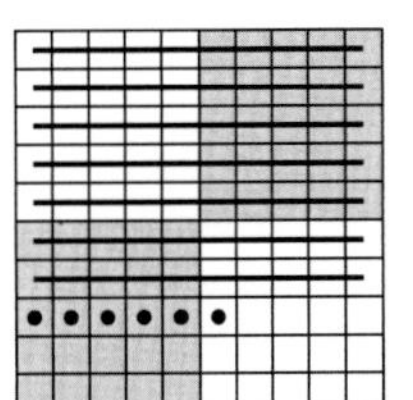

− 40 =

− 9 =

− **49** =

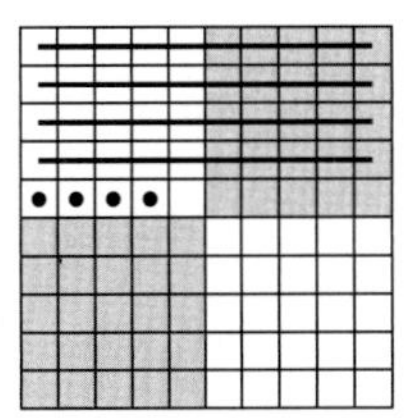

− 20 =

− 8 =

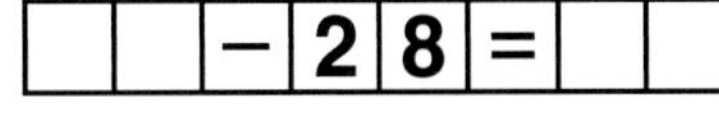

− **28** =

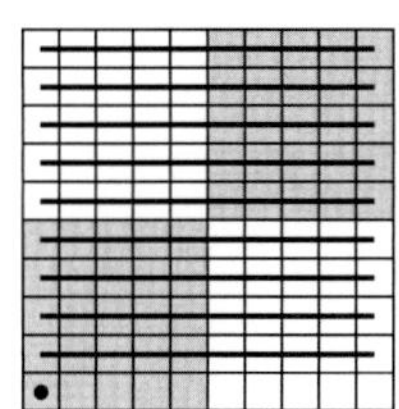

− 50 =

− 4 =

− **54** =

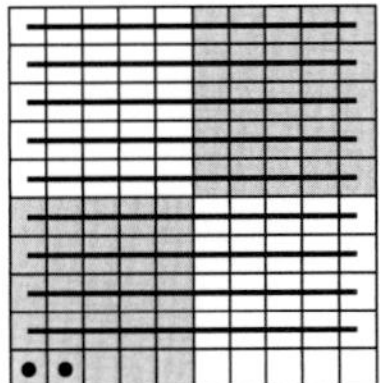

− 6 =

− 50 =

− **56** =

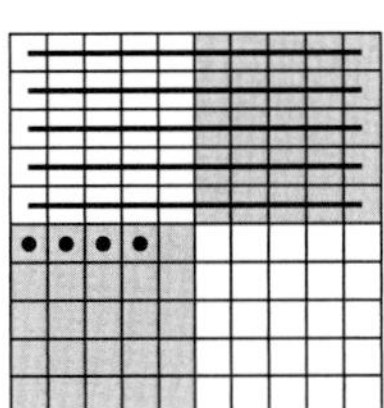

− 9 =

− 10 =

− **19** =

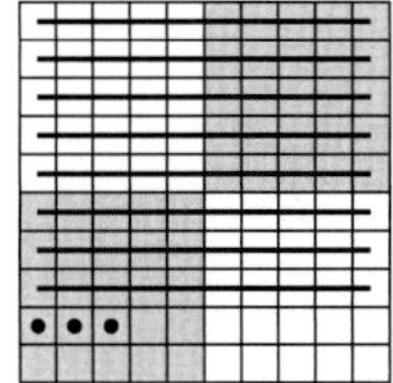

− 5 =

− 40 =

− **45** =

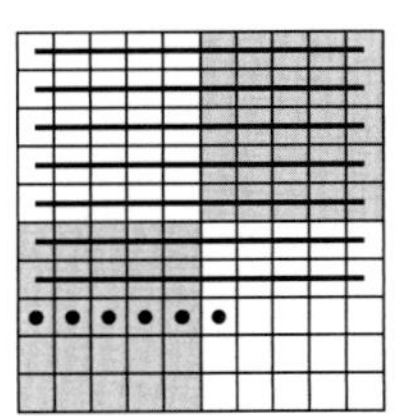

− 8 =

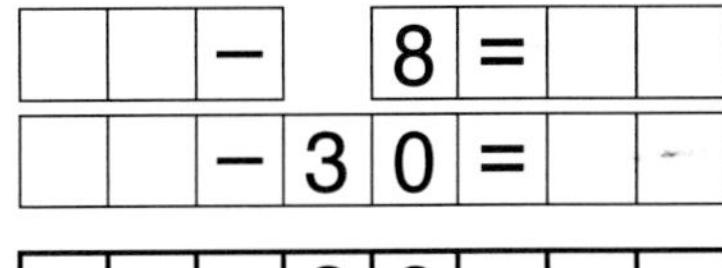

− 30 =

− **38** =

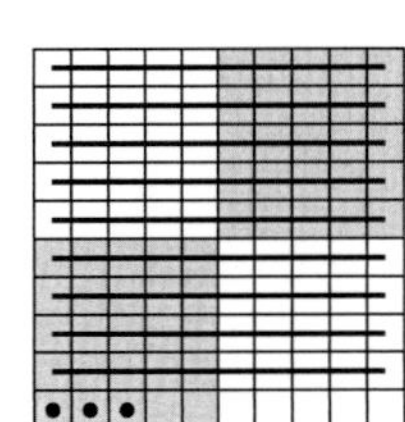

− 4 =

− 60 =

− **64** =

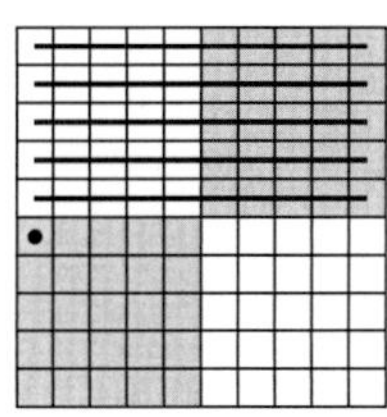

− 7 =

− 20 =

− **27** =

# Lösung

## Von einfachen zu schweren Aufgaben (–)

Schreibe die Zahl, streiche weg und rechne!

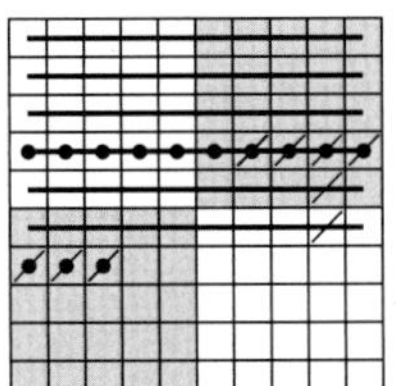

63 – 20 = 43
43 – 7 = 36

**63 – 27 = 36**

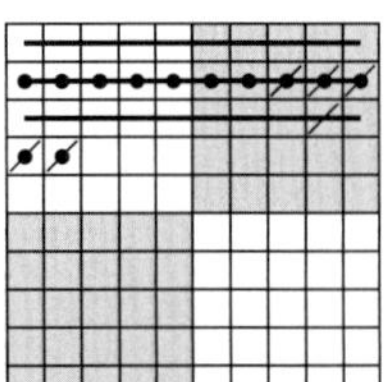

32 – 10 = 22
22 – 5 = 17

**32 – 15 = 17**

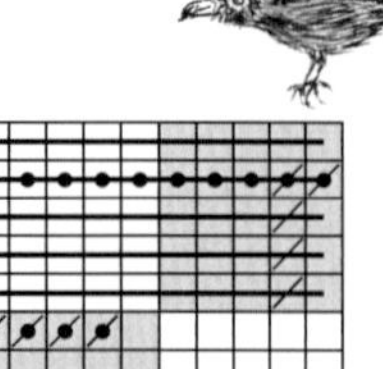

54 – 30 = 24
24 – 6 = 18

**54 – 36 = 18**

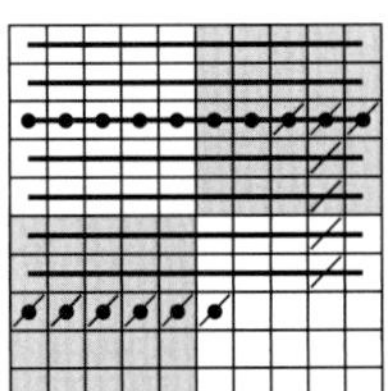

76 – 40 = 36
36 – 9 = 27

**76 – 49 = 27**

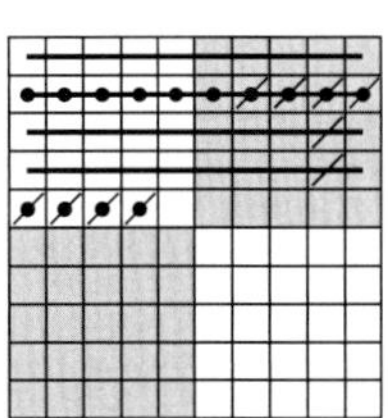

44 – 20 = 24
24 – 8 = 16

**44 – 28 = 16**

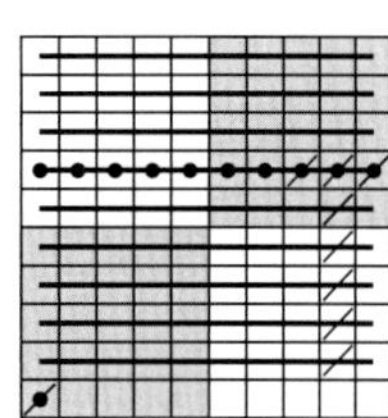

91 – 50 = 41
41 – 4 = 37

**91 – 54 = 37**

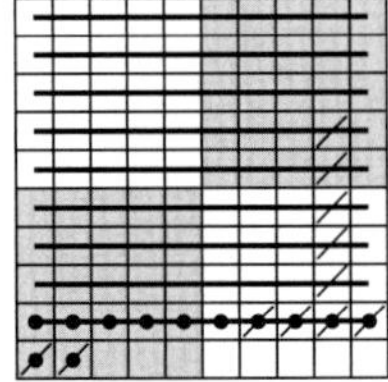

92 – 6 = 86
86 – 50 = 36

**92 – 56 = 36**

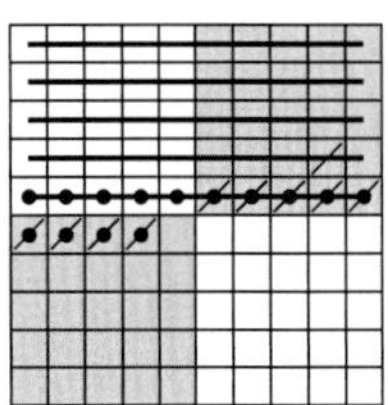

54 – 9 = 45
45 – 10 = 35

**54 – 19 = 35**

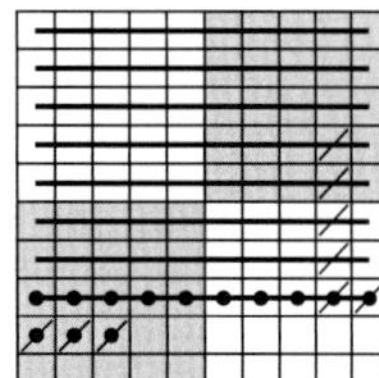

83 – 5 = 78
78 – 40 = 38

**83 – 45 = 38**

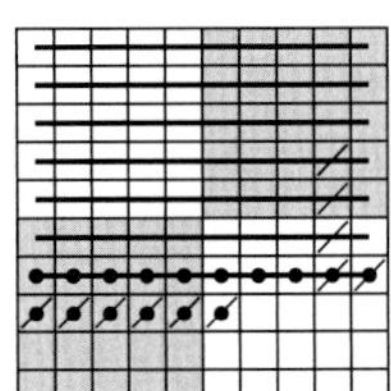

76 – 8 = 68
68 – 30 = 38

**76 – 38 = 38**

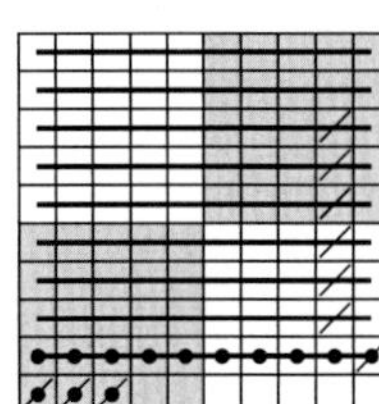

93 – 4 = 89
89 – 60 = 29

**93 – 64 = 29**

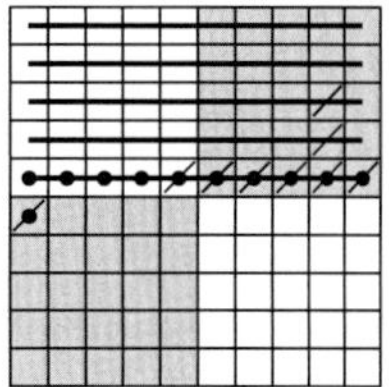

51 – 7 = 44
44 – 20 = 24

**51 – 27 = 24**

Name: ____________ Datum: ____________

## Von einfachen zu schweren Aufgaben (–)

Rechne!

1.
63 – 20 = __
43 – 7 = __
**63 – 27 =** __

32 – 10 = __
22 – 6 = __
**32 – 16 =** __

54 – 30 = __
24 – 6 = __
**54 – 36 =** __

76 – 40 = __
__ – 9 = __
**76 – 49 =** __

45 – 20 = __
__ – 8 = __
**45 – 28 =** __

81 – 50 = __
__ – 4 = __
**81 – 54 =** __

2.
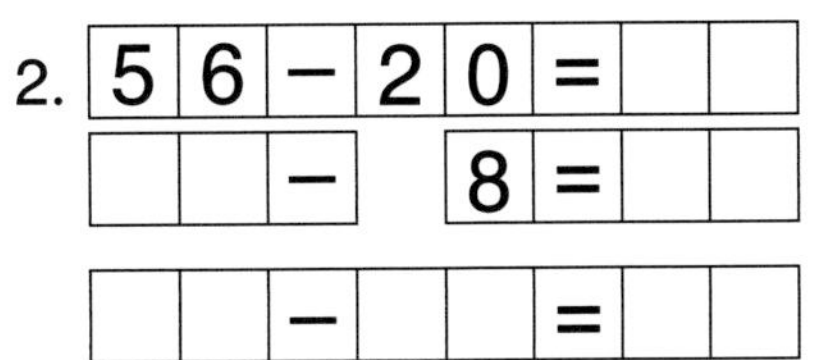


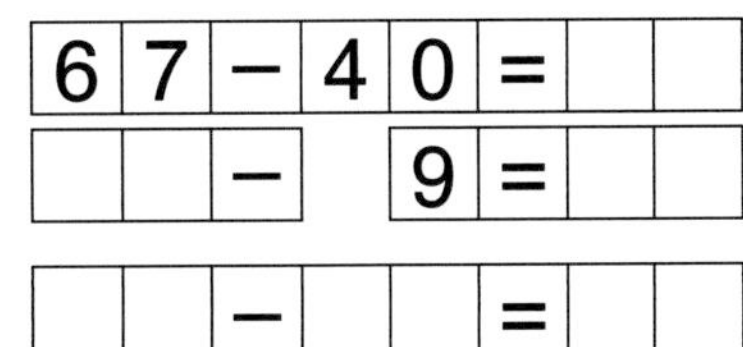


95 – 20 = __
__ – 6 = __
__ – __ = __

33 – 20 = __
__ – 5 = __
__ – __ = __

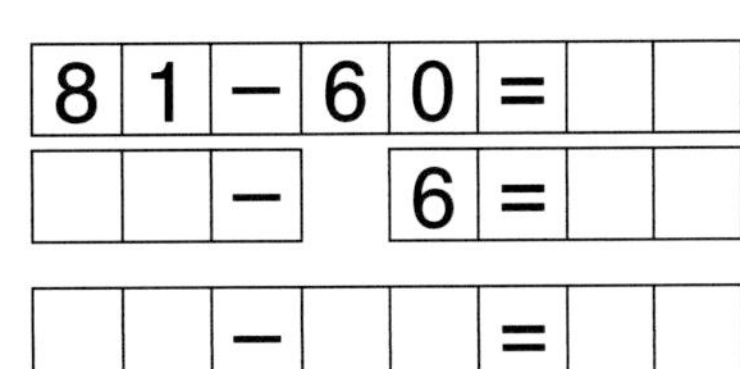


74 – 50 = __
__ – 8 = __
__ – __ = __

3.
92 – 7 = __
__ – 50 = __
**92** – __ = __

72 – 9 = __
__ – 30 = __
__ – __ = __

55 – 7 = __
__ – 10 = __
__ – __ = __

71 – 5 = __
__ – 20 = __
__ – __ = __

96 – 8 = __
__ – 70 = __
__ – __ = __

63 – 9 = __
__ – 30 = __
__ – __ = __

4.
86 – __ = __
__ – __ = __
**86 – 28 =** __

63 – __ = __
__ – __ = __
**63 – 16 =** __

94 – __ = __
__ – __ = __
**94 – 46 =** __

# Lösung

## Von einfachen zu schweren Aufgaben (–)

Rechne!

1.

63 – 20 = **43**
43 – 7 = **36**
**63 – 27 = 36**

32 – 10 = **22**
22 – 6 = **16**
**32 – 16 = 16**

54 – 30 = **24**
24 – 6 = **18**
**54 – 36 = 18**

76 – 40 = **36**
36 – 9 = **27**
**76 – 49 = 27**

45 – 20 = **25**
25 – 8 = **17**
**45 – 28 = 17**

81 – 50 = **31**
31 – 4 = **27**
**81 – 54 = 27**

2.

56 – 20 = **36**
**36** – 8 = **28**
**56 – 28 = 28**

67 – 40 = **27**
**27** – 9 = **18**
**67 – 49 = 18**

95 – 20 = **75**
**75** – 6 = **69**
**95 – 26 = 69**

33 – 20 = **13**
**13** – 5 = **8**
**33 – 25 = 8**

81 – 60 = **21**
**21** – 6 = **15**
**81 – 66 = 15**

74 – 50 = **24**
**24** – 8 = **16**
**74 – 58 = 16**

3.

92 – 7 = **85**
**85** – 50 = **35**
**92 – 57 = 35**

72 – 9 = **63**
**63** – 30 = **33**
**72 – 39 = 33**

55 – 7 = **48**
**48** – 10 = **38**
**55 – 17 = 38**

71 – 5 = **66**
**66** – 20 = **46**
**71 – 25 = 46**

96 – 8 = **88**
**88** – 70 = **18**
**96 – 78 = 18**

63 – 9 = **54**
**54** – 30 = **24**
**63 – 39 = 24**

4.

86 – **8** = **78**
**78 – 20 = 58**
**86 – 28 = 58**

63 – **6** = **57**
**57 – 10 = 47**
**63 – 16 = 47**

94 – **6** = **88**
**88 – 40 = 48**
**94 – 46 = 48**

Name: ____________ Datum: ____________

# Verschiedene Lösungswege (–)

1. Wie rechnen die Kinder?

2. Probiere selbst verschiedene Lösungswege aus!

a) 46 – 19 b) 75 – 48 c) 54 – 26 d) 82 – 35

Name: ____________ Datum: ____________

# Wir rechnen bis 100 (+)

1. Schreibe die Zahlen und rechne deinen Weg!

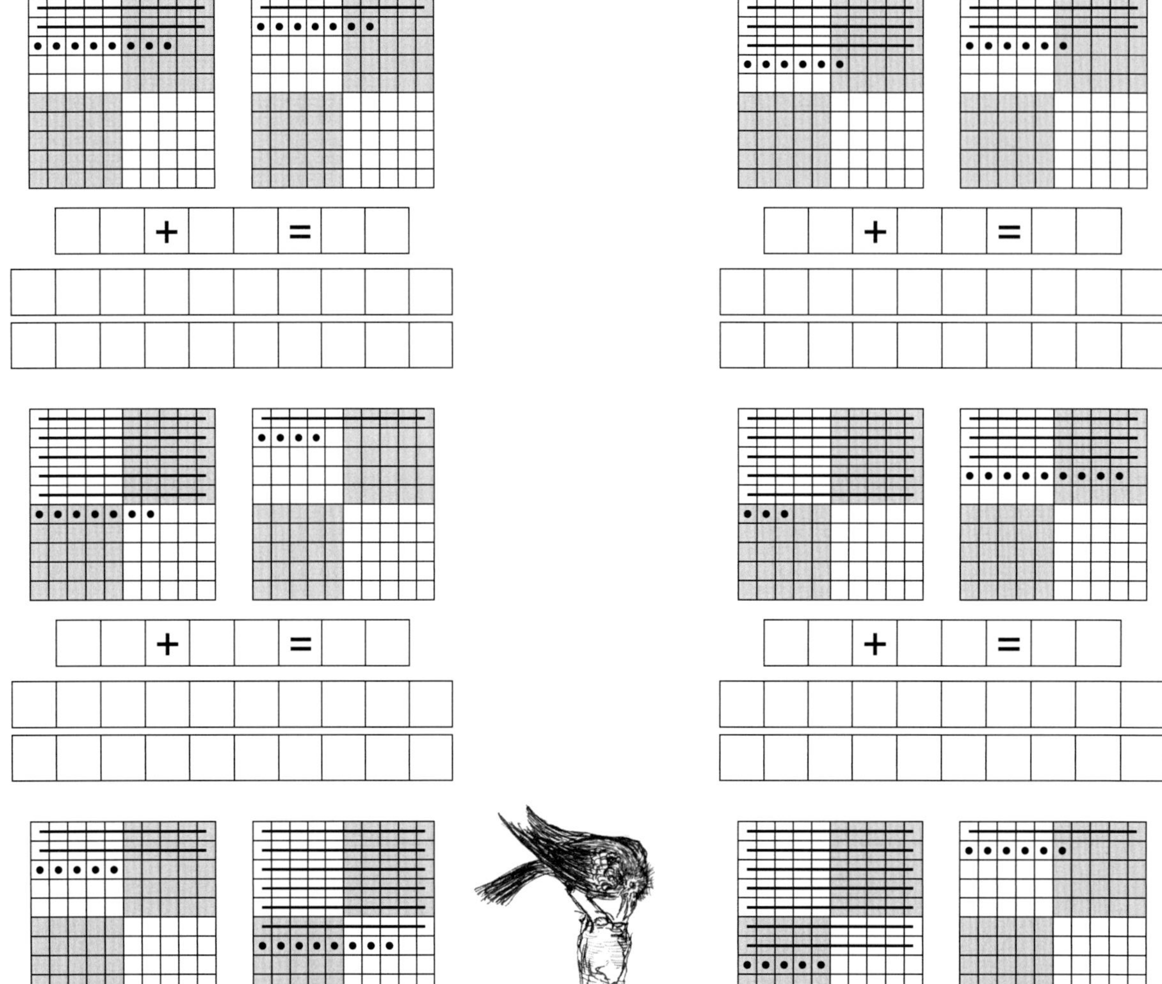


2. Rechne deinen Weg!

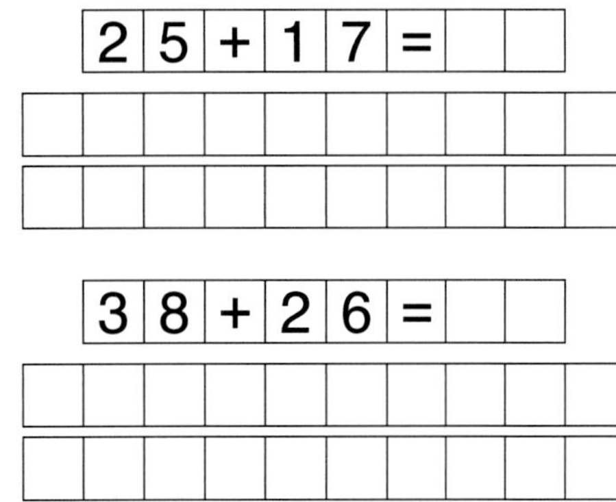


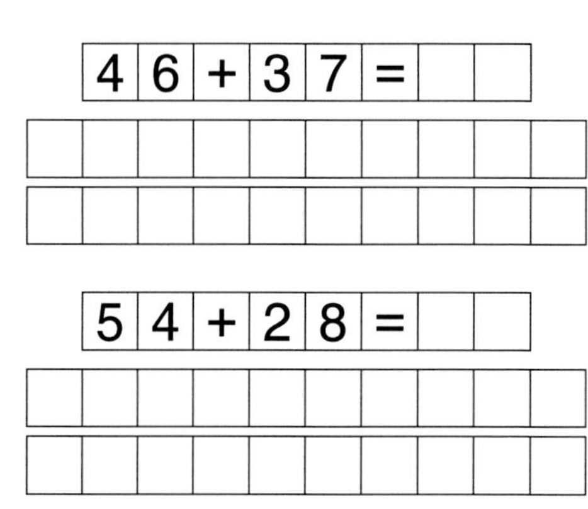

# Lösung

## Wir rechnen bis 100 (+)

1. Schreibe die Zahlen und rechne deinen Weg!

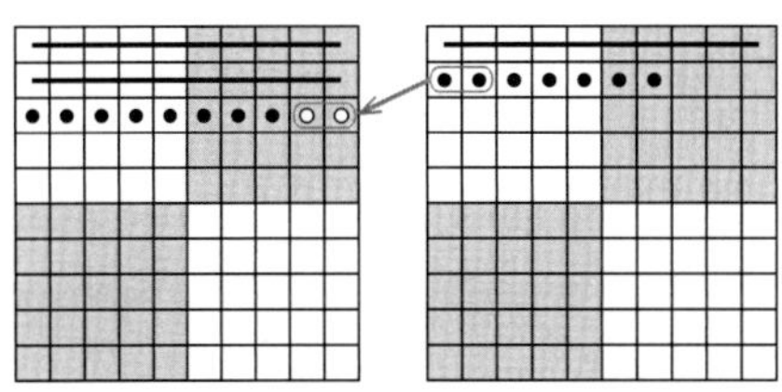

28 + 17 = 45

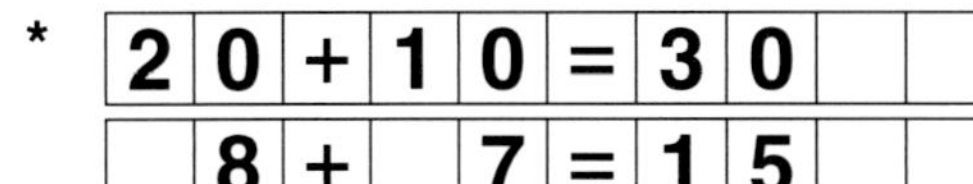

* 20 + 10 = 30
8 + 7 = 15

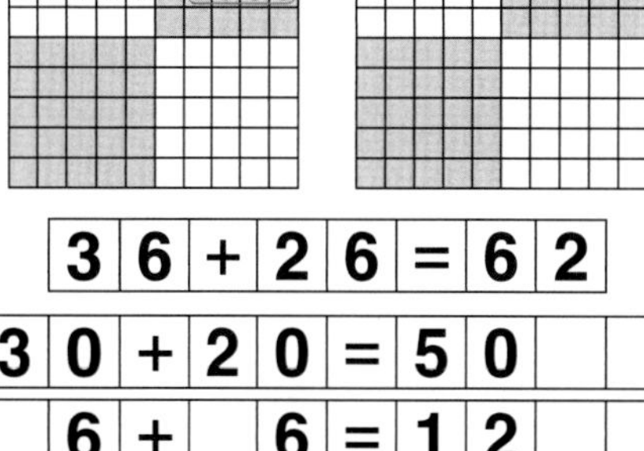

36 + 26 = 62

30 + 20 = 50
6 + 6 = 12

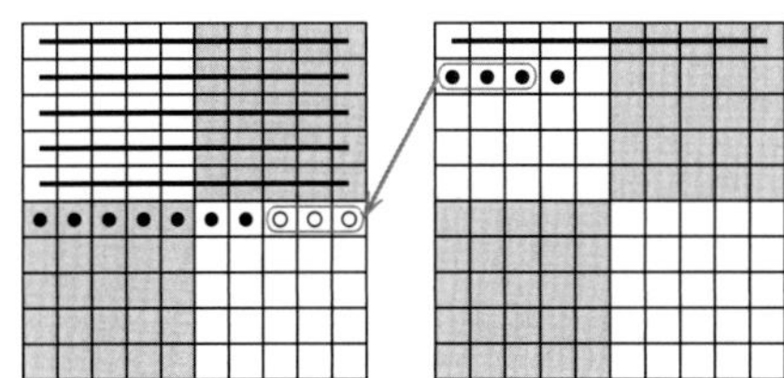

57 + 14 = 71

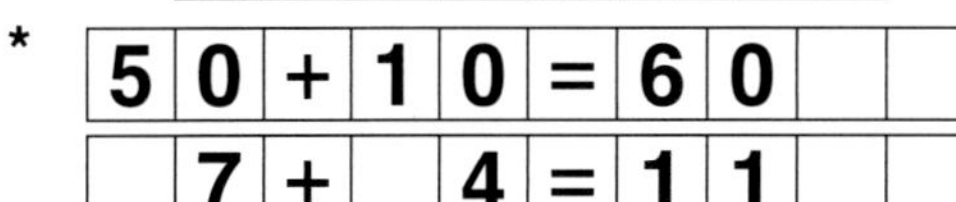

* 50 + 10 = 60
7 + 4 = 11

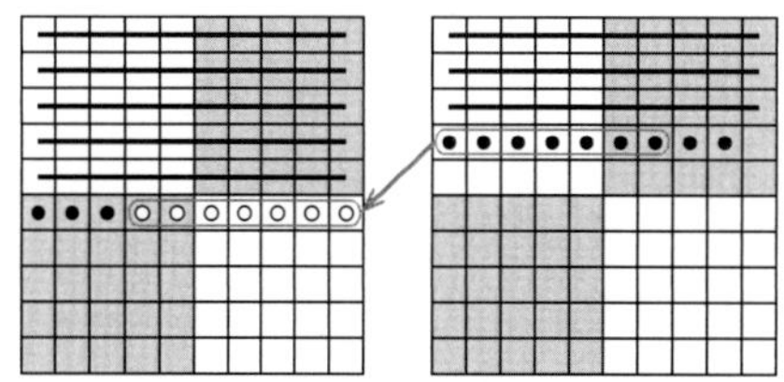

53 + 39 = 92

50 + 30 = 80
3 + 9 = 12

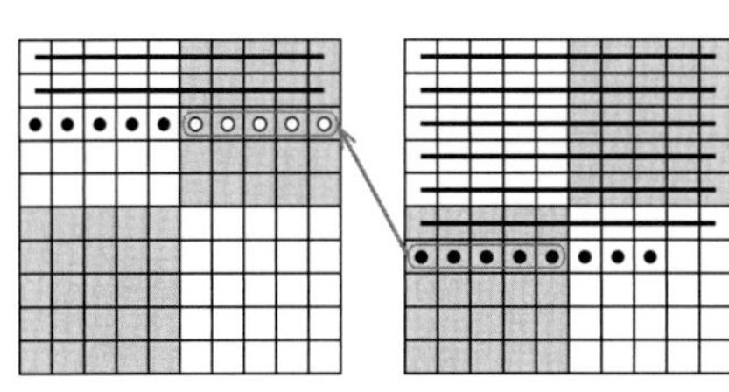

25 + 68 = 93

* 20 + 60 = 80
5 + 8 = 13

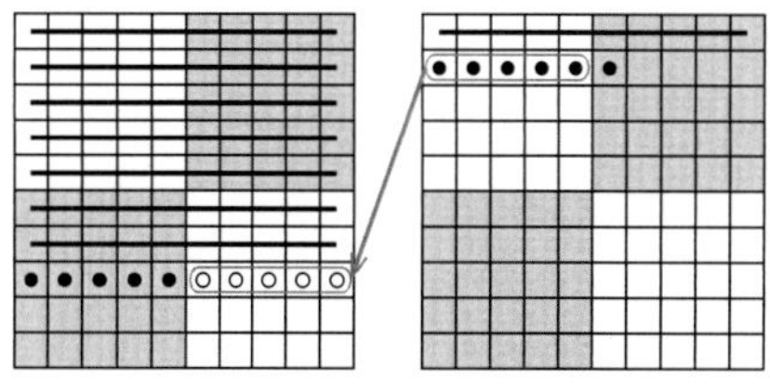

75 + 16 = 91

70 + 10 = 80
5 + 6 = 11

2. Rechne deinen Weg!

25 + 17 = 42

* 20 + 10 = 30
5 + 7 = 12

46 + 37 = 83

40 + 30 = 70
6 + 7 = 13

38 + 26 = 64

* 30 + 20 = 50
8 + 6 = 14

54 + 28 = 82

50 + 20 = 70
4 + 8 = 12

* *Andere Lösungswege möglich!*

Wochenplan •

Name: ______________ Datum: ______________

# Wir rechnen bis 100 (+)

1. Rechne deinen Weg!

| 63 + 29 = | 49 + 38 = |
|---|---|
| 57 + 14 = | 26 + 46 = |
| 76 + 18 = | 43 + 48 = |
| 39 + 54 = | 28 + 42 = |
| 45 + 37 = | 17 + 66 = |
| 57 + 27 = | 48 + 38 = |

Lösung: 70 – 71 – 72 – 82 – 83 – 84 – 86 – 87 – 91 – 92 – 93 – 94

2. Rechne!

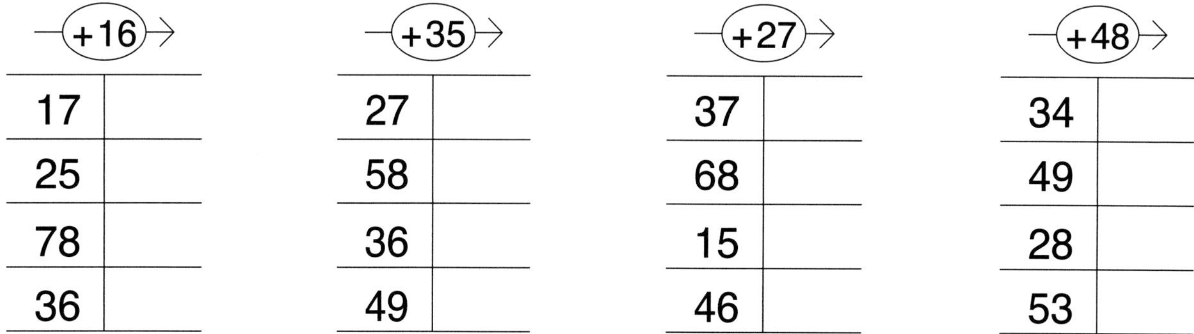

| +16 | | +35 | | +27 | | +48 | |
|---|---|---|---|---|---|---|---|
| 17 | | 27 | | 37 | | 34 | |
| 25 | | 58 | | 68 | | 49 | |
| 78 | | 36 | | 15 | | 28 | |
| 36 | | 49 | | 46 | | 53 | |

Lösung: 33 – 41 – 42 – 52 – 62 – 64 – 71 – 73 – 76 – 82 – 84 – 93 – 94 – 95 – 97 – 101

# Lösung

## Wir rechnen bis 100 (+)

1. Rechne deinen Weg!

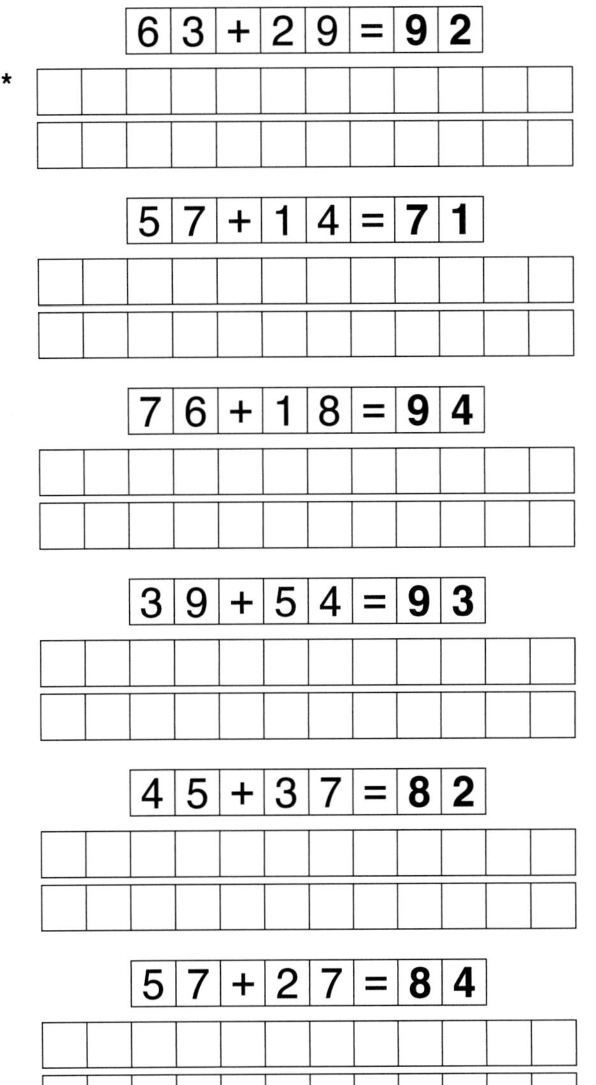

63 + 29 = **92**

*

57 + 14 = **71**

76 + 18 = **94**

39 + 54 = **93**

45 + 37 = **82**

57 + 27 = **84**

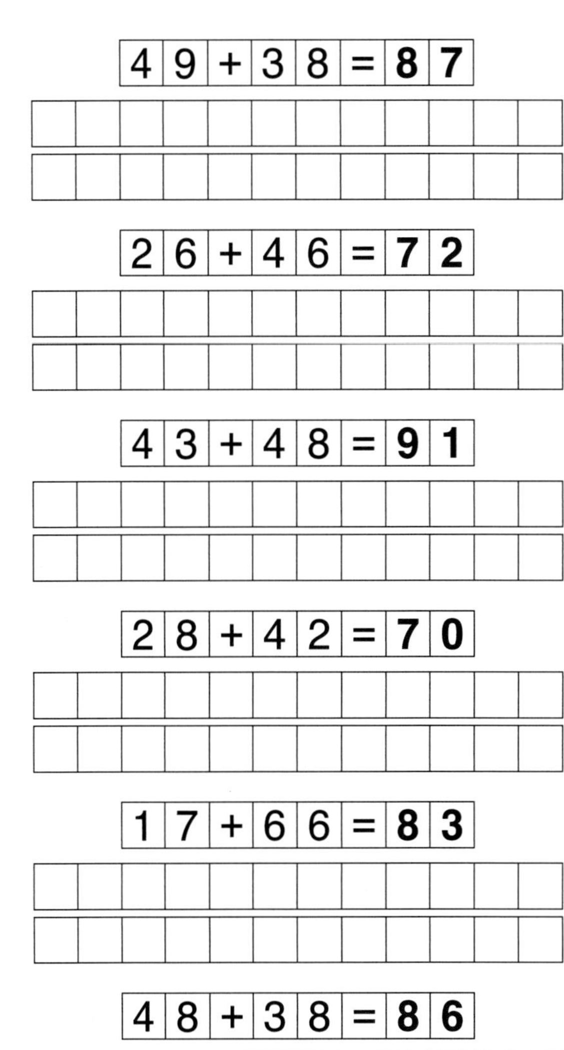

49 + 38 = **87**

26 + 46 = **72**

43 + 48 = **91**

28 + 42 = **70**

17 + 66 = **83**

48 + 38 = **86**

Lösung: 70 – 71 – 72 – 82 – 83 – 84 – 86 – 87 – 91 – 92 – 93 – 94

2. Rechne!

| +16 | |
|---|---|
| 17 | **33** |
| 25 | **41** |
| 78 | **94** |
| 36 | **52** |

| +35 | |
|---|---|
| 27 | **62** |
| 58 | **93** |
| 36 | **71** |
| 49 | **84** |

| +27 | |
|---|---|
| 37 | **64** |
| 68 | **95** |
| 15 | **42** |
| 46 | **73** |

| +48 | |
|---|---|
| 34 | **82** |
| 49 | **97** |
| 28 | **76** |
| 53 | **101** |

Lösung: 33 – 41 – 42 – 52 – 62 – 64 – 71 – 73 – 76 – 82 – 84 – 93 – 94 – 95 – 97 – 101

* *Verschiedene Lösungswege möglich! Daher keine Vorgabe.*

Name: ______________________ Datum: ______________________

# Wir rechnen bis 100 (+)

1. Rechenkreise: Zähle die Zahlen zusammen, deren Seiten markiert sind, und schreibe die Lösung in den dazugehörigen Kreis!

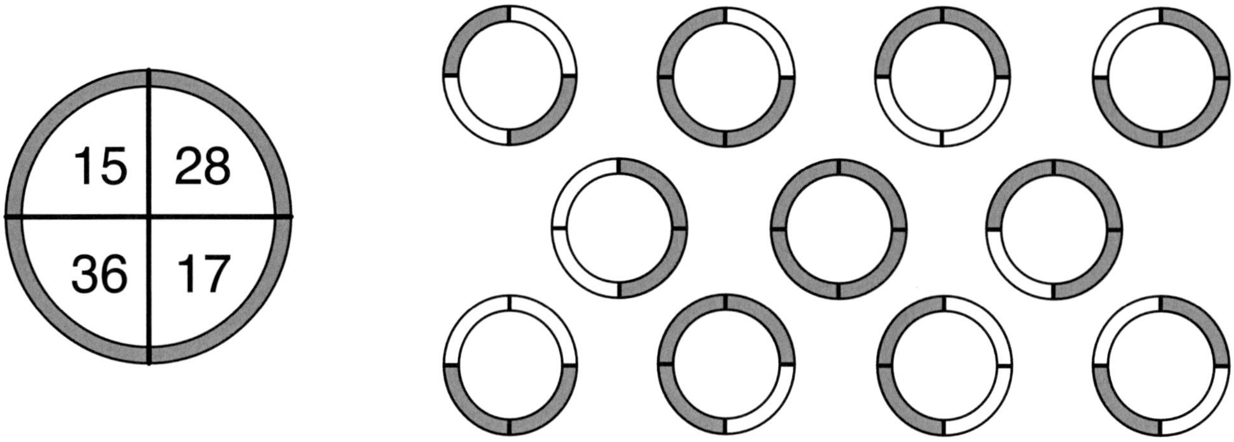

| 15 | 28 |
|---|---|
| 36 | 17 |

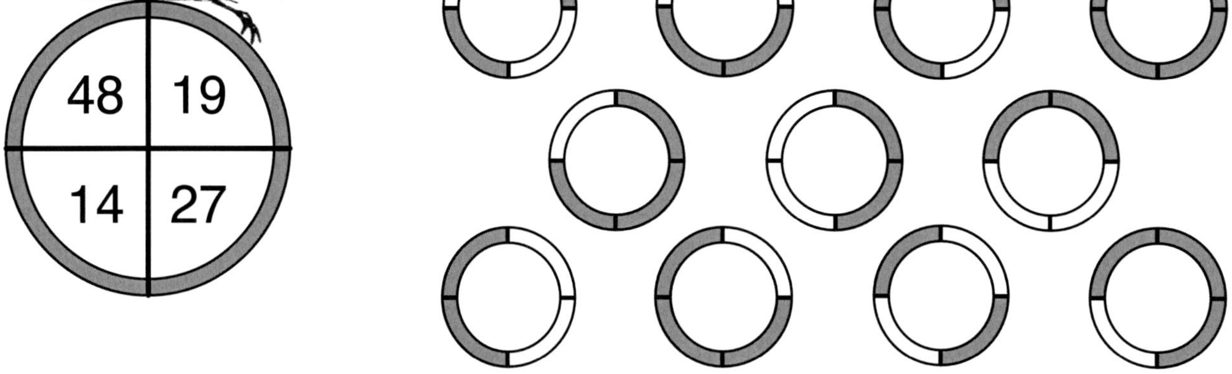

| 48 | 19 |
|---|---|
| 14 | 27 |

2. Rechenkreise: Welche Seiten wurden zusammengezählt? – Markiere!

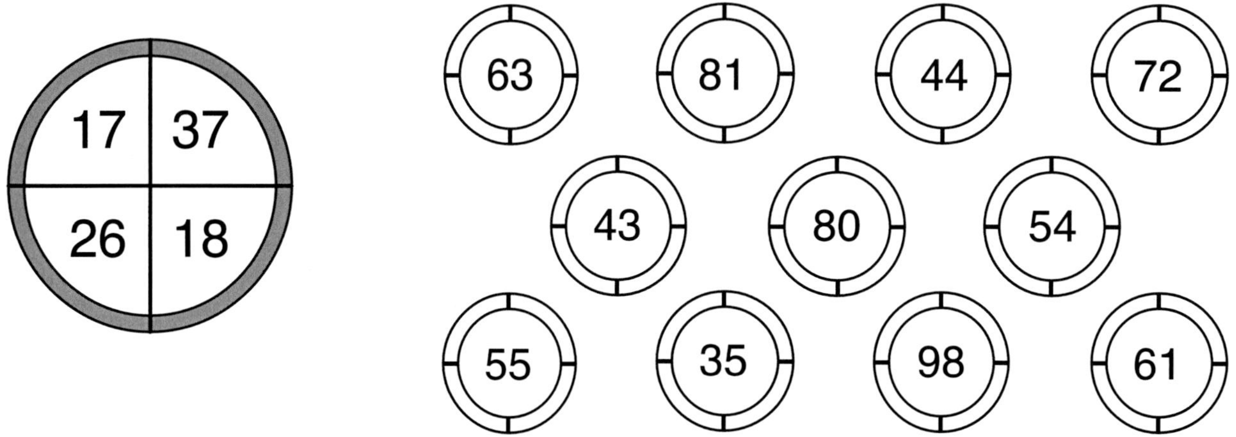



Birgit Gailer: Den Zehnerübergang differenziert üben · 2. Klasse – Band 2 · Best.-Nr. 343 · © Brigg Verlag, Friedberg

# Lösung

## Wir rechnen bis 100 (+)

1. Rechenkreise: Zähle die Zahlen zusammen, deren Seiten markiert sind, und schreibe die Lösung in den dazugehörigen Kreis!

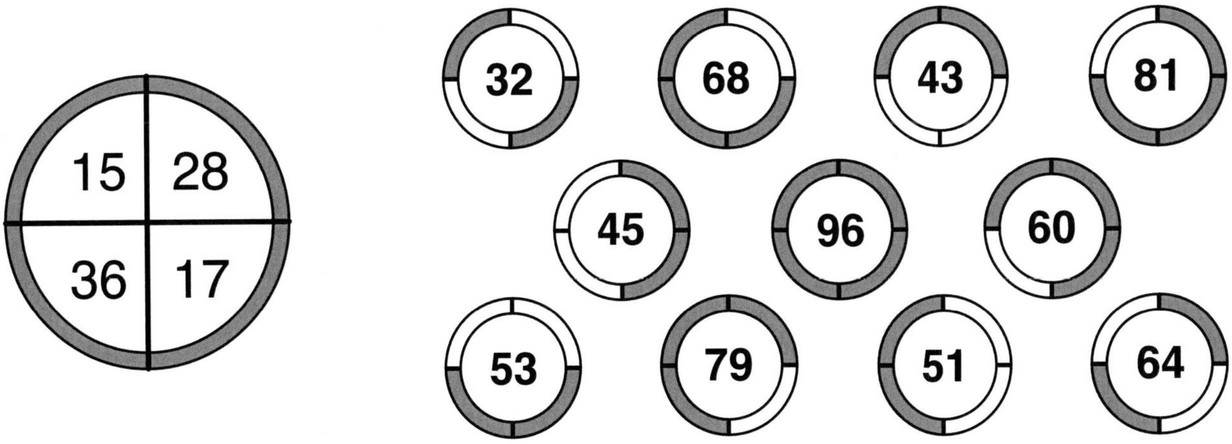

15
28
36
17
32
68
43
81
45
96
60
53
79
51
64

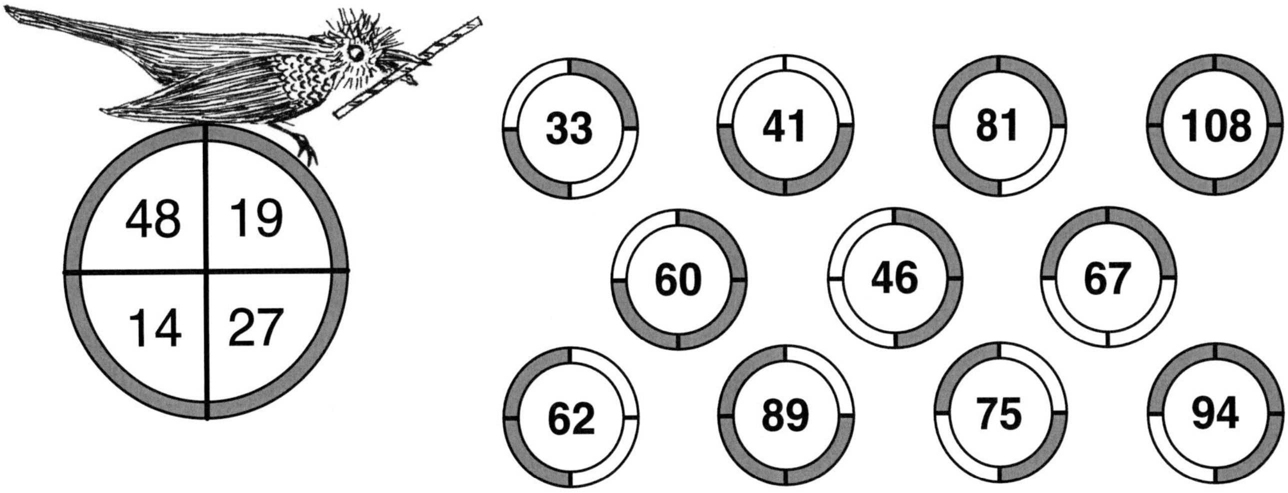

48
19
14
27
33
41
81
108
60
46
67
62
89
75
94

2. Rechenkreise: Welche Seiten wurden zusammengezählt? – Markiere!

17
37
26
18
63
81
44
72
43
80
54
55
35
98
61

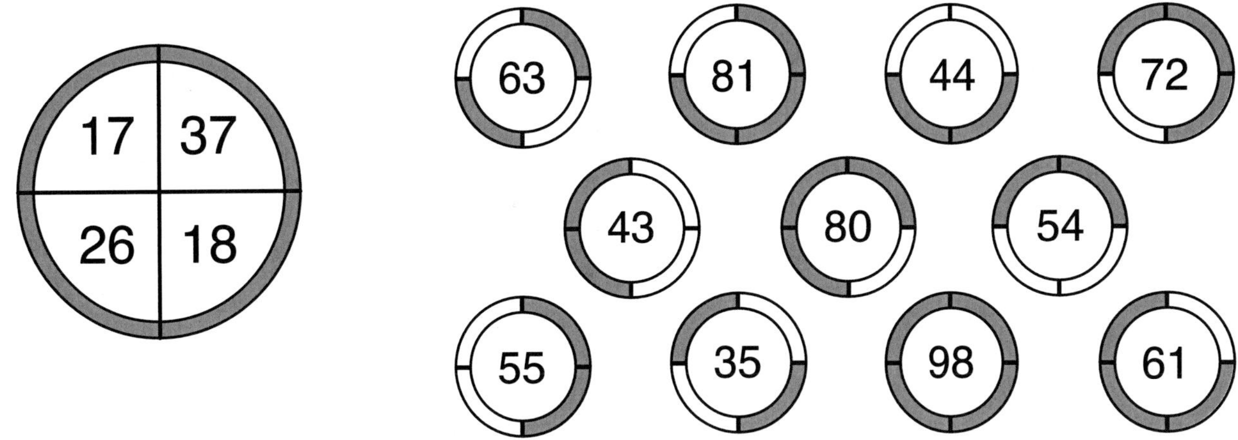

Name: ______________________ Datum: ______________________

# Wir rechnen bis 100 (+)

1. Rechne deinen Weg!

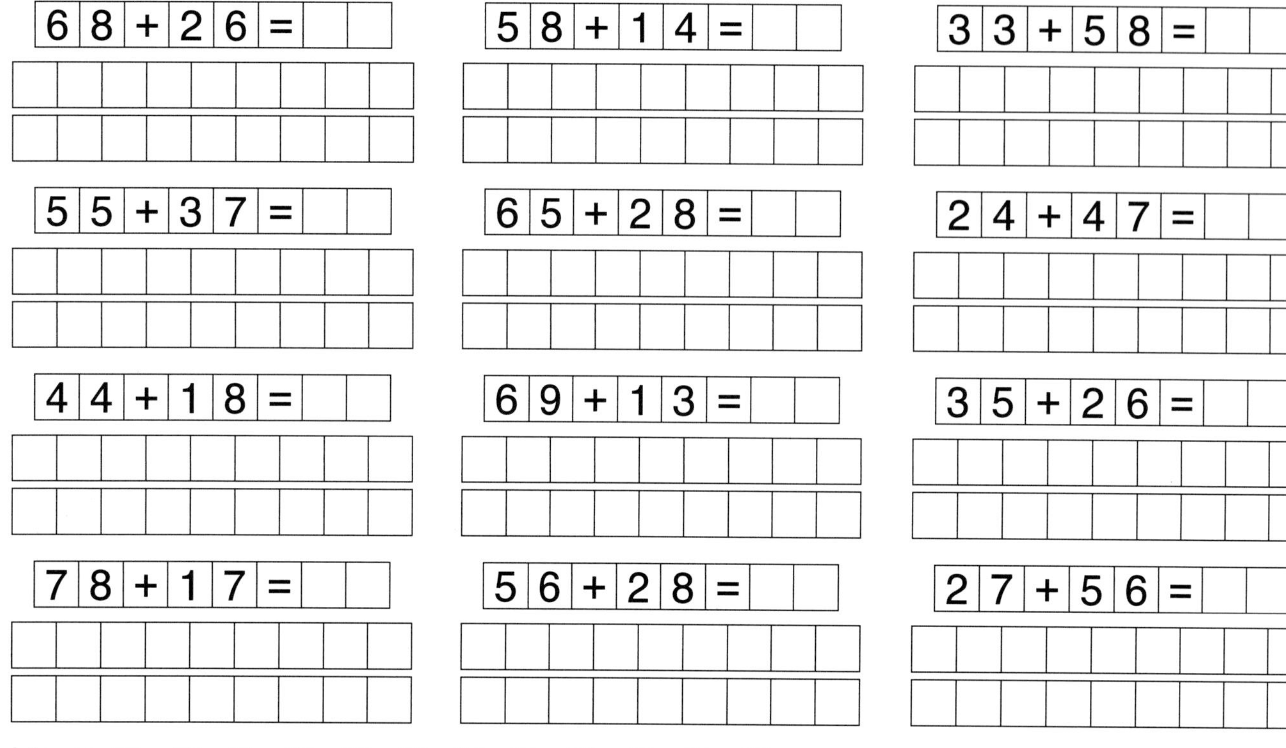

68 + 26 =

58 + 14 =

33 + 58 =

55 + 37 =

65 + 28 =

24 + 47 =

44 + 18 =

69 + 13 =

35 + 26 =

78 + 17 =

56 + 28 =

27 + 56 =

Lösung: 61 – 62 – 71 – 72 – 82 – 83 – 84 – 91 – 92 – 93 – 94 – 95

2. Rechne! Verbinde die Lösungszahlen der Reihe nach!

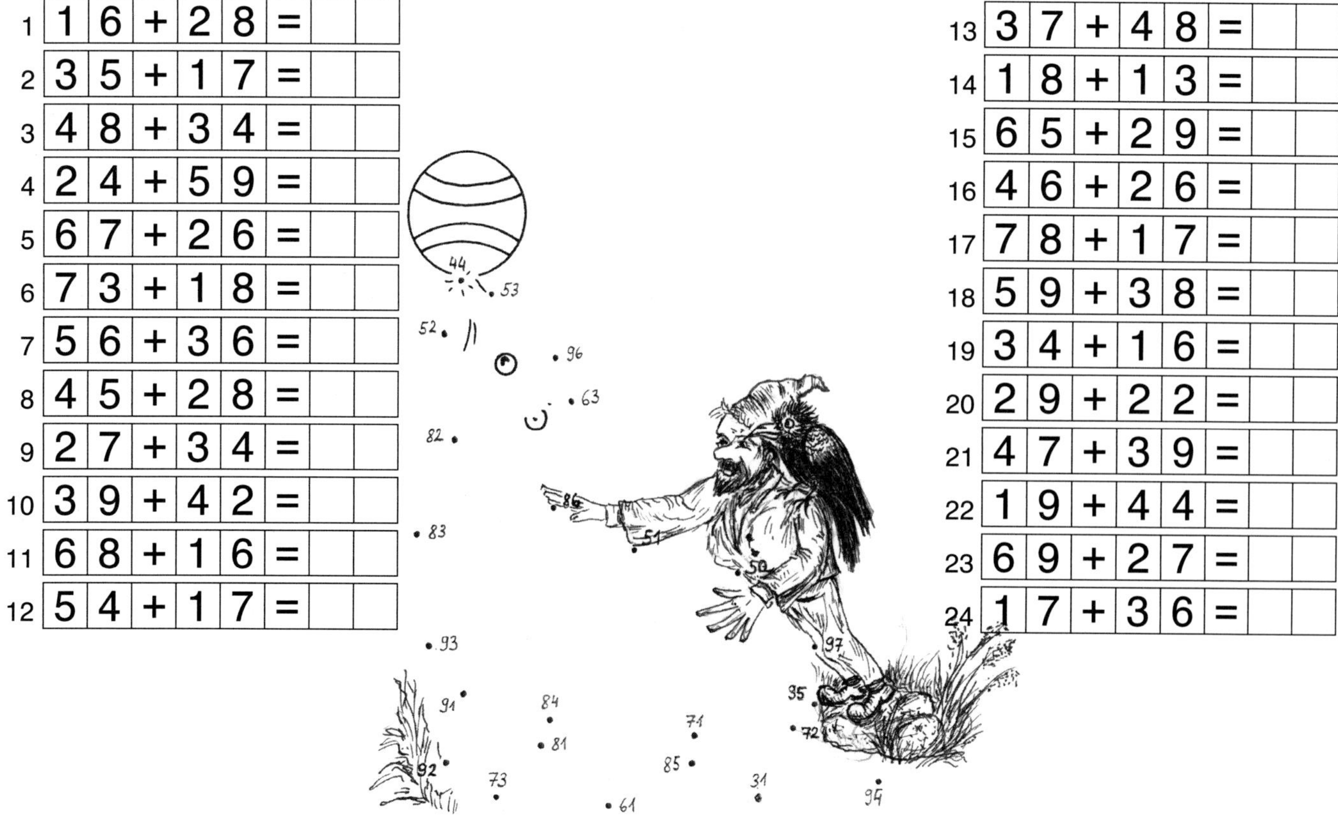

1 16 + 28 =

2 35 + 17 =

3 48 + 34 =

4 24 + 59 =

5 67 + 26 =

6 73 + 18 =

7 56 + 36 =

8 45 + 28 =

9 27 + 34 =

10 39 + 42 =

11 68 + 16 =

12 54 + 17 =

13 37 + 48 =

14 18 + 13 =

15 65 + 29 =

16 46 + 26 =

17 78 + 17 =

18 59 + 38 =

19 34 + 16 =

20 29 + 22 =

21 47 + 39 =

22 19 + 44 =

23 69 + 27 =

24 17 + 36 =

# Lösung

## Wir rechnen bis 100 (+)

1. Rechne deinen Weg!

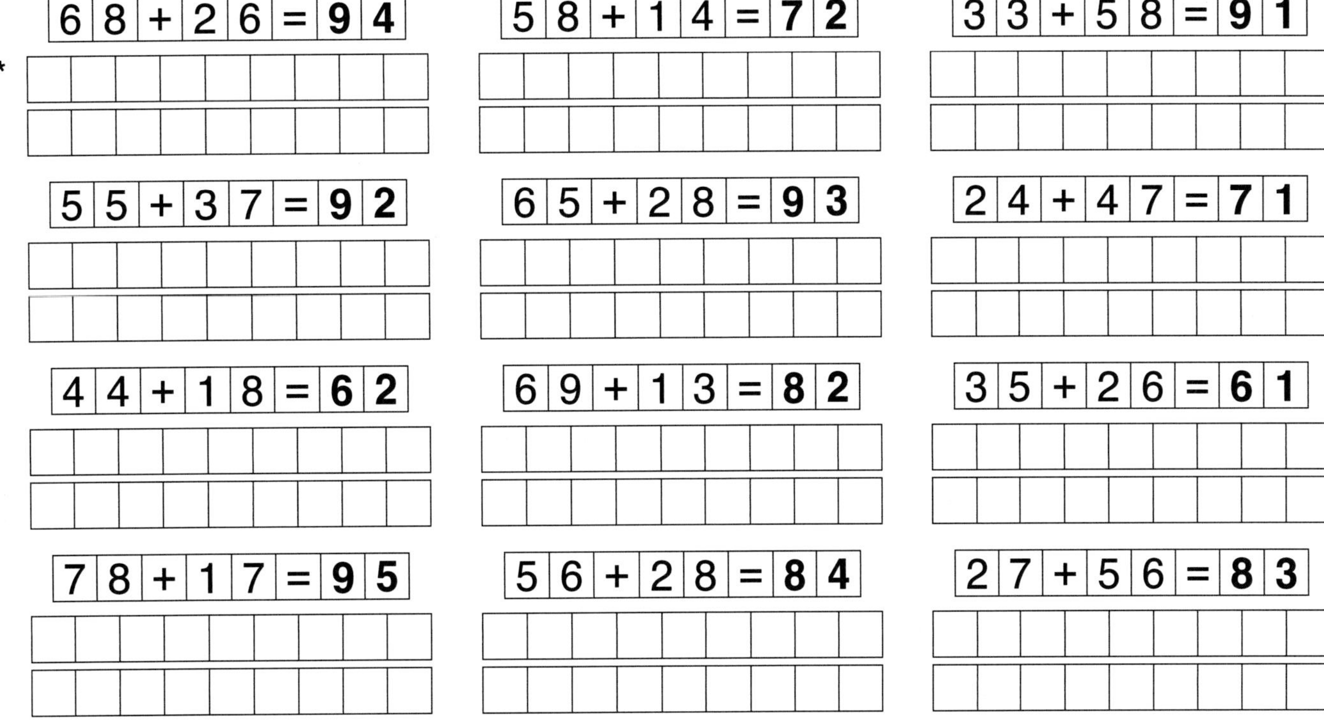

| | | |
|---|---|---|
| 68 + 26 = **94** | 58 + 14 = **72** | 33 + 58 = **91** |
| 55 + 37 = **92** | 65 + 28 = **93** | 24 + 47 = **71** |
| 44 + 18 = **62** | 69 + 13 = **82** | 35 + 26 = **61** |
| 78 + 17 = **95** | 56 + 28 = **84** | 27 + 56 = **83** |

Lösung: 61 – 62 – 71 – 72 – 82 – 83 – 84 – 91 – 92 – 93 – 94 – 95

2. Rechne! Verbinde die Lösungszahlen der Reihe nach!

|  |  |  |  |
|---|---|---|---|
| 1 | 16 + 28 = **44** | 13 | 37 + 48 = **85** |
| 2 | 35 + 17 = **52** | 14 | 18 + 13 = **31** |
| 3 | 48 + 34 = **82** | 15 | 65 + 29 = **94** |
| 4 | 24 + 59 = **83** | 16 | 46 + 26 = **72** |
| 5 | 67 + 26 = **93** | 17 | 78 + 17 = **95** |
| 6 | 73 + 18 = **91** | 18 | 59 + 38 = **97** |
| 7 | 56 + 36 = **92** | 19 | 34 + 16 = **50** |
| 8 | 45 + 28 = **73** | 20 | 29 + 22 = **51** |
| 9 | 27 + 34 = **61** | 21 | 47 + 39 = **86** |
| 10 | 39 + 42 = **81** | 22 | 19 + 44 = **63** |
| 11 | 68 + 16 = **84** | 23 | 69 + 27 = **96** |
| 12 | 54 + 17 = **71** | 24 | 17 + 36 = **53** |

** Verschiedene Lösungswege möglich! Keine Lösungsangabe!*

Name: ______________ Datum: ______________

# Wir rechnen bis 100 (+)

1. Rechne!

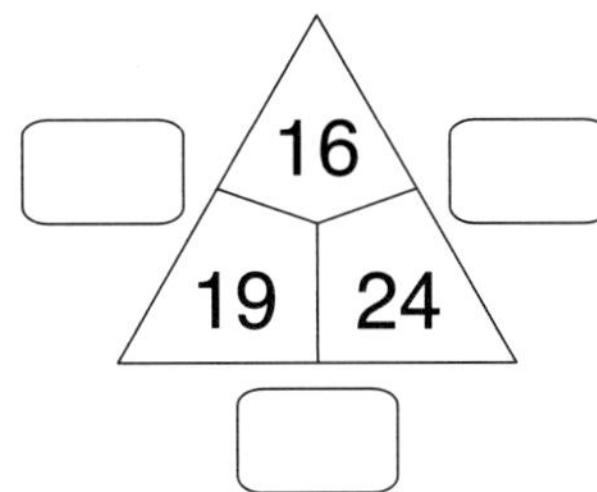

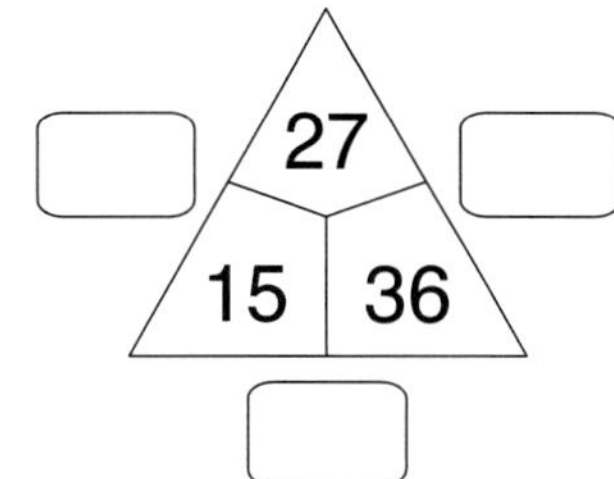

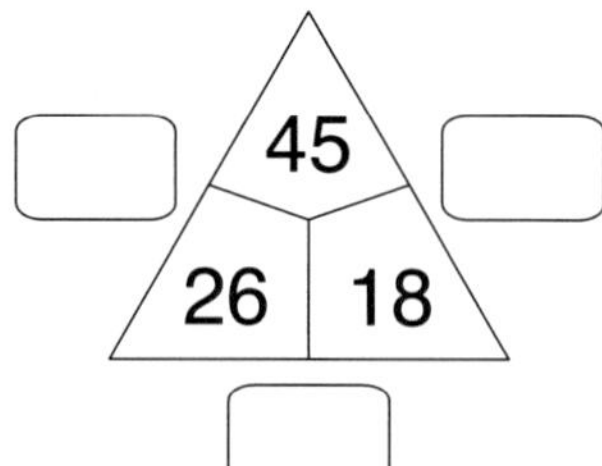

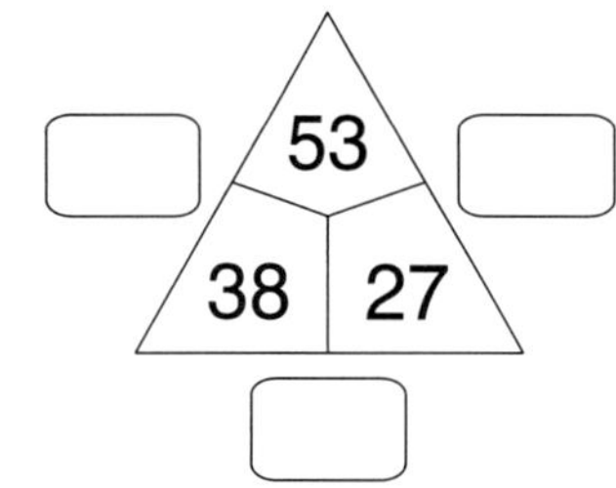

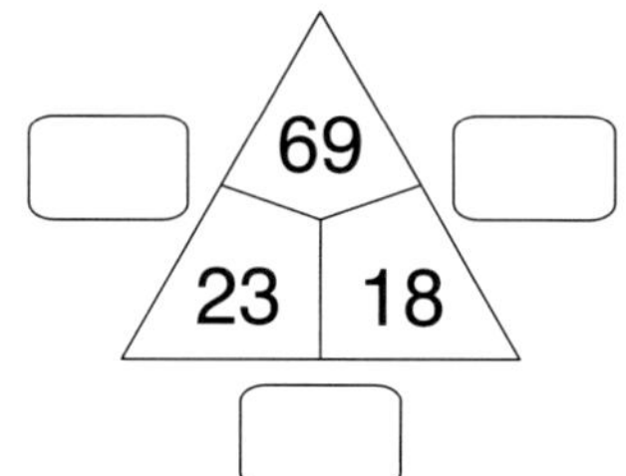


25, 37, 16

2. Trage die vier Zahlen passend ein! – Finde die sechste Zahl!

44 – 74 – 26 – 92 – ?

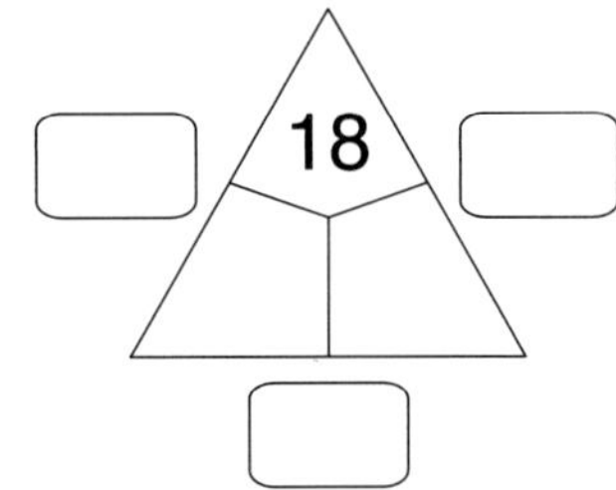


49 – 61 – 27 – 83 – ?

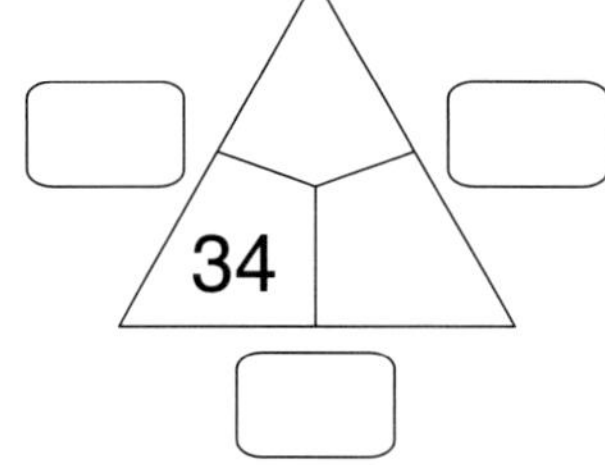


37 – 62 – 83 – 58 – ?

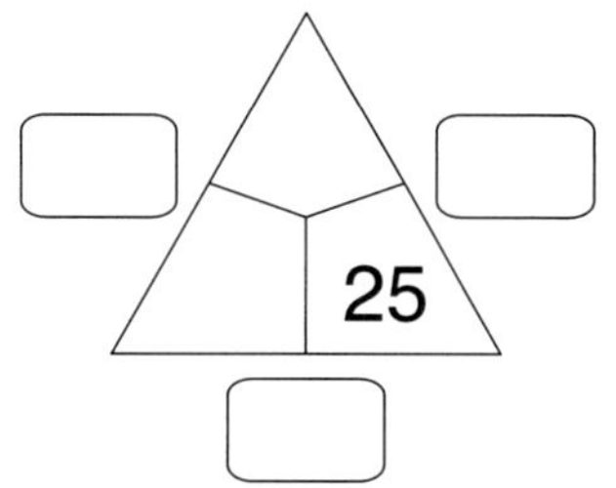


72 – 38 – 49 – 61 – ?

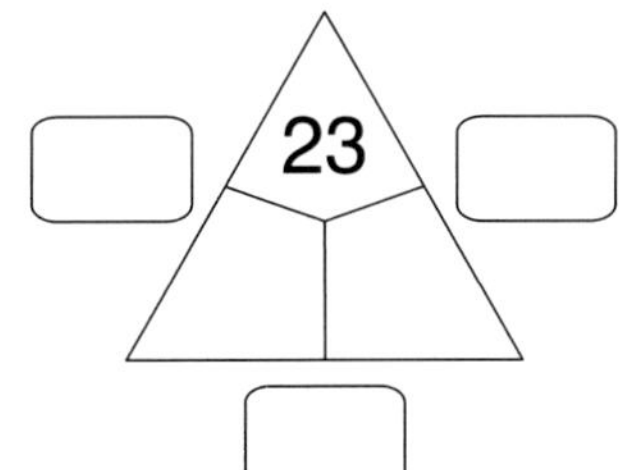


58 – 16 – 43 – 85 – ?

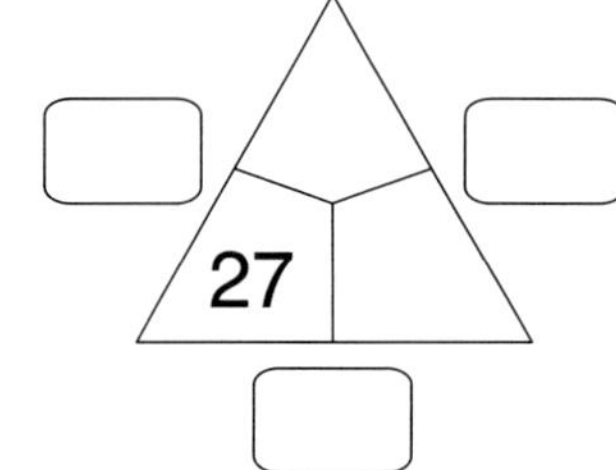


29 – 84 – 55 – 45 – ?

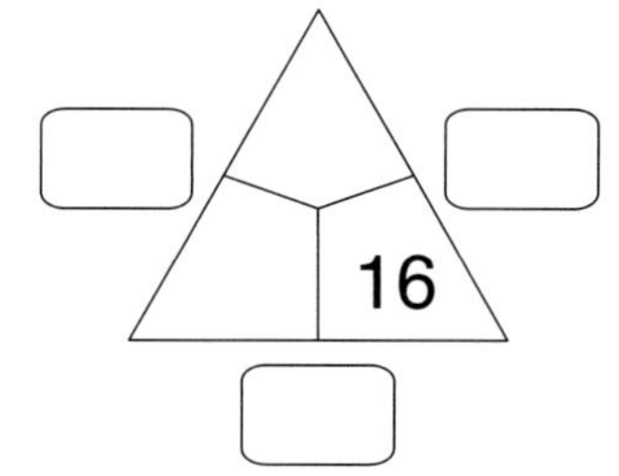


3. Trage die sechs Zahlen passend ein!

25 – 75 – 18 – 57 – 82 – 43

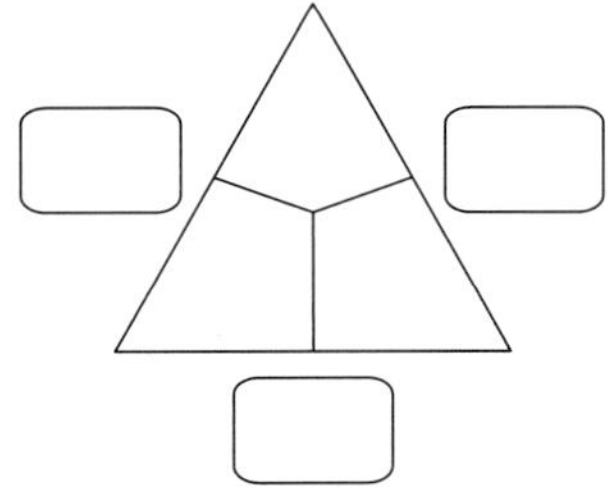

86 – 44 – 19 – 92 – 25 – 67

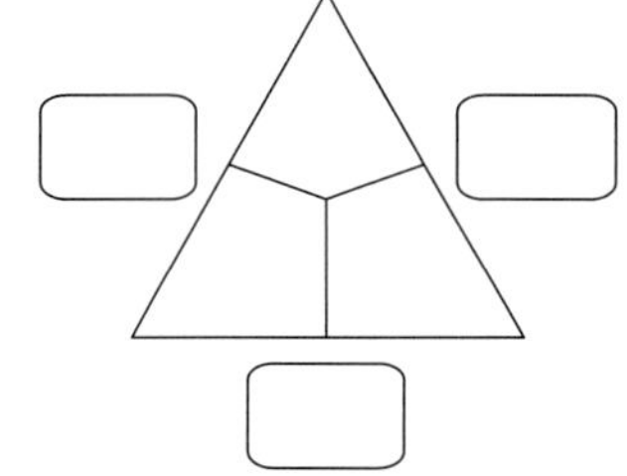

48 – 83 – 81 – 35 – 46 – 94

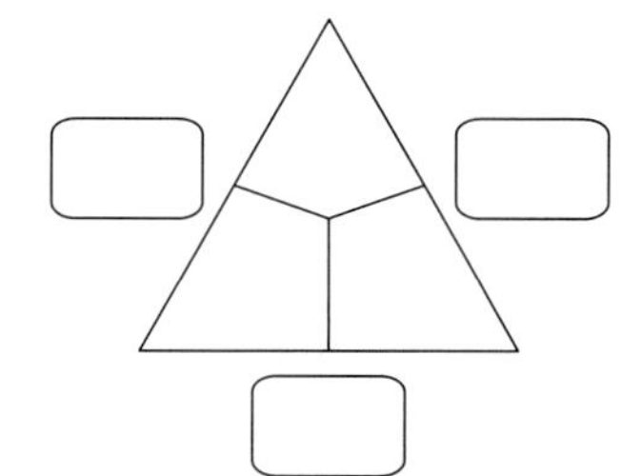

# Lösung

## Wir rechnen bis 100 (+)

1. Rechne!

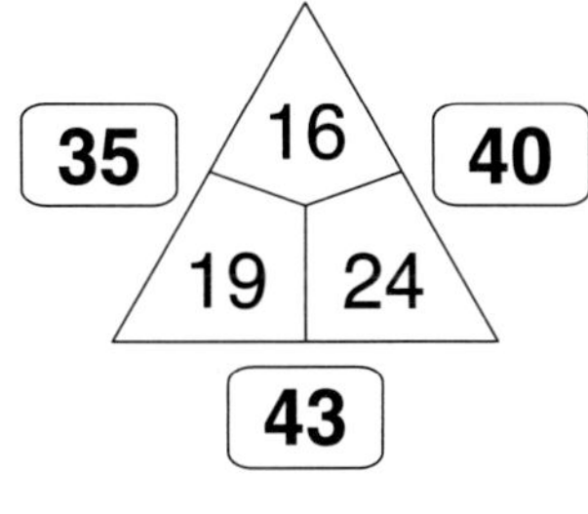


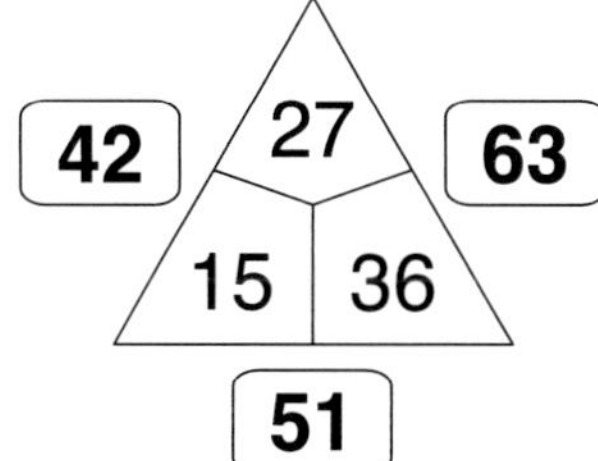


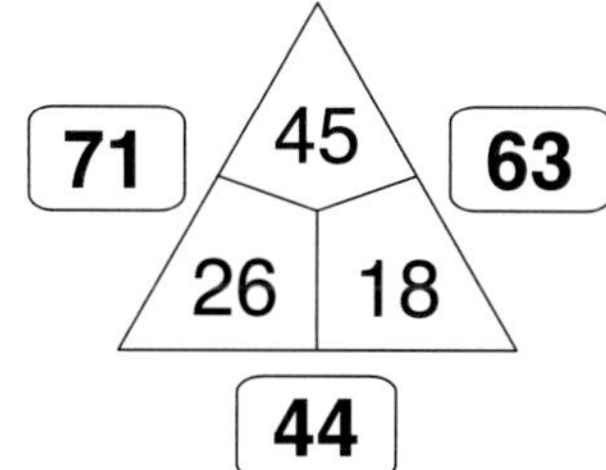


62 | 25 | 41
37 | 16
53

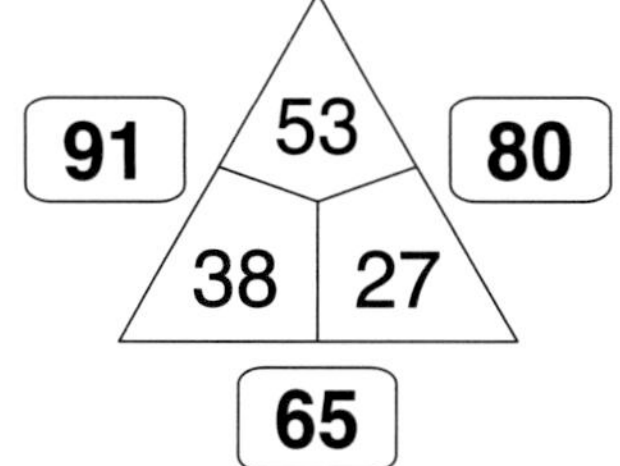


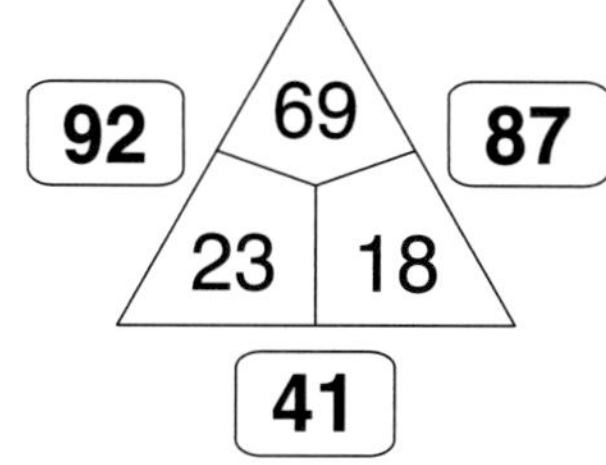


2. Trage die vier Zahlen passend ein! – Finde die sechste Zahl!

44 – 74 – 26 – 92 – **100**

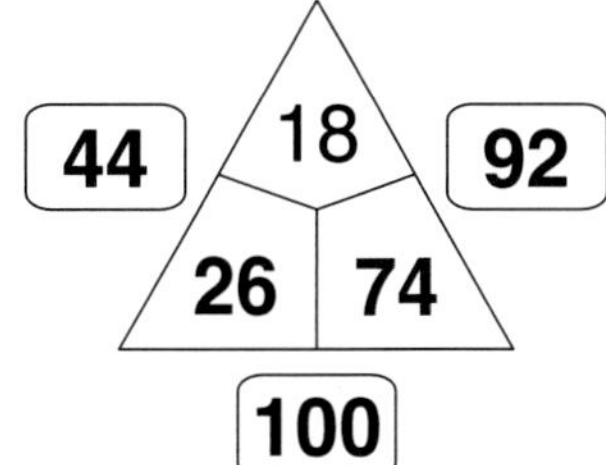


49 – 61 – 27 – 83 – **76**

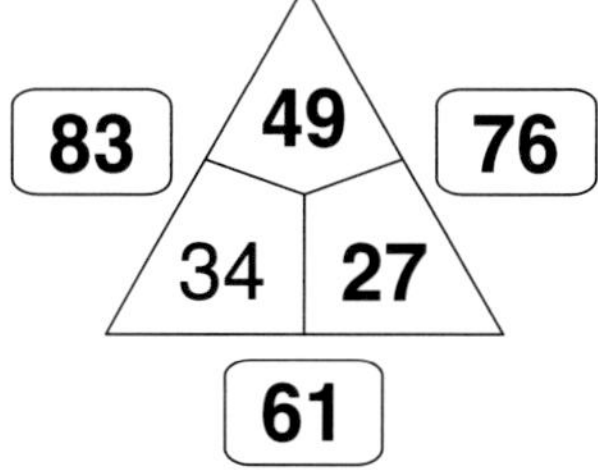


37 – 62 – 83 – 58 – **95**

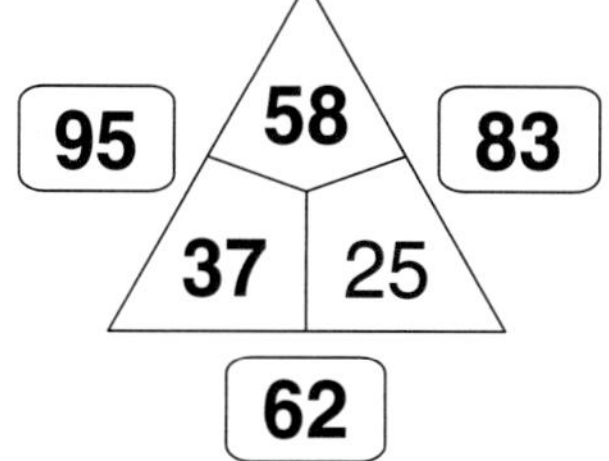


72 – 38 – 49 – 61 – **87**

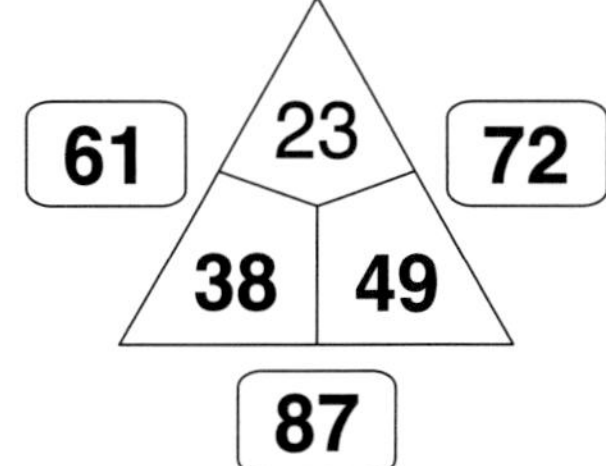


58 – 16 – 43 – 85 – **74**

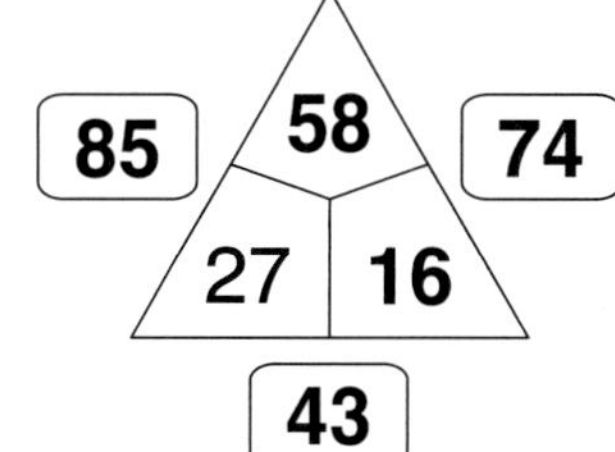


29 – 84 – 55 – 45 – **71**

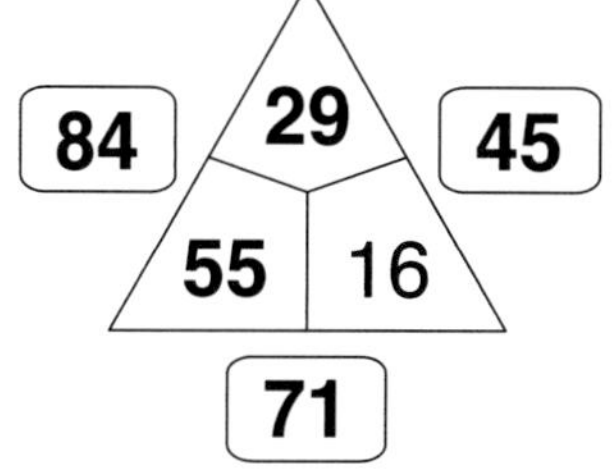


3. Trage die sechs Zahlen passend ein!

25 – 75 – 18 – 57 – 82 – 43

**75** | **18** | **43**
**57** | **25**
**82**

oder:

43 | 25 | 82
18 | 57
75

86 – 44 – 19 – 92 – 25 – 67

**44** | **19** | **86**
**25** | **67**
**92**

48 – 83 – 81 – 35 – 46 – 94

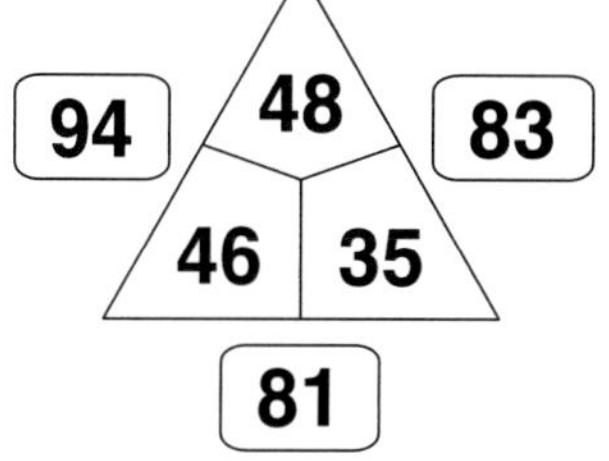

Wochenplan

Name: ______________ Datum: ______________

# Wir rechnen bis 100 (+)

1. Trage die sechs Zahlen passend ein!

45 – 28 – 82 – 9 – 17 – 37

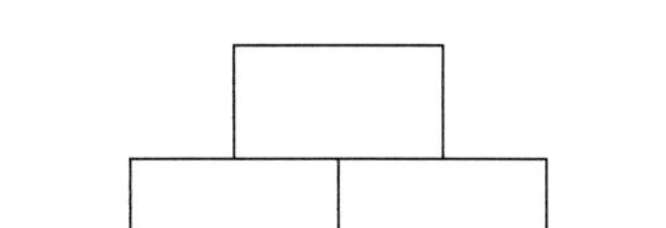

26 – 18 – 83 – 39 – 8 – 57

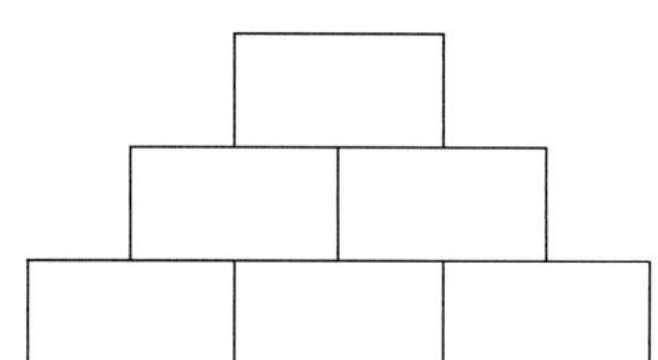

66 – 48 – 27 – 18 – 93 – 9

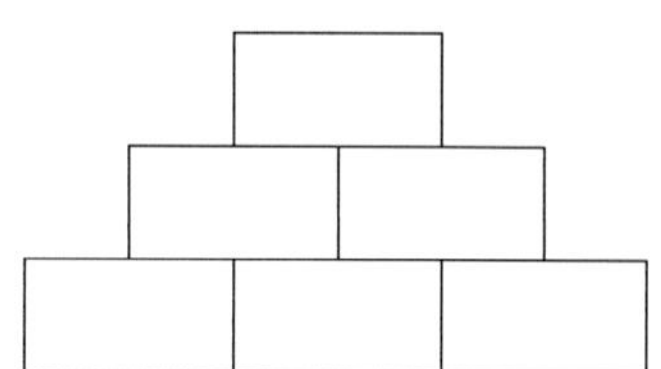

2. Finde jeweils eine passende weitere Zahl und baue eine Mauer!
Markiere die gefundene Zahl farbig!

35 – 28 – 9 – 7 – 37 – ?

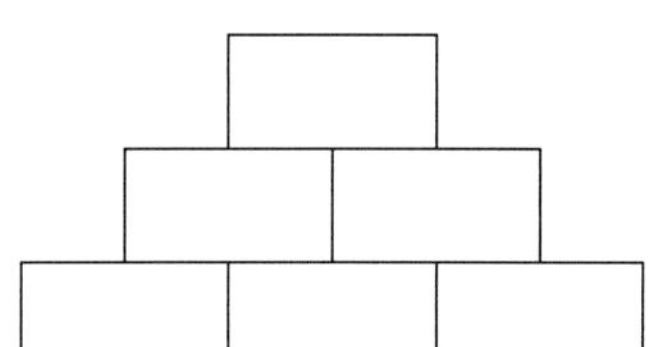

17 – 36 – 27 – 8 – 63 – ?

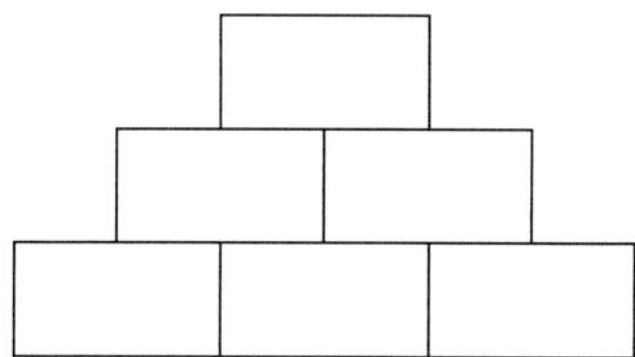

27 – 45 – 8 – 71 – 18 – ?

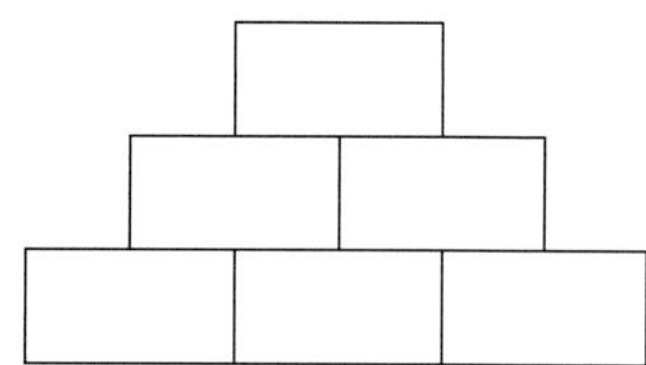

73 – 16 – 28 – 12 – 45 – ?

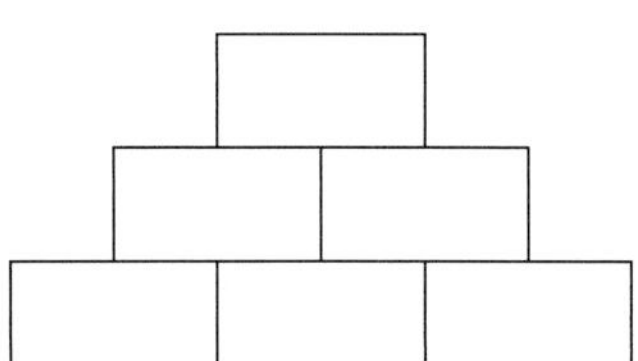

57 – 39 – 19 – 18 – 37 – ?

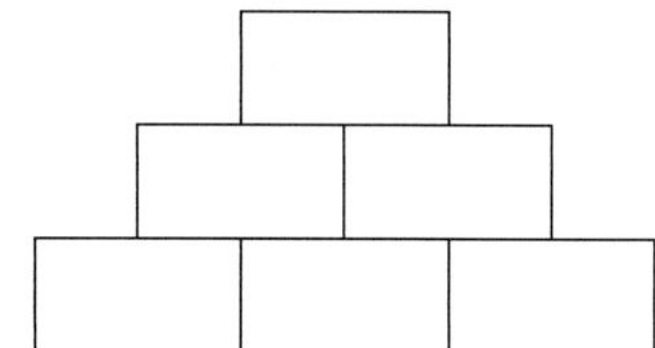

29 – 9 – 92 – 56 – 27 – ?

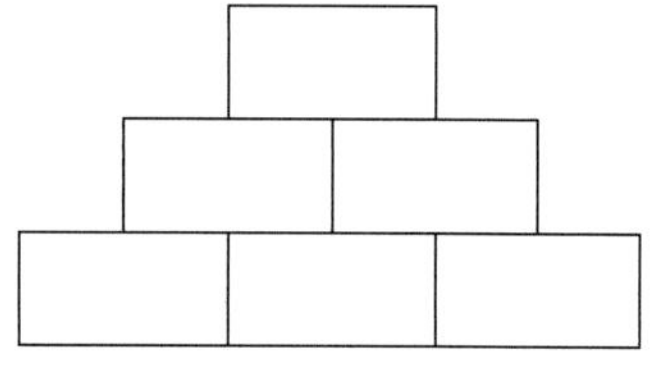

3. Trage die zehn Zahlen passend ein!

9 – 17 – 16 – 25 – 42 –
97 – 30 – 38 – 55 – 8

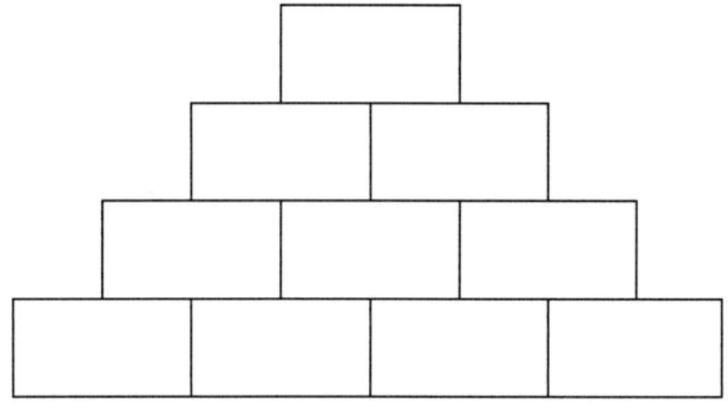

4. Finde die zehnte Zahl! Markiere sie!

46 – 17 – 38 – 8 – 16 –
63 – 9 – 7 – 33 – ?

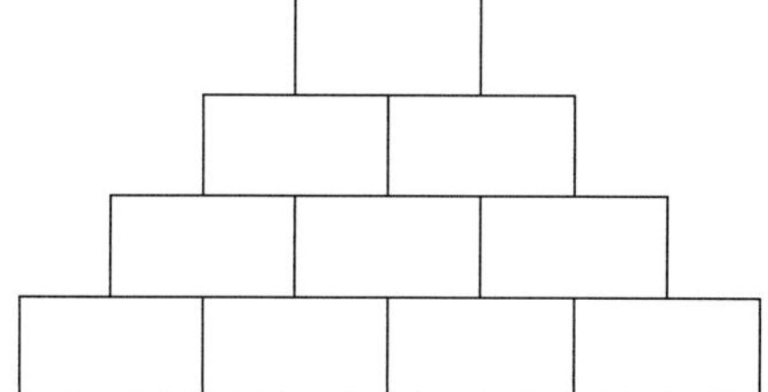

# Lösung

## Wir rechnen bis 100 (+)

1. Trage die sechs Zahlen passend ein!

45 – 28 – 82 – 9 – 17 – 37

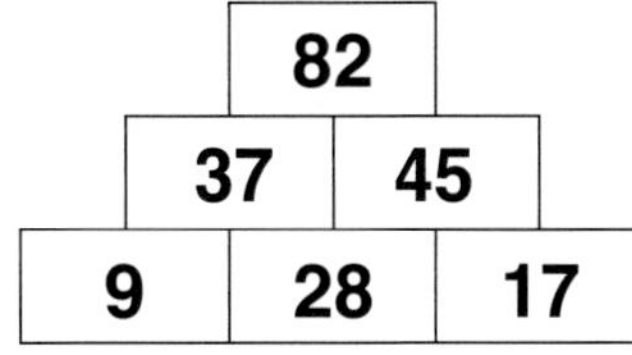


26 – 18 – 83 – 39 – 8 – 57

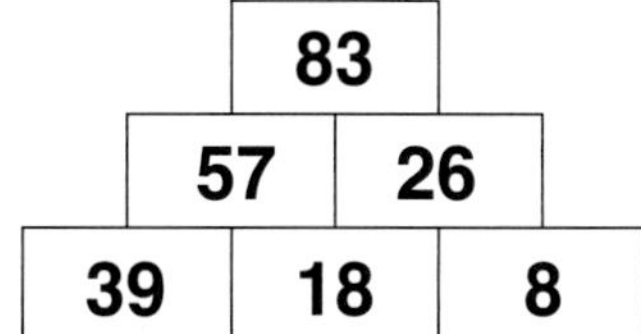


66 – 48 – 27 – 18 – 93 – 9

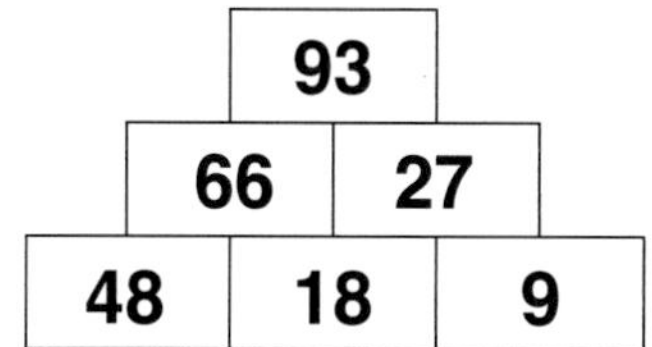


2. Finde jeweils eine passende weitere Zahl und baue eine Mauer!
Markiere die gefundene Zahl farbig!

35 – 28 – 9 – 7 – 37 – **72**

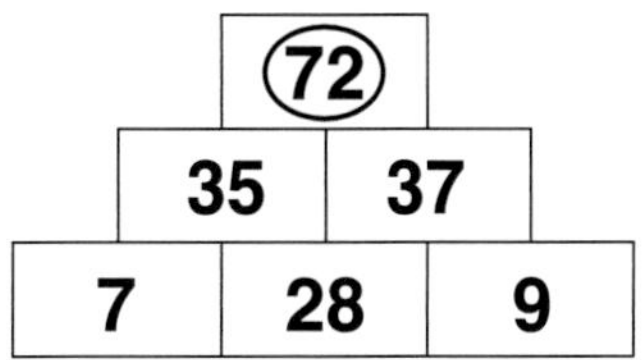


17 – 36 – 27 – 8 – 63 – **19**

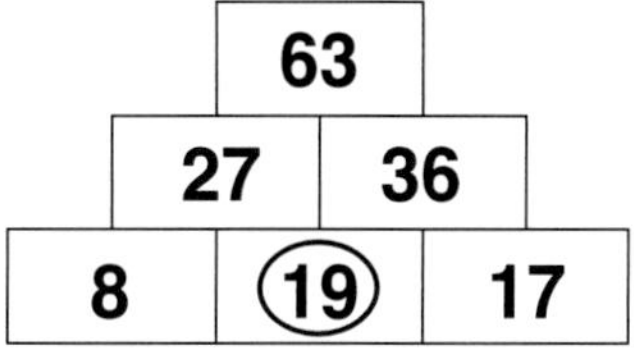


27 – 45 – 8 – 71 – 18 – **26**

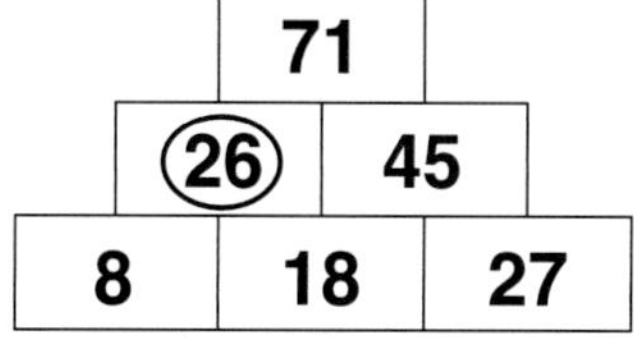


73 – 16 – 28 – 12 – 45 – **29**

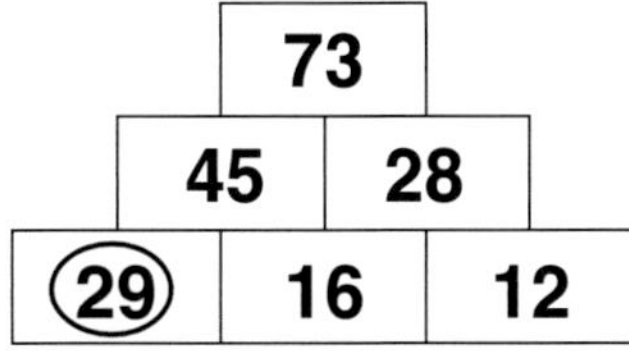


57 – 39 – 19 – 18 – 37 – **94**

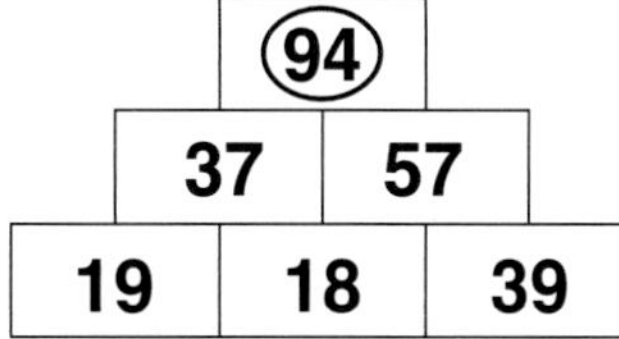


29 – 9 – 92 – 56 – 27 – **36**

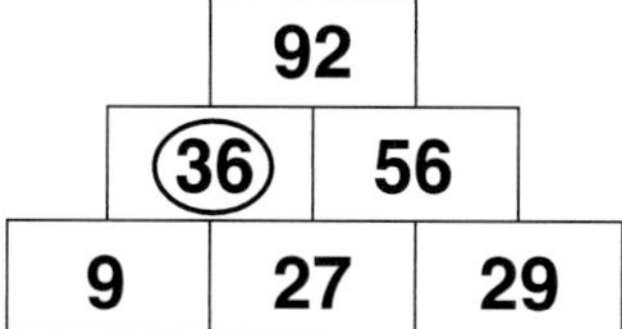


3. Trage die zehn Zahlen passend ein!

9 – 17 – 16 – 25 – 42 –
97 – 30 – 38 – 55 – 8

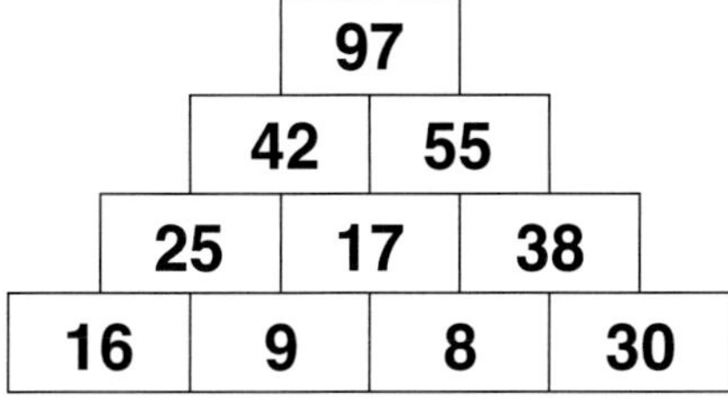


4. Finde die zehnte Zahl! Markiere sie!

46 – 17 – 38 – 8 – 16 –
63 – 9 – 7 – 33 – **96**

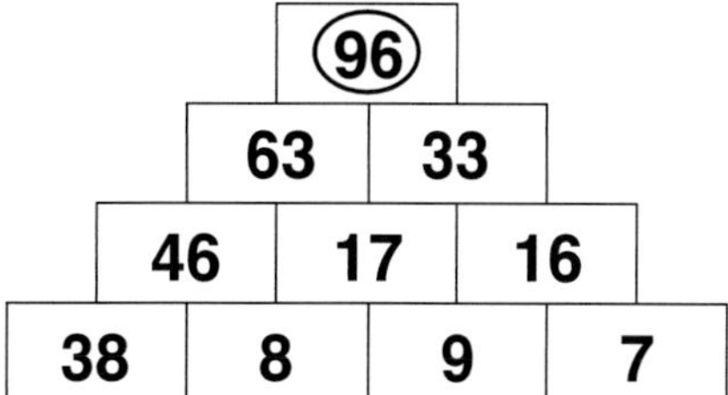

Name: ____________________ Datum: ____________________

# Wir rechnen Platzhalteraufgaben (+)

1. Zeichne und rechne! – Vergleiche! Was entdeckst du?

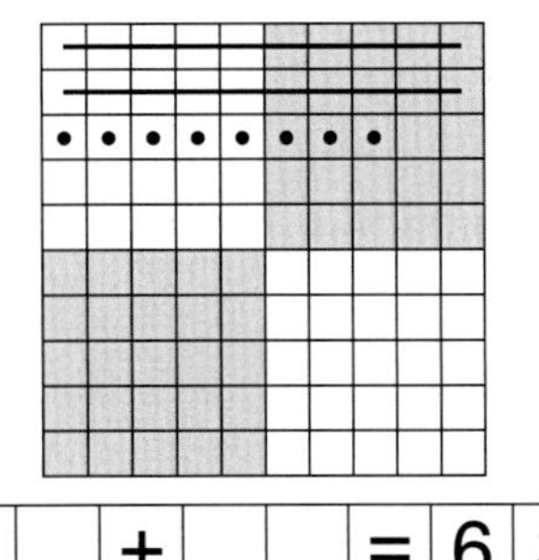

___ + ___ = 63

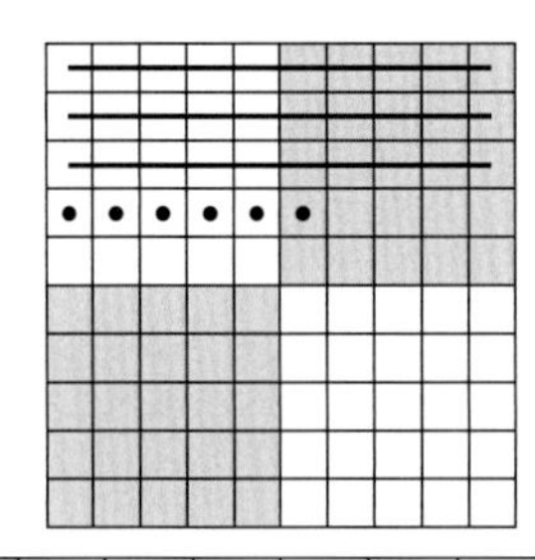

___ + ___ = 52

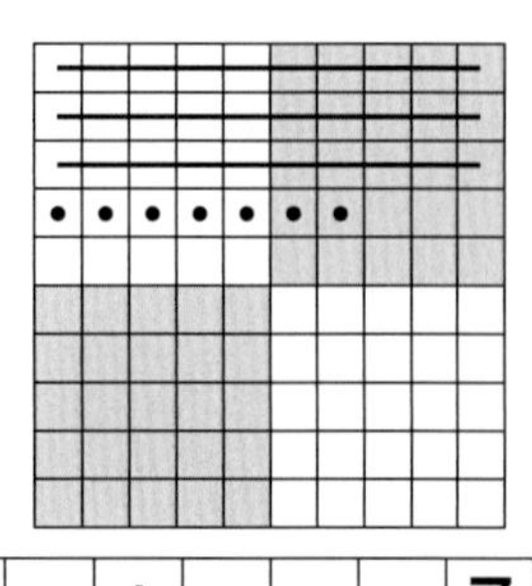

___ + ___ = 75

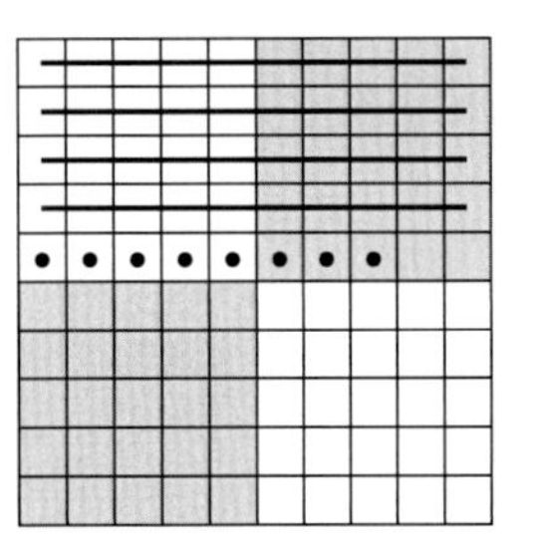

___ + ___ = 63

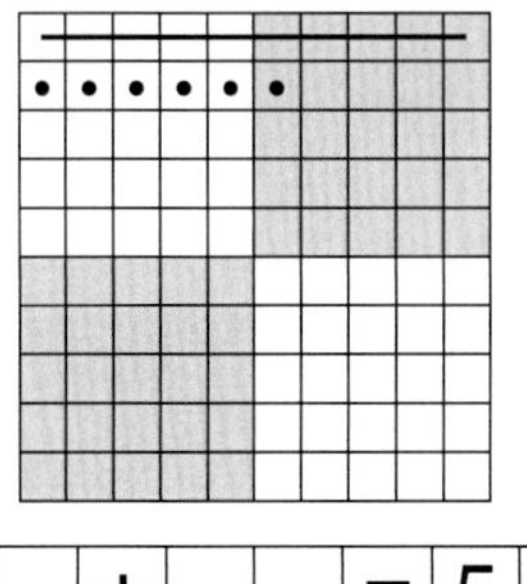

___ + ___ = 52

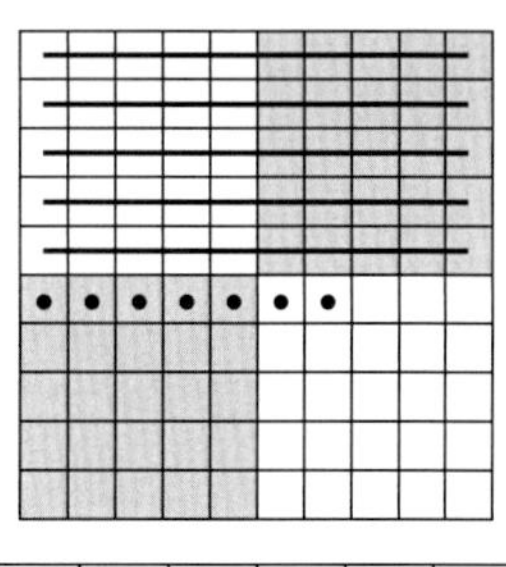

___ + ___ = 75

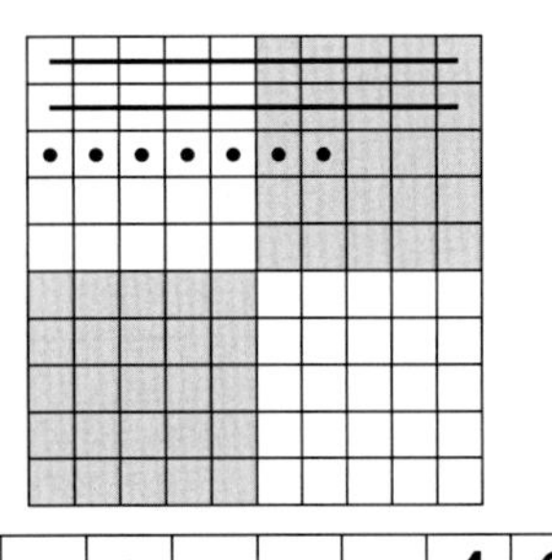

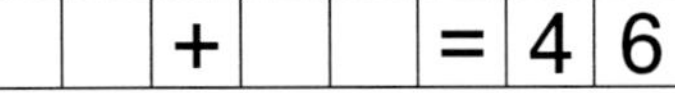

___ + ___ = 46

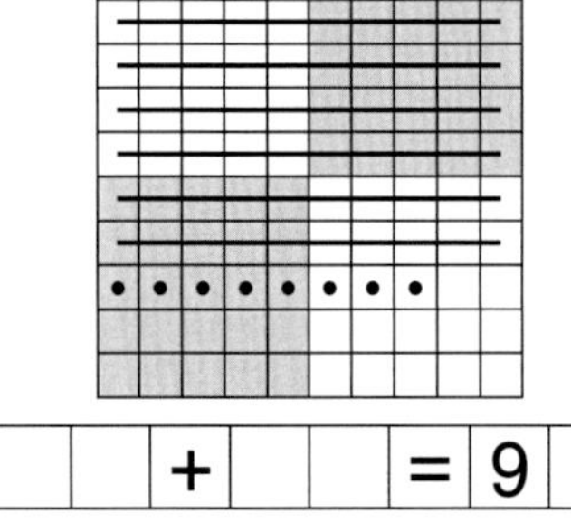

___ + ___ = 94

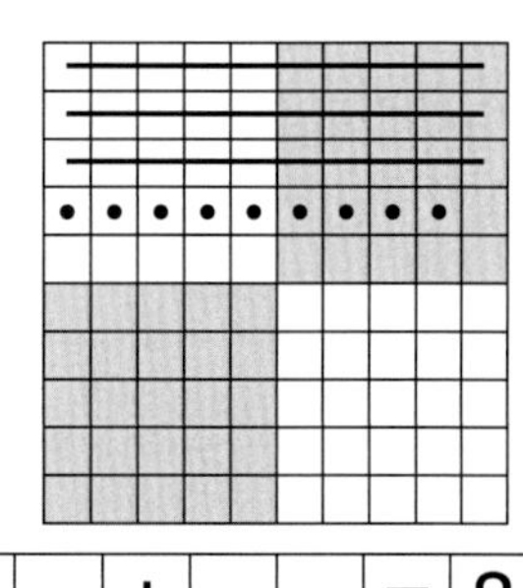

___ + ___ = 87

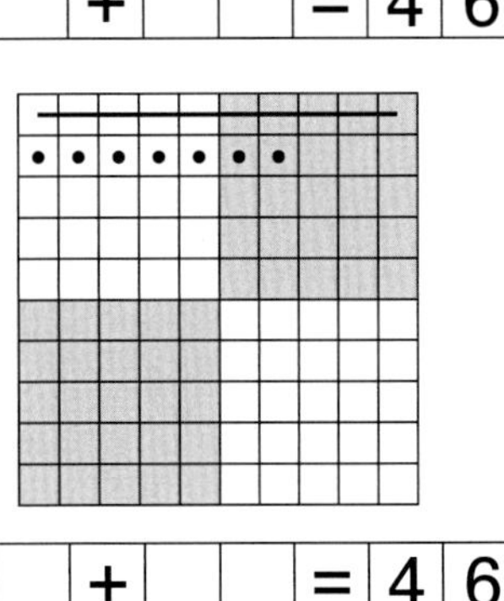

___ + ___ = 46

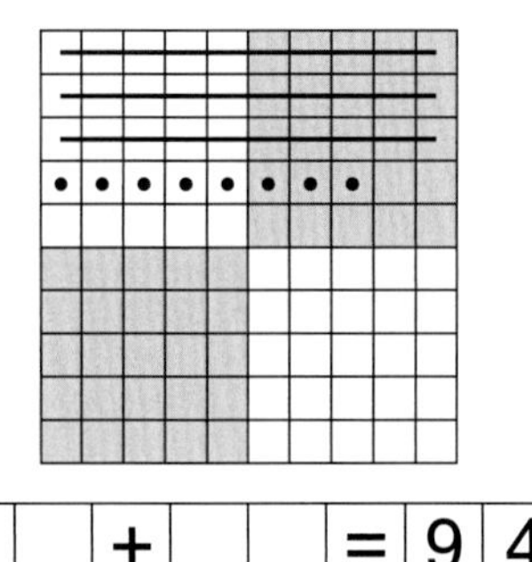

___ + ___ = 94

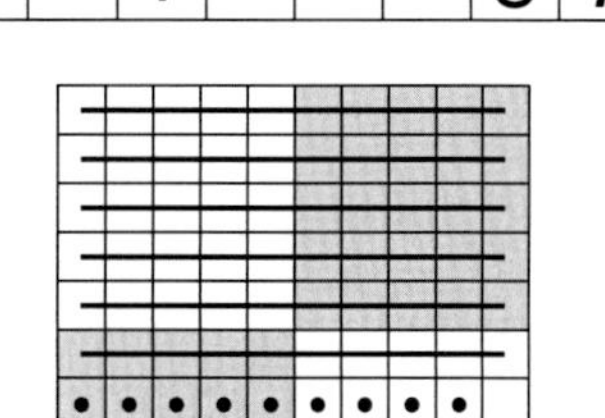

___ + ___ = 87

2. Rechne!

| | | |
|---|---|---|
| 18 + ___ = 43 | 45 + ___ = 71 | 26 + ___ = 64 |
| 28 + ___ = 43 | 15 + ___ = 71 | 46 + ___ = 64 |
| 56 + ___ = 85 | 47 + ___ = 92 | 19 + ___ = 56 |
| 36 + ___ = 85 | 27 + ___ = 92 | 39 + ___ = 56 |

# Lösung

## Wir rechnen Platzhalteraufgaben (+)

1. Zeichne und rechne! – Vergleiche! Was entdeckst du?

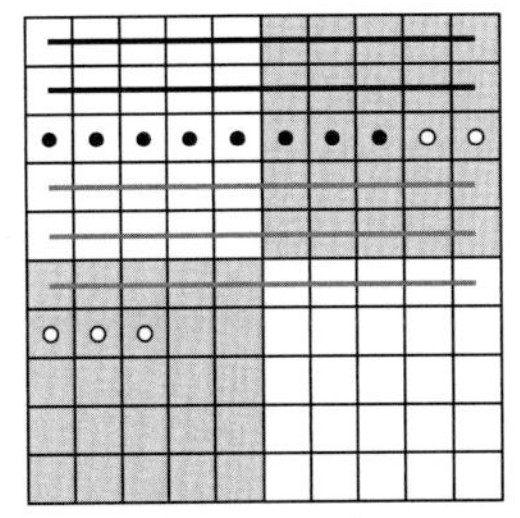

28 + 35 = 63

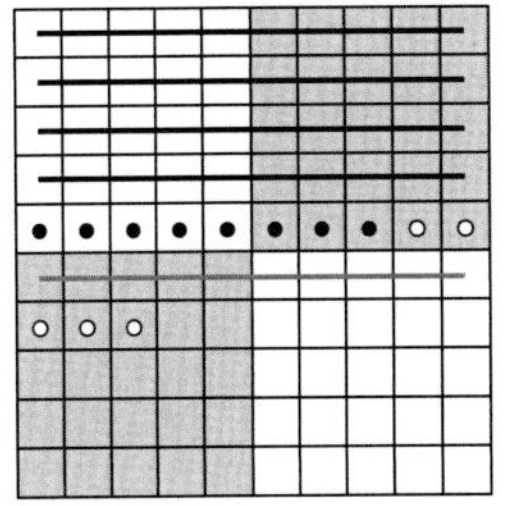

48 + 15 = 63

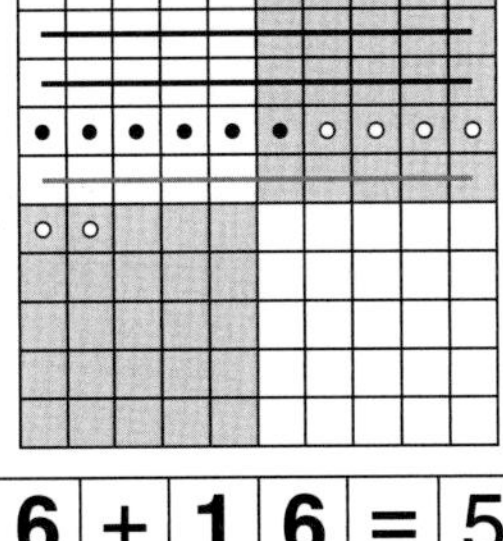

36 + 16 = 52

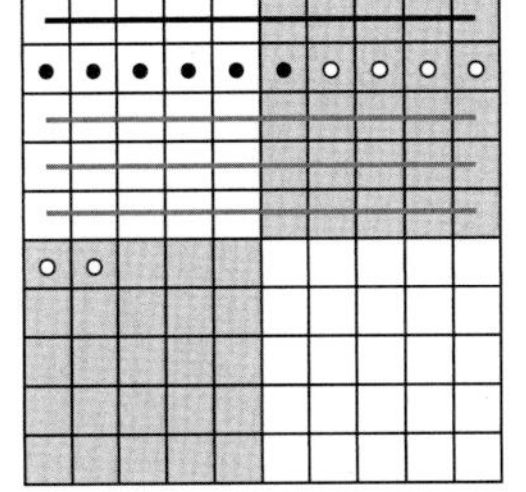

16 + 36 = 52

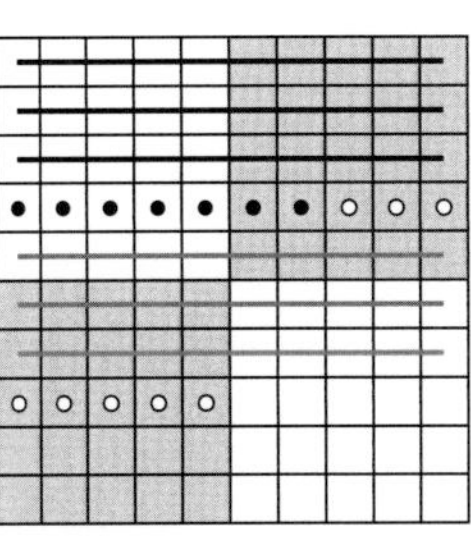

37 + 38 = 75

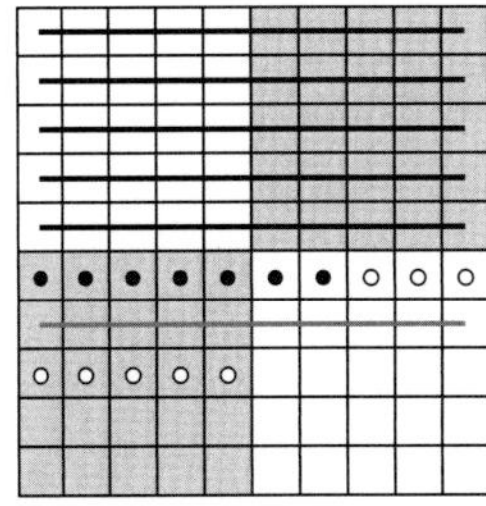

57 + 18 = 75

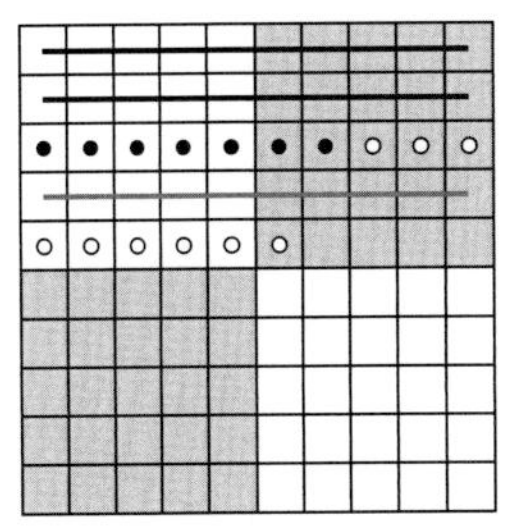

27 + 19 = 46

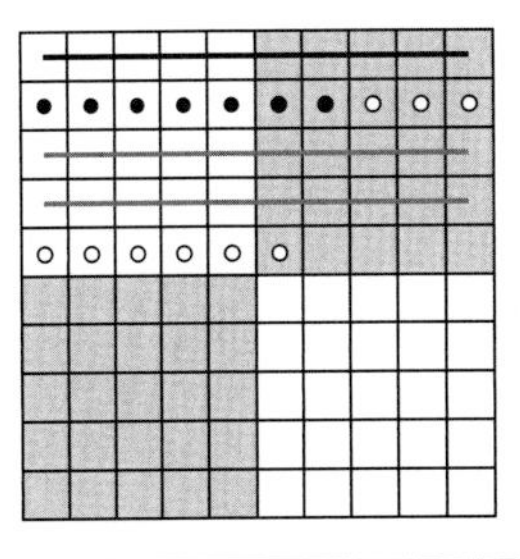

17 + 29 = 46

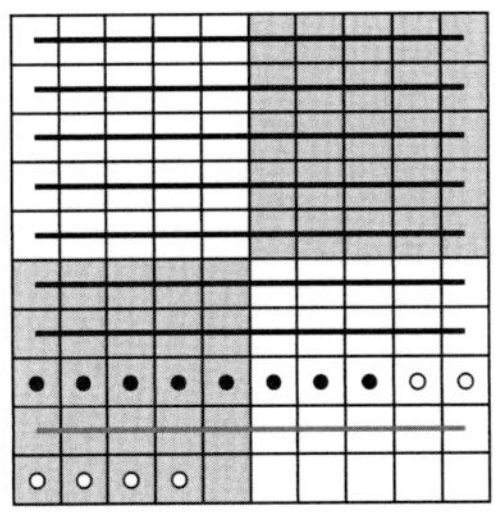

78 + 16 = 94

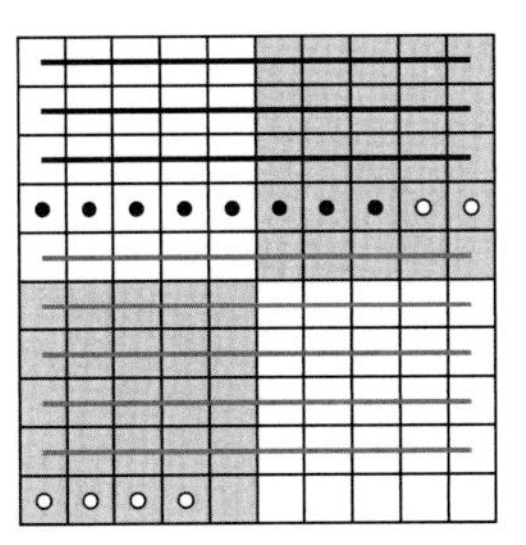

38 + 56 = 94

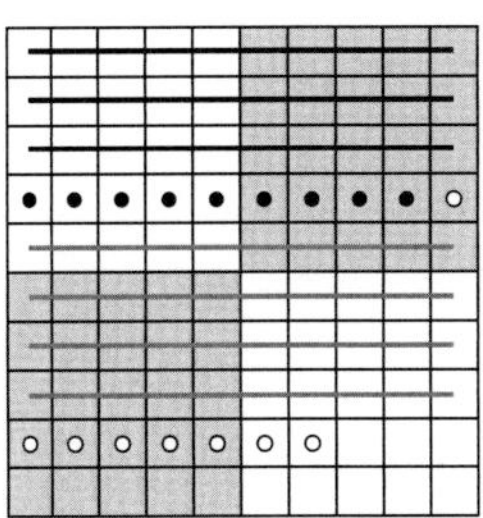

39 + 48 = 87

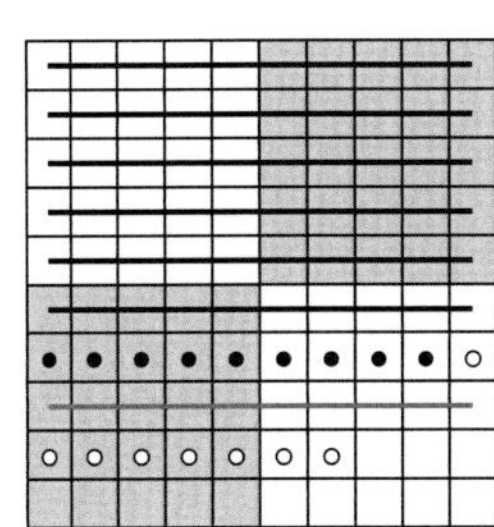

69 + 18 = 87

2. Rechne!

18 + **25** = 43
28 + **15** = 43

56 + **29** = 85
36 + **49** = 85

45 + **26** = 71
15 + **56** = 71

47 + **45** = 92
27 + **65** = 92

26 + **38** = 64
46 + **18** = 64

19 + **37** = 56
39 + **17** = 56

Wochenplan

Name: ______________ Datum: ______________

# Wir rechnen Platzhalteraufgaben (+)

1. Trage die Zahlen am Rechenstrich ein und rechne!

16 — 20 — 33
16 + ☐☐ = 33

27 — 30 — 62
27 + ☐☐ = 62

35 — 40 — 53
35 + ☐☐ = 53

58 — 60 — 74
58 + ☐☐ = 74

64 — 70 — 81
64 + ☐☐ = 81

49 — 50 — 95
49 + ☐☐ = 95

37 + ☐☐ = 65

28 + ☐☐ = 43

76 + ☐☐ = 92

45 + ☐☐ = 74

67 + ☐☐ = 93

54 + ☐☐ = 82

2. Rechne!

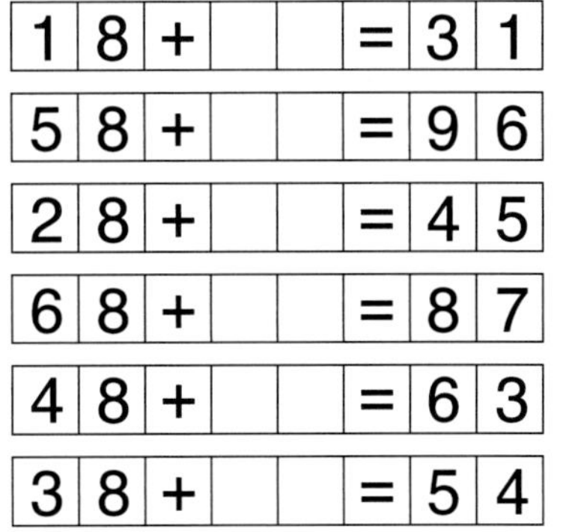

18 + ☐☐ = 31
58 + ☐☐ = 96
28 + ☐☐ = 45
68 + ☐☐ = 87
48 + ☐☐ = 63
38 + ☐☐ = 54

59 + ☐☐ = 82
34 + ☐☐ = 52
16 + ☐☐ = 42
45 + ☐☐ = 72
63 + ☐☐ = 92
27 + ☐☐ = 62

39 + ☐☐ = 66
58 + ☐☐ = 85
27 + ☐☐ = 44
46 + ☐☐ = 73
15 + ☐☐ = 32
34 + ☐☐ = 51

# Lösung

## Wir rechnen Platzhalteraufgaben (+)

1. Trage die Zahlen am Rechenstrich ein und rechne!

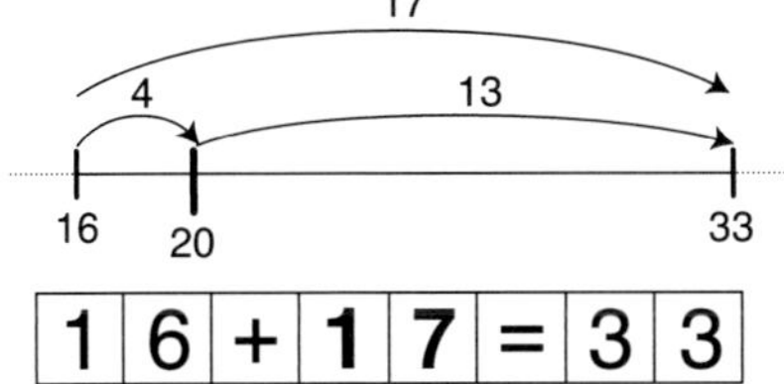


16 + **17** = 33

* 58 60 70 74 (16, 2, 10, 4)

58 + **16** = 74

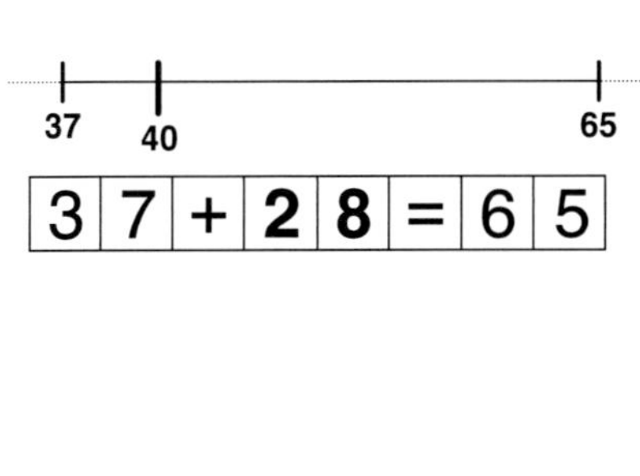


37 + **28** = 65

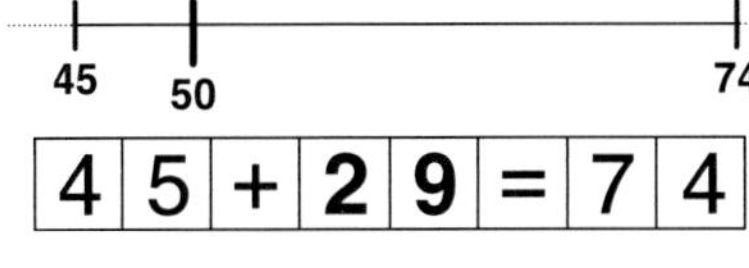


45 + **29** = 74

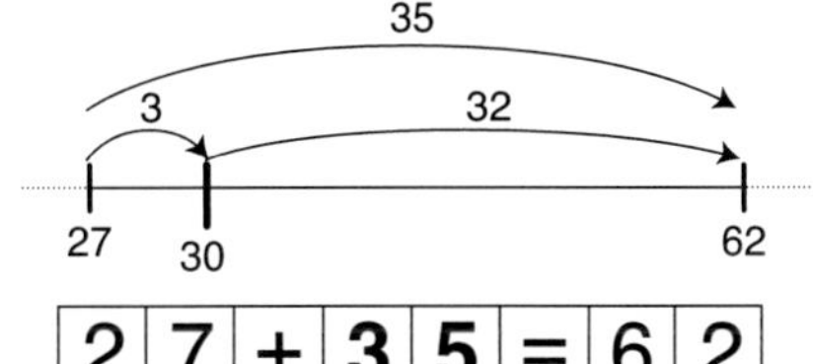


27 + **35** = 62

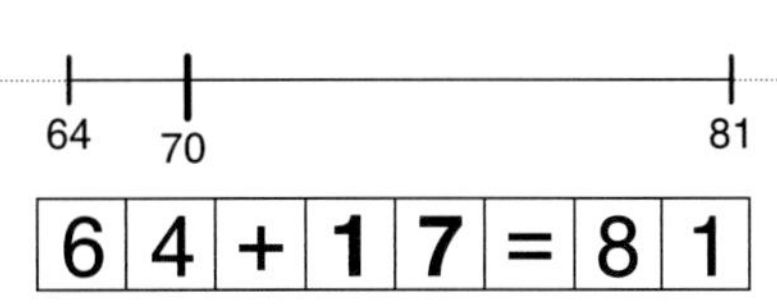


64 + **17** = 81

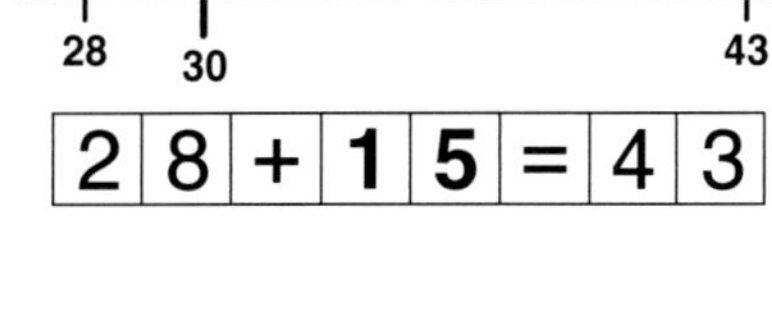


28 + **15** = 43

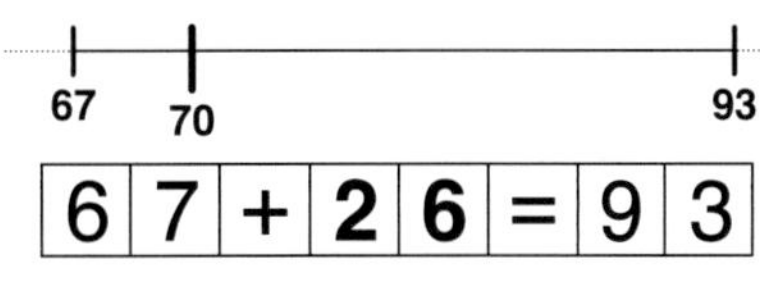


67 + **26** = 93

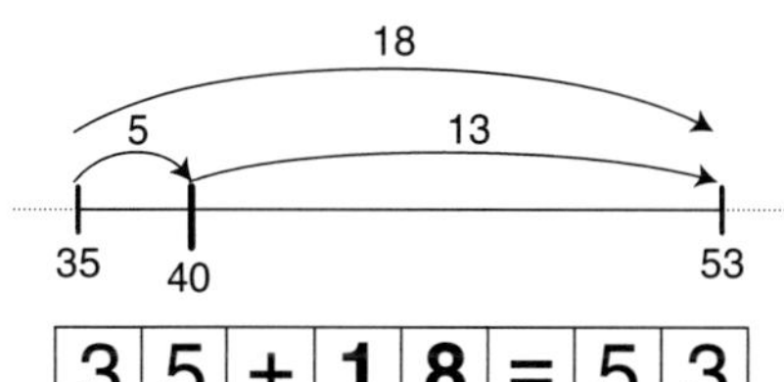


35 + **18** = 53

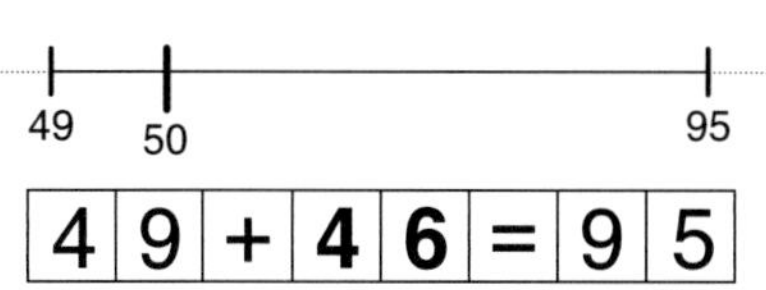


49 + **46** = 95

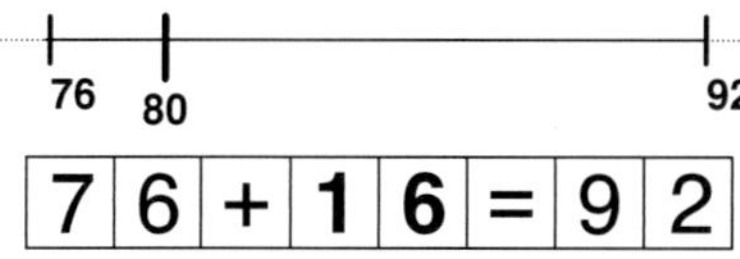


76 + **16** = 92

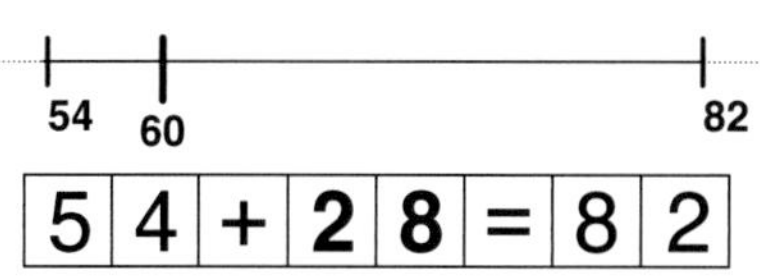


54 + **28** = 82

2. Rechne!

| | | |
|---|---|---|
| 18 + **13** = 31 | 59 + **23** = 82 | 39 + **27** = 66 |
| 58 + **38** = 96 | 34 + **18** = 52 | 58 + **27** = 85 |
| 28 + **17** = 45 | 16 + **26** = 42 | 27 + **17** = 44 |
| 68 + **19** = 87 | 45 + **27** = 72 | 46 + **27** = 73 |
| 48 + **15** = 63 | 63 + **29** = 92 | 15 + **17** = 32 |
| 38 + **16** = 54 | 27 + **35** = 62 | 34 + **17** = 51 |

* *2 Lösungswege möglich!*

Name: 

Datum: 

# Wir rechnen Platzhalteraufgaben (+)

1. Rechne! – Vergleiche! Was entdeckst du?

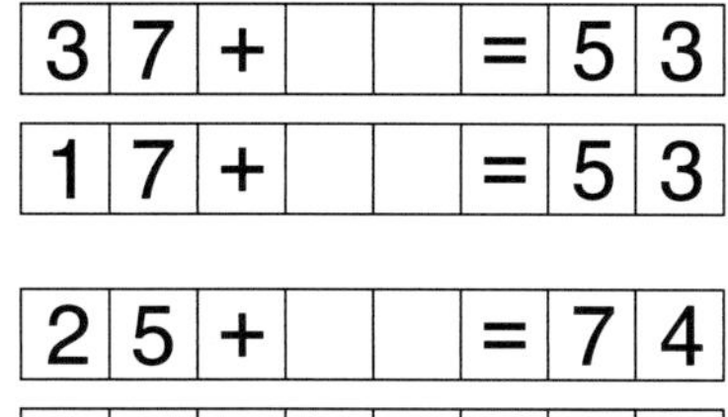

| | | |
|---|---|---|
| 37 + = 53 | 68 + = 85 | 26 + = 65 |
| 17 + = 53 | 38 + = 85 | 46 + = 65 |
| 25 + = 74 | 16 + = 41 | 38 + = 87 |
| 45 + = 74 | 26 + = 41 | 68 + = 87 |
| 14 + = 62 | 79 + = 96 | 16 + = 52 |
| 34 + = 62 | 49 + = 96 | 26 + = 52 |

2. Rechne! – Vergleiche! Was entdeckst du?

| | | |
|---|---|---|
| 36 + = 62 | 48 + = 84 | 27 + = 72 |
| 36 + = 64 | 48 + = 85 | 27 + = 76 |
| 36 + = 63 | 48 + = 82 | 27 + = 74 |

3. Rechne! – Vergleiche! Was entdeckst du?

| | | |
|---|---|---|
| 17 + = 45 | 56 + = 93 | 37 + = 52 |
| 19 + = 45 | 54 + = 93 | 35 + = 52 |
| 16 + = 45 | 58 + = 93 | 39 + = 52 |

4. Rechne! – Vergleiche! Was entdeckst du?

| | | |
|---|---|---|
| 16 + = 73 | 18 + = 62 | 17 + = 94 |
| 56 + = 73 | 48 + = 62 | 57 + = 94 |
| 55 + = 73 | 47 + = 62 | 58 + = 94 |
| 16 + = 74 | 18 + = 61 | 17 + = 95 |
| 46 + = 74 | 28 + = 61 | 47 + = 95 |
| 17 + = 85 | 14 + = 51 | 18 + = 76 |
| 67 + = 85 | 34 + = 51 | 58 + = 76 |
| 66 + = 85 | 35 + = 52 | 59 + = 77 |
| 17 + = 84 | 15 + = 51 | 19 + = 76 |
| 47 + = 84 | 25 + = 51 | 39 + = 76 |

# Lösung

## Wir rechnen Platzhalteraufgaben (+)

1. Rechne! – Vergleiche! Was entdeckst du?

| | | |
|---|---|---|
| 37 + **16** = 53 | 68 + **17** = 85 | 26 + **39** = 65 |
| 17 + **36** = 53 | 38 + **47** = 85 | 46 + **19** = 65 |
| 25 + **49** = 74 | 16 + **25** = 41 | 38 + **49** = 87 |
| 45 + **29** = 74 | 26 + **15** = 41 | 68 + **19** = 87 |
| 14 + **48** = 62 | 79 + **17** = 96 | 16 + **36** = 52 |
| 34 + **28** = 62 | 49 + **47** = 96 | 26 + **26** = 52 |

2. Rechne! – Vergleiche! Was entdeckst du?

| | | |
|---|---|---|
| 36 + **26** = 62 | 48 + **36** = 84 | 27 + **45** = 72 |
| 36 + **28** = 64 | 48 + **37** = 85 | 27 + **49** = 76 |
| 36 + **27** = 63 | 48 + **34** = 82 | 27 + **47** = 74 |

3. Rechne! – Vergleiche! Was entdeckst du?

| | | |
|---|---|---|
| 17 + **28** = 45 | 56 + **37** = 93 | 37 + **15** = 52 |
| 19 + **26** = 45 | 54 + **39** = 93 | 35 + **17** = 52 |
| 16 + **29** = 45 | 58 + **35** = 93 | 39 + **13** = 52 |

4. Rechne! – Vergleiche! Was entdeckst du?

| | | |
|---|---|---|
| 16 + **57** = 73 | 18 + **44** = 62 | 17 + **77** = 94 |
| 56 + **17** = 73 | 48 + **14** = 62 | 57 + **37** = 94 |
| 55 + **18** = 73 | 47 + **15** = 62 | 58 + **36** = 94 |
| 16 + **58** = 74 | 18 + **43** = 61 | 17 + **78** = 95 |
| 46 + **28** = 74 | 28 + **33** = 61 | 47 + **48** = 95 |
| 17 + **68** = 85 | 14 + **37** = 51 | 18 + **58** = 76 |
| 67 + **18** = 85 | 34 + **17** = 51 | 58 + **18** = 76 |
| 66 + **19** = 85 | 35 + **17** = 52 | 59 + **18** = 77 |
| 17 + **67** = 84 | 15 + **36** = 51 | 19 + **57** = 76 |
| 47 + **37** = 84 | 25 + **26** = 51 | 39 + **37** = 76 |

Wochenplan

Name: ______________________ Datum: ______________________

# Wir rechnen Platzhalteraufgaben (+)

1. Finde heraus, wie gerechnet wird!

| 3 | 4 | 7 |
|---|---|---|
| 2 | 4 | 6 |
| 5 | 8 | 13 |

| 10 | 20 | 30 |
|---|---|---|
| 30 | 40 | 70 |
| 40 | 60 | 100 |

2. Löse die Rechentabellen!

| 9 | | 36 |
|---|---|---|
| | | |
| 27 | | 61 |

| 18 | | 45 |
|---|---|---|
| | | |
| 27 | | 82 |

| 17 | | 35 |
|---|---|---|
| | | |
| 44 | | 91 |

| 9 | | 27 |
|---|---|---|
| | | |
| | 47 | 73 |

| | 19 | 57 |
|---|---|---|
| | | |
| | 27 | 94 |

| | | |
|---|---|---|
| 29 | | 47 |
| 55 | | 101 |

3. Finde richtige Lösungen!

| | | 25 |
|---|---|---|
| | | |
| 37 | | 72 |

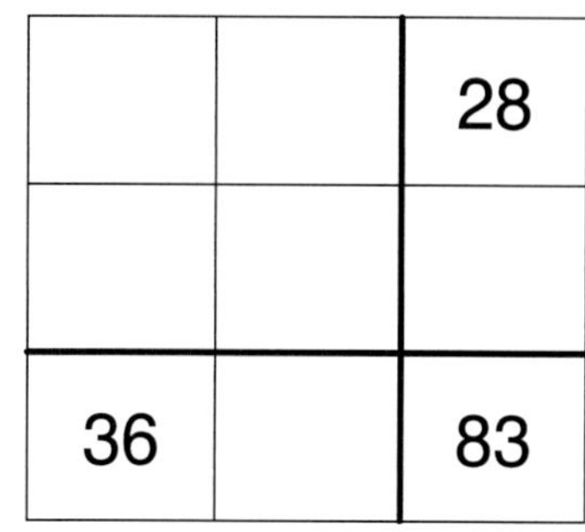

| | | 28 |
|---|---|---|
| | | |
| 36 | | 83 |

| | | 45 |
|---|---|---|
| | | |
| 46 | | 93 |

# Lösung

## Wir rechnen Platzhalteraufgaben (+)

1. Finde heraus, wie gerechnet wird!

| 3 | 4 | 7 |
|---|---|---|
| 2 | 4 | 6 |
| 5 | 8 | 13 |

| 10 | 20 | 30 |
|---|---|---|
| 30 | 40 | 70 |
| 40 | 60 | 100 |

2. Löse die Rechentabellen!

| 9 | **27** | 36 |
|---|---|---|
| **18** | **7** | **25** |
| 27 | **34** | 61 |

| 18 | **27** | 45 |
|---|---|---|
| **9** | **28** | **37** |
| 27 | **55** | 82 |

| 17 | **18** | 35 |
|---|---|---|
| **27** | **29** | **56** |
| 44 | **47** | 91 |

| 9 | **18** | 27 |
|---|---|---|
| **17** | **29** | **46** |
| **26** | 47 | 73 |

| **38** | 19 | 57 |
|---|---|---|
| **29** | **8** | **37** |
| **67** | 27 | 94 |

| **26** | **28** | **54** |
|---|---|---|
| 29 | **18** | 47 |
| 55 | **46** | 101 |

3. Finde richtige Lösungen!

*

|  |  | 25 |
|---|---|---|
|  |  | **47** |
| 37 | **35** | 72 |

|  |  | 28 |
|---|---|---|
|  |  | **55** |
| 36 | **47** | 83 |

|  |  | 45 |
|---|---|---|
|  |  | **48** |
| 46 | **47** | 93 |

* *Mehrere Möglichkeiten! Keine Lösungsangabe möglich.*

Wochenplan

Name:

Datum:

## Wir rechnen Platzhalteraufgaben

Rechenkreise: Finde die Zahlen im großen Kreis!

43 59 41 86

55 74 43 36

53 55 41 93

91 44 71 65

46 77 101 53

54 62 101 98

# Lösung

## Wir rechnen Platzhalteraufgaben

Rechenkreise: Finde die Zahlen im großen Kreis!

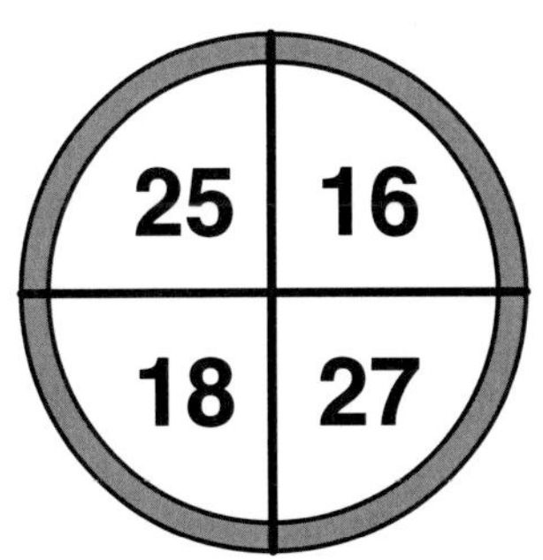

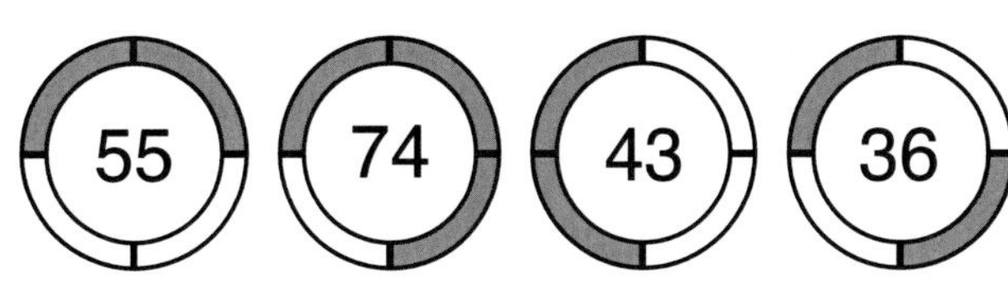


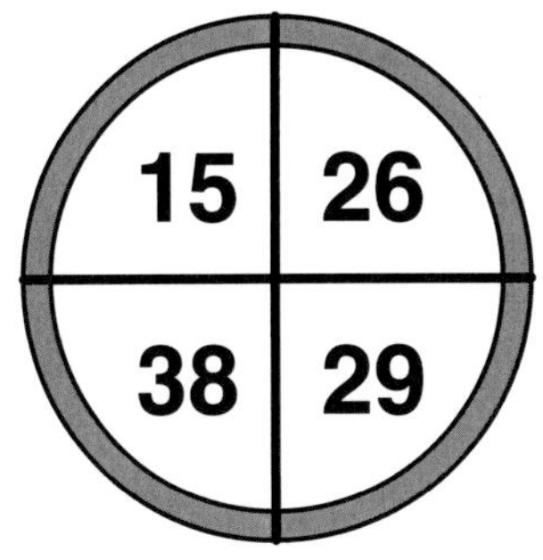


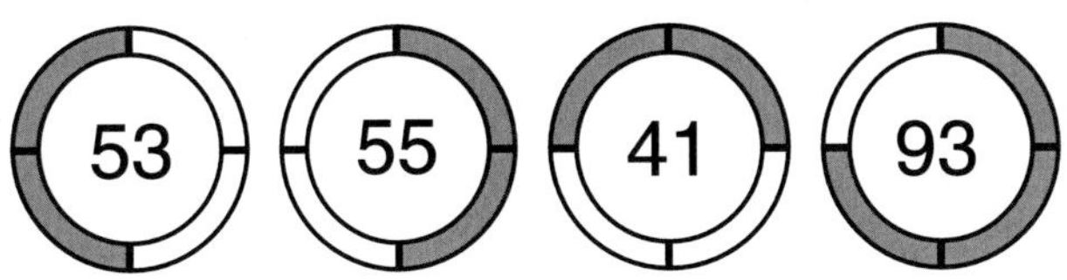


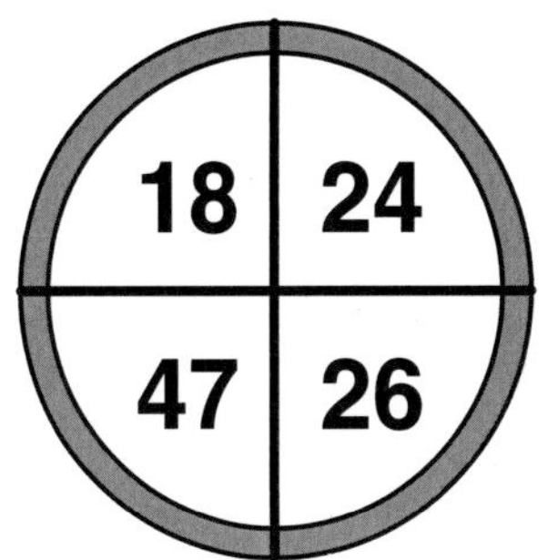


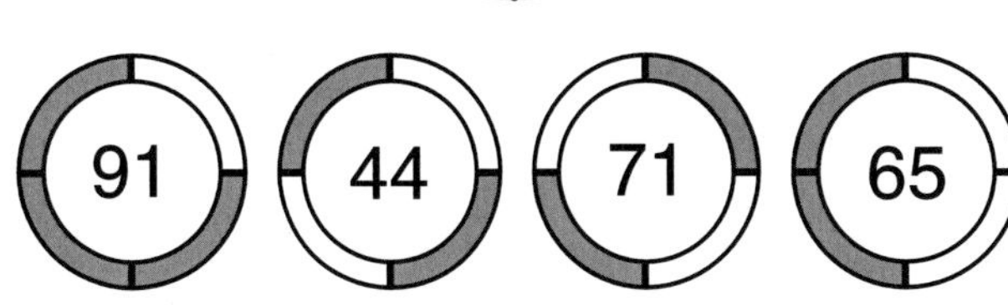


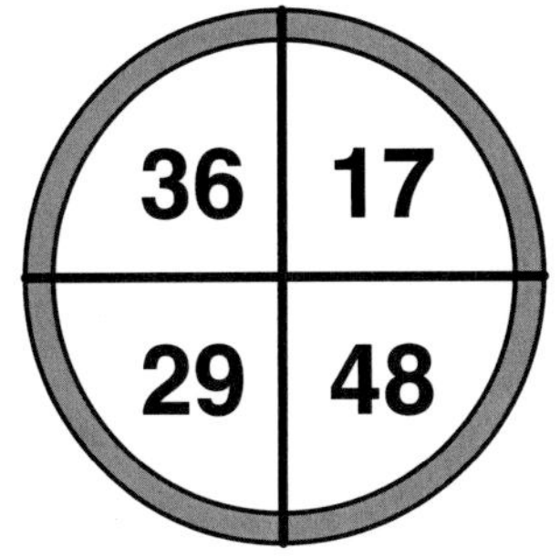


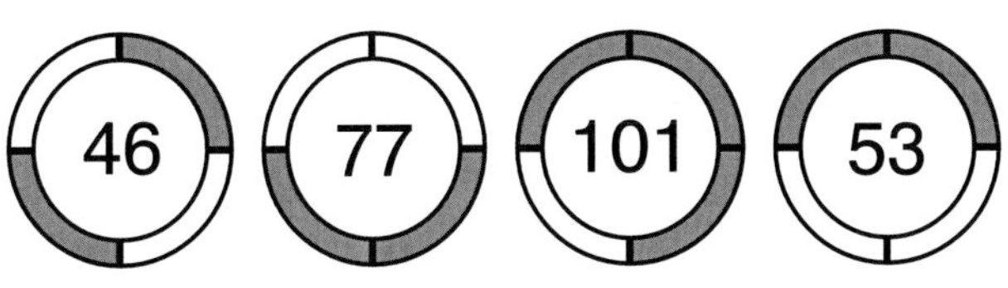


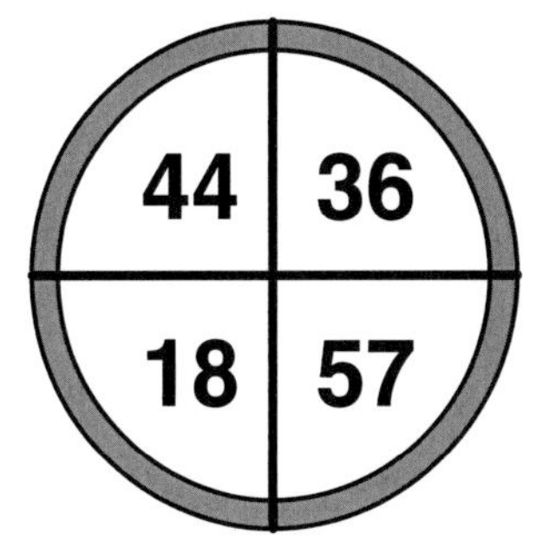


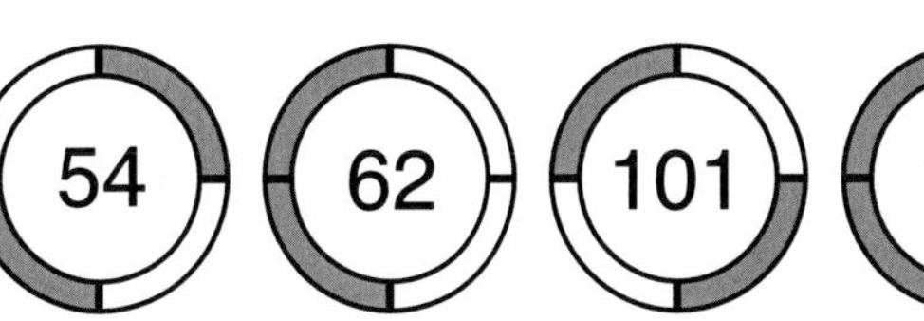

Name: ______________ Datum: ______________

# Wir rechnen bis 100 (–)

1. Schreibe die Zahl, streiche weg und rechne deinen Weg!

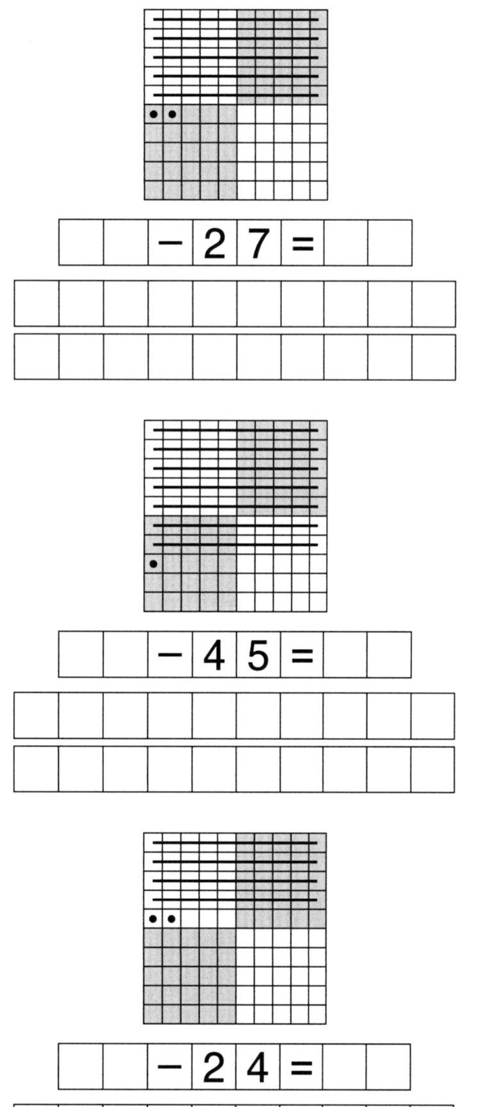


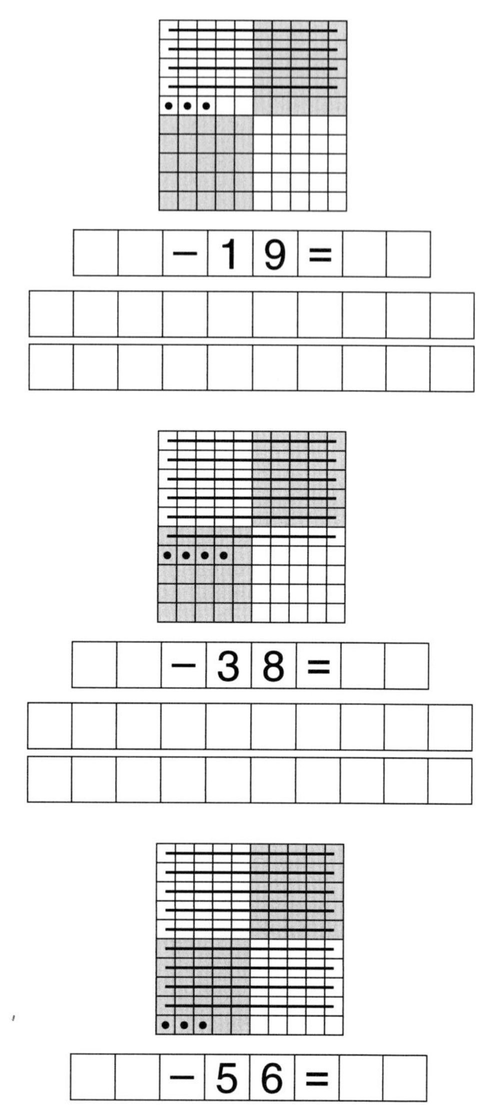


2. Rechne deinen Weg!

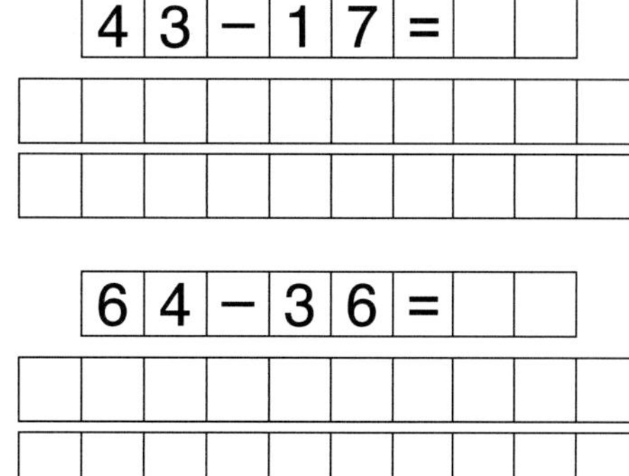


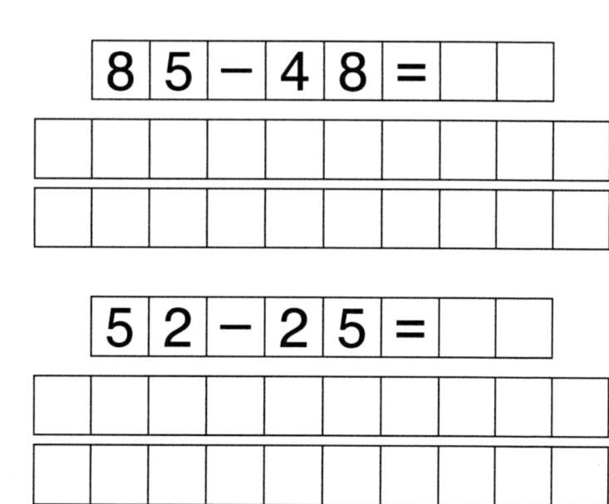

# Lösung

## Wir rechnen bis 100 (–)

1. Schreibe die Zahl, streiche weg und rechne deinen Weg!

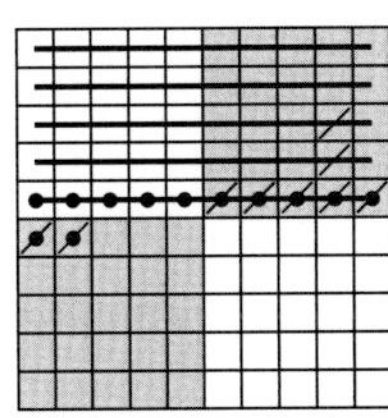

52 – 27 = 25

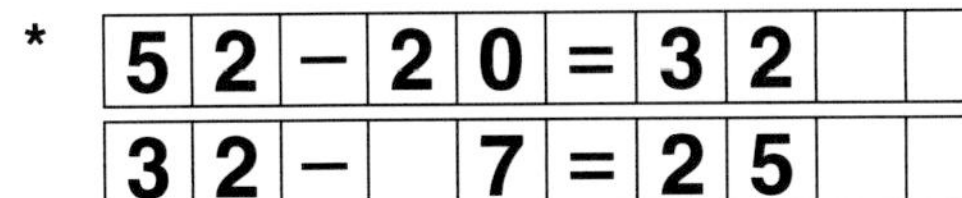

* 52 – 20 = 32

32 – 7 = 25

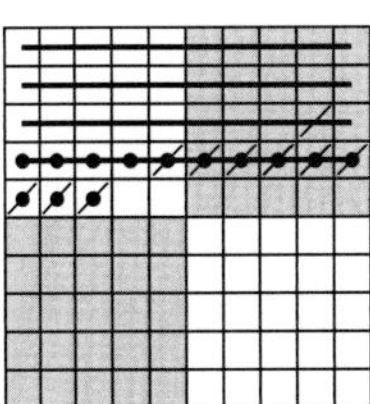

43 – 19 = 24

43 – 10 = 33

33 – 9 = 24

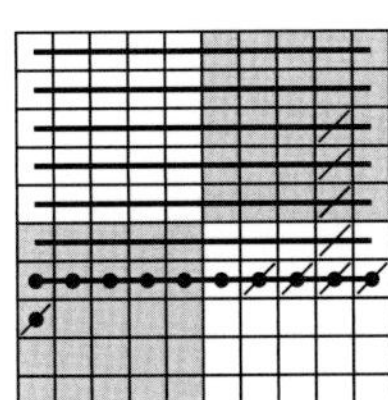

71 – 45 = 26

* 71 – 5 = 66

66 – 40 = 26

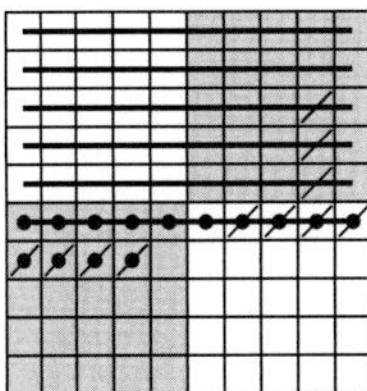

64 – 38 = 26

64 – 8 = 56

56 – 30 = 26

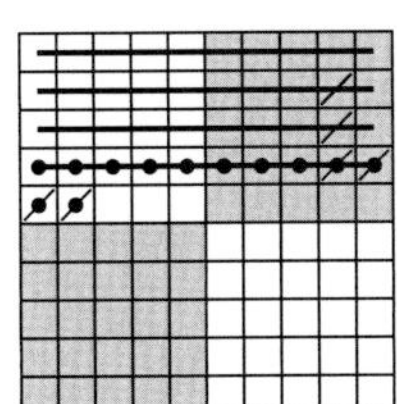

42 – 24 = 18

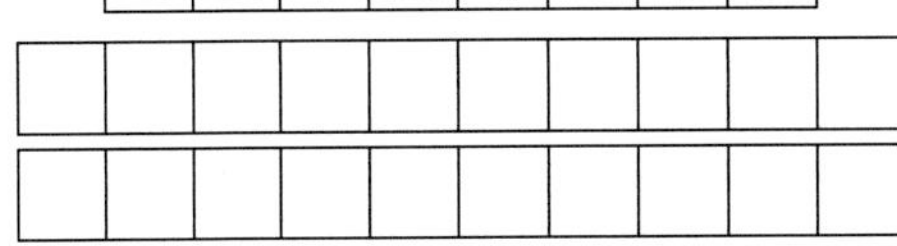

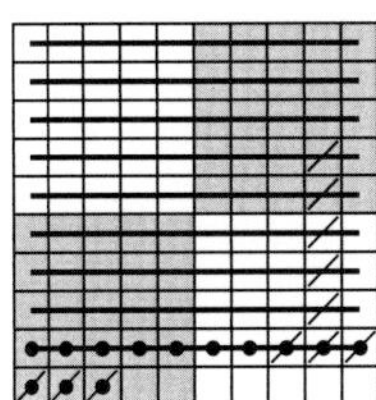

93 – 56 = 37

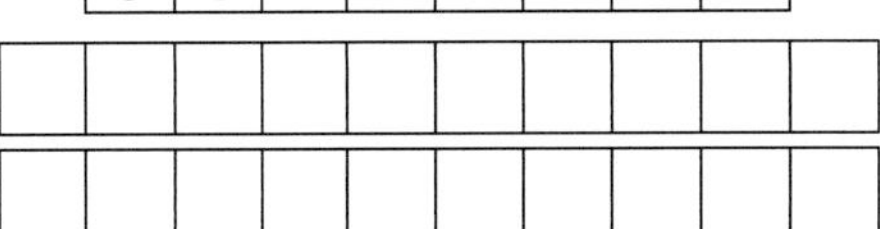

2. Rechne deinen Weg!

43 – 17 = 26

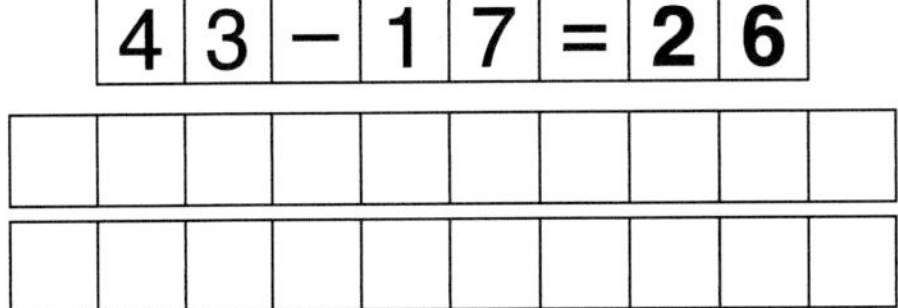

85 – 48 = 37

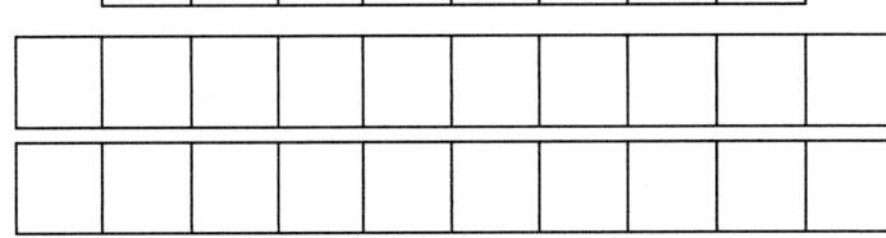

64 – 36 = 28

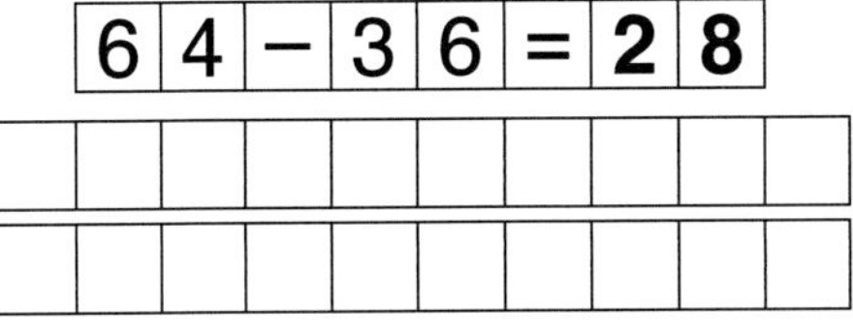

52 – 25 = 27

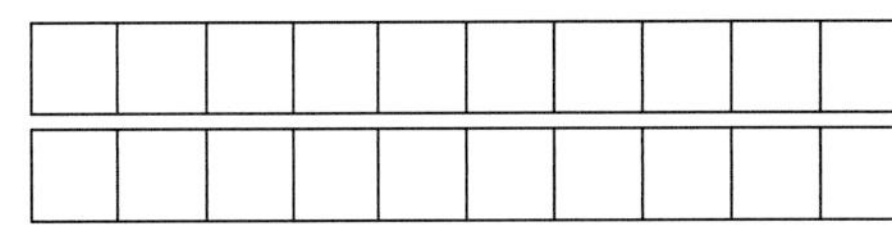

** 2 Lösungswege!*

Wochenplan

Name: ____________ Datum: ____________

# Wir rechnen bis 100 (–)

1. Rechne deinen Weg!

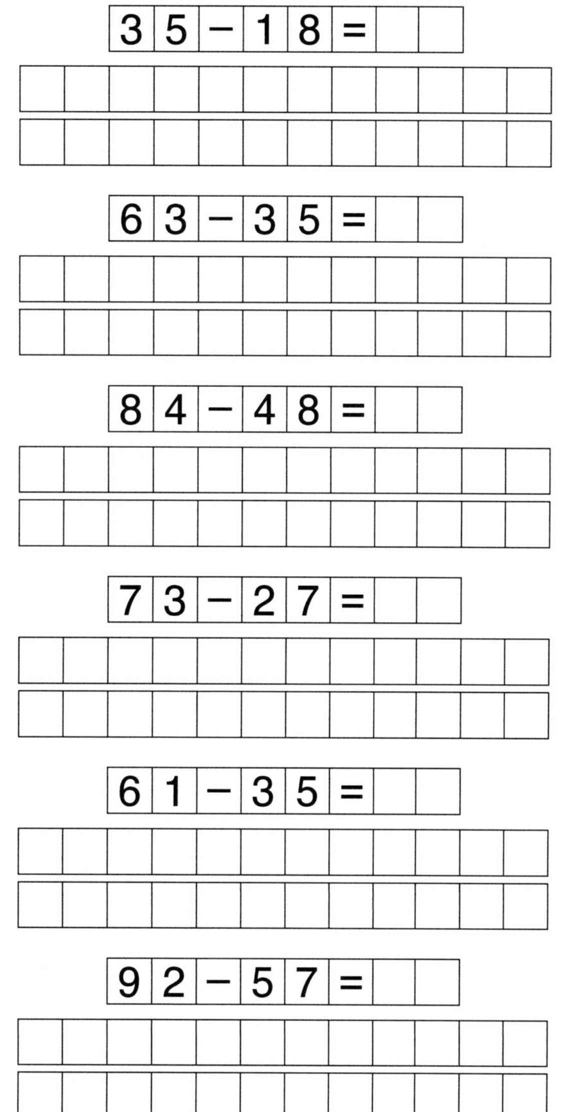


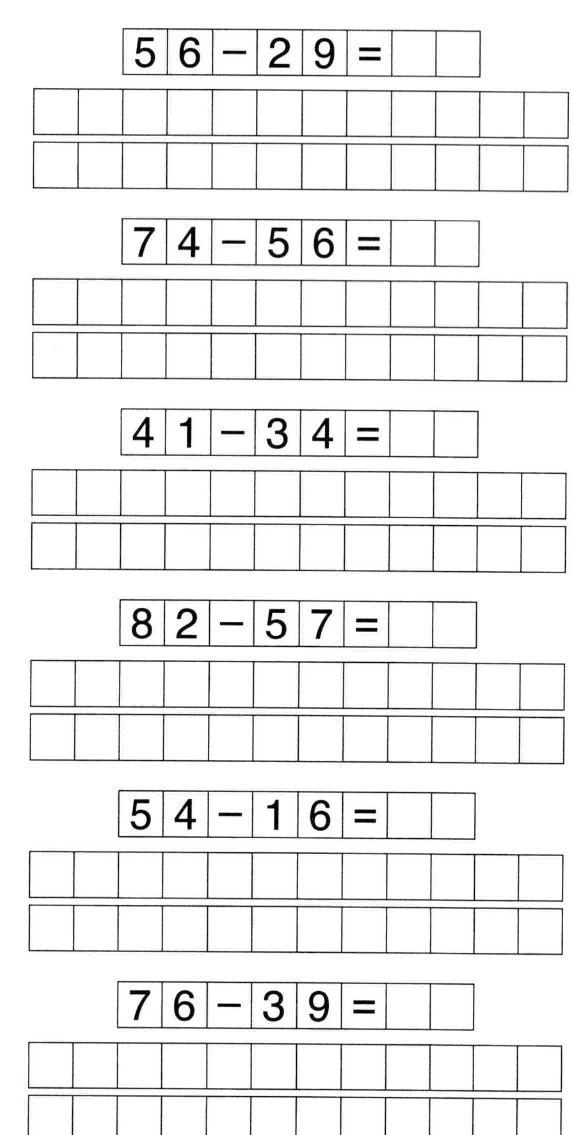


Lösung: 7 – 17 – 18 – 25 – 26 – 27 – 28 – 35 – 36 – 37 – 38 – 46

2. Rechne!

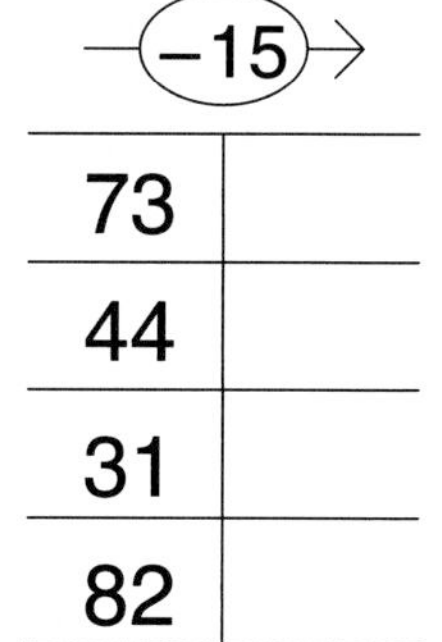

| –15 | |
|---|---|
| 73 | |
| 44 | |
| 31 | |
| 82 | |

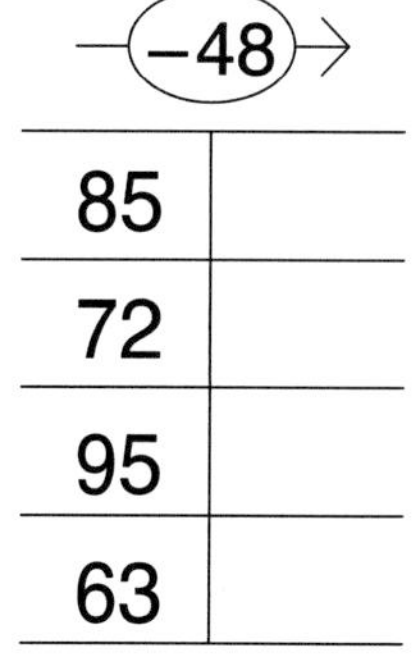

| –48 | |
|---|---|
| 85 | |
| 72 | |
| 95 | |
| 63 | |

| –34 | |
|---|---|
| 51 | |
| 82 | |
| 60 | |
| 93 | |

| –27 | |
|---|---|
| 95 | |
| 73 | |
| 52 | |
| 61 | |

Lösung: 15 – 16 – 17 – 24 – 25 – 26 – 29 – 34 – 37 – 46 – 47 – 48 – 58 – 59 – 67 – 68

# Lösung

## Wir rechnen bis 100 (–)

1. Rechne deinen Weg!

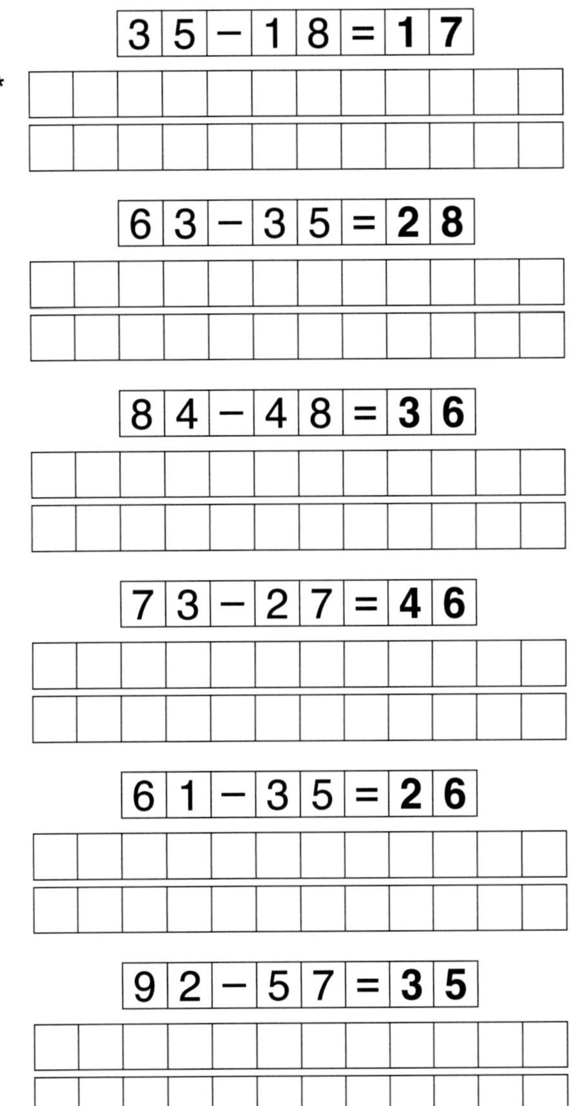


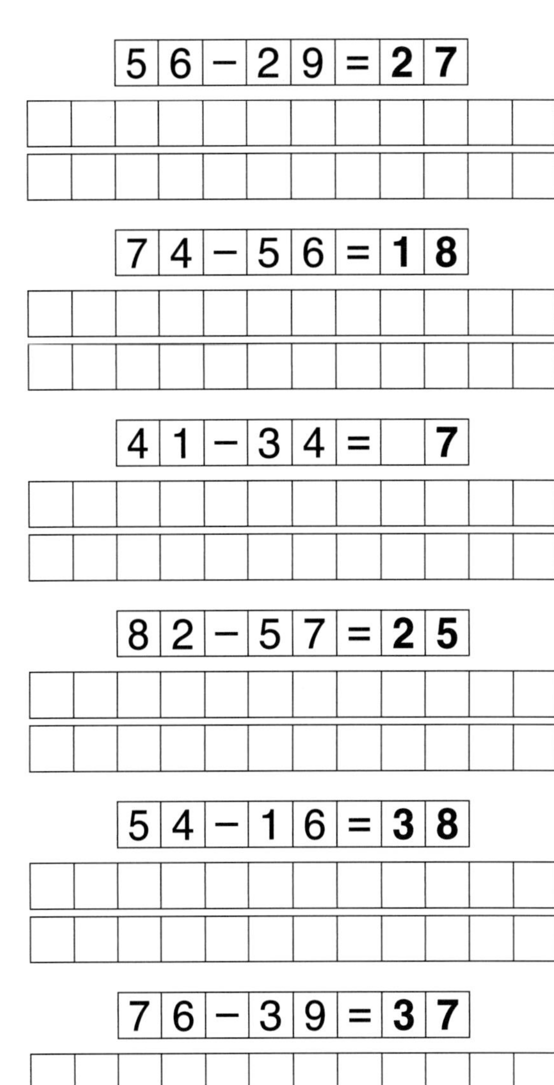


Lösung: 7 – 17 – 18 – 25 – 26 – 27 – 28 – 35 – 36 – 37 – 38 – 46

2. Rechne!

| –15 | |
|---|---|
| 73 | **58** |
| 44 | **29** |
| 31 | **16** |
| 82 | **67** |

| –48 | |
|---|---|
| 85 | **37** |
| 72 | **24** |
| 95 | **47** |
| 63 | **15** |

| –34 | |
|---|---|
| 51 | **17** |
| 82 | **48** |
| 60 | **26** |
| 93 | **59** |

| –27 | |
|---|---|
| 95 | **68** |
| 73 | **46** |
| 52 | **25** |
| 61 | **34** |

Lösung: 15 – 16 – 17 – 24 – 25 – 26 – 29 – 34 – 37 – 46 – 47 – 48 – 58 – 59 – 67 – 68

** 2 Lösungswege möglich!*

Wochenplan

Name: Datum:

# Wir rechnen bis 100 (–)

1. Rechenkreise: Ziehe die Zahlen voneinander ab, deren Seiten markiert sind, und schreibe die Lösung in den dazugehörigen Kreis!

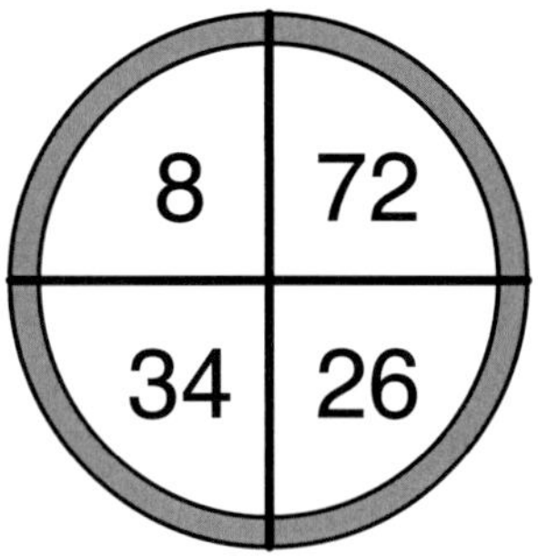

| 8 | 72 |
|---|---|
| 34 | 26 |

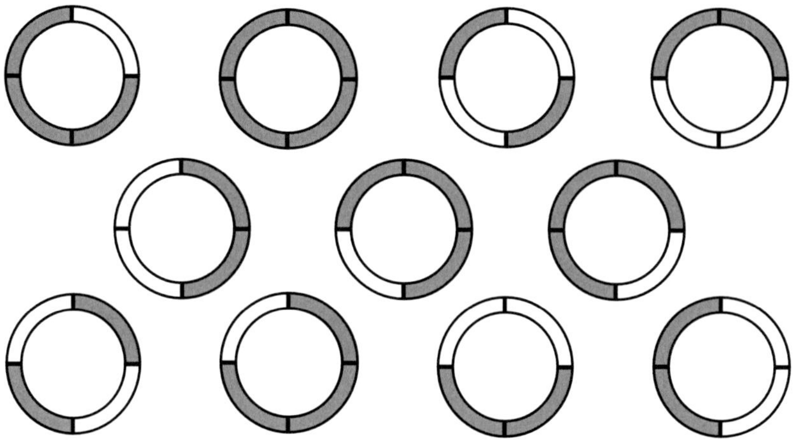

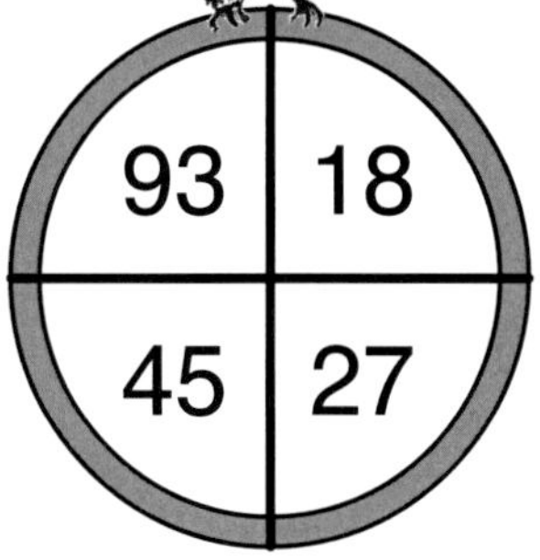

| 93 | 18 |
|---|---|
| 45 | 27 |

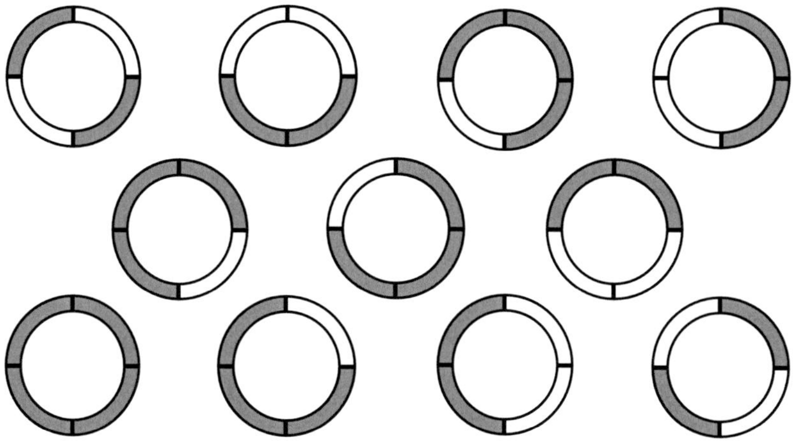

2. Rechenkreise: Welche Seiten wurden voneinander abgezogen? – Markiere!

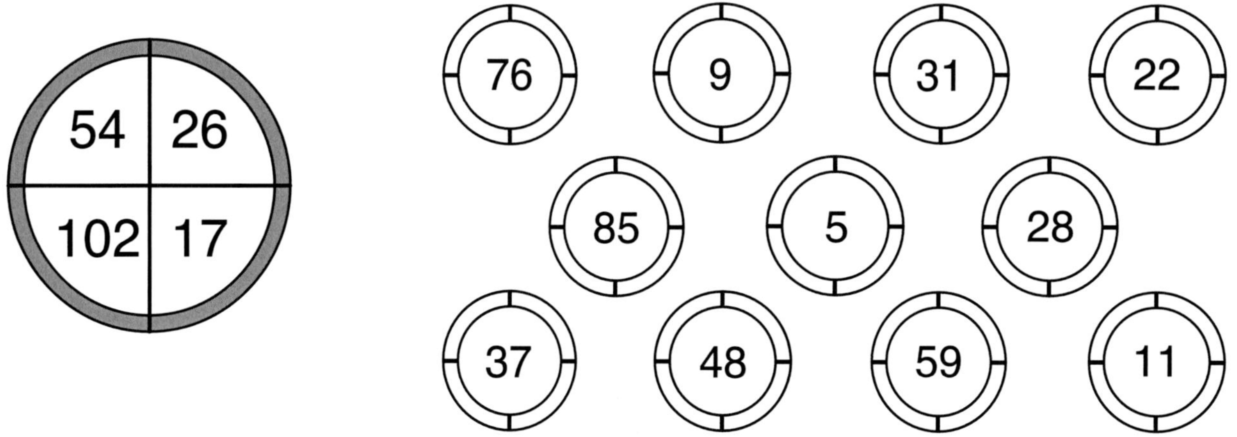

# Lösung

## Wir rechnen bis 100 (–)

1. Rechenkreise: Ziehe die Zahlen voneinander ab, deren Seiten markiert sind, und schreibe die Lösung in den dazugehörigen Kreis!

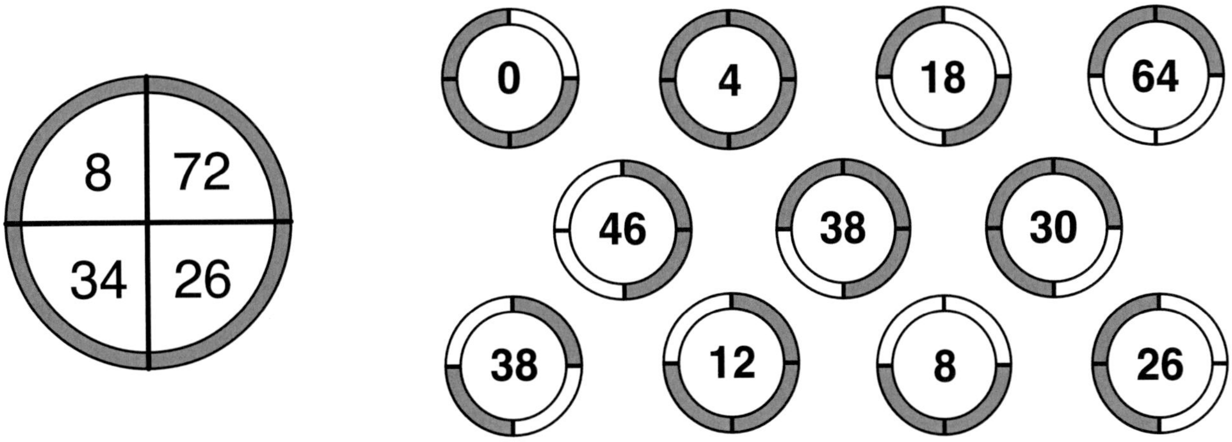

8
72
34
26
0
4
18
64
46
38
30
38
12
8
26

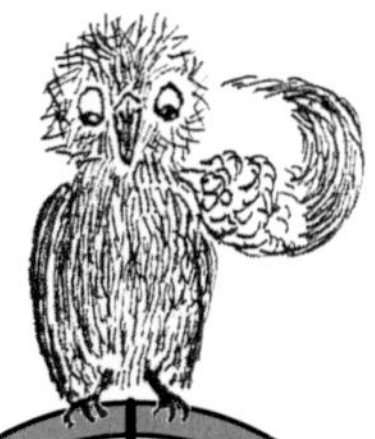

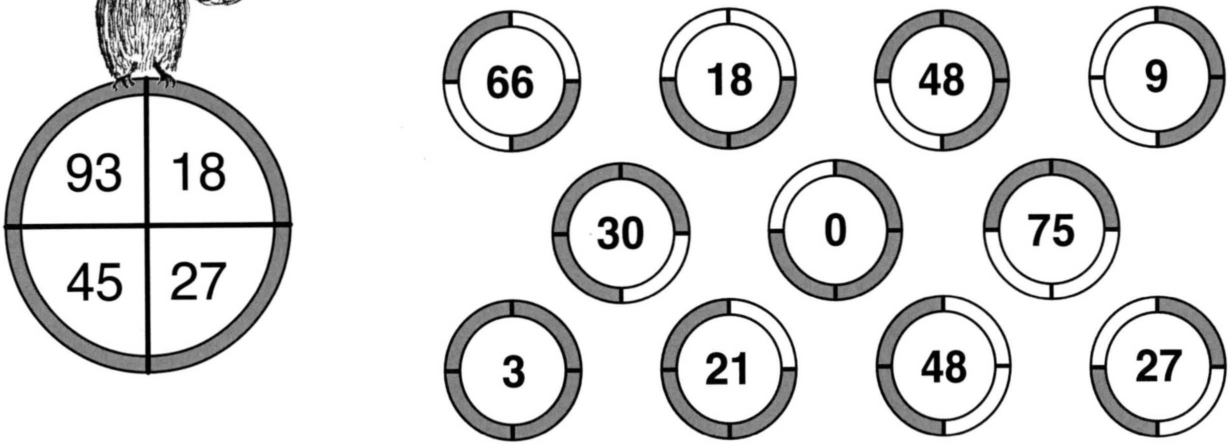

93
18
45
27
66
18
48
9
30
0
75
3
21
48
27

2. Rechenkreise: Welche Seiten wurden voneinander abgezogen? – Markiere!

54
26
102
17
76
9
31
22
85
5
28
37
48
59
11

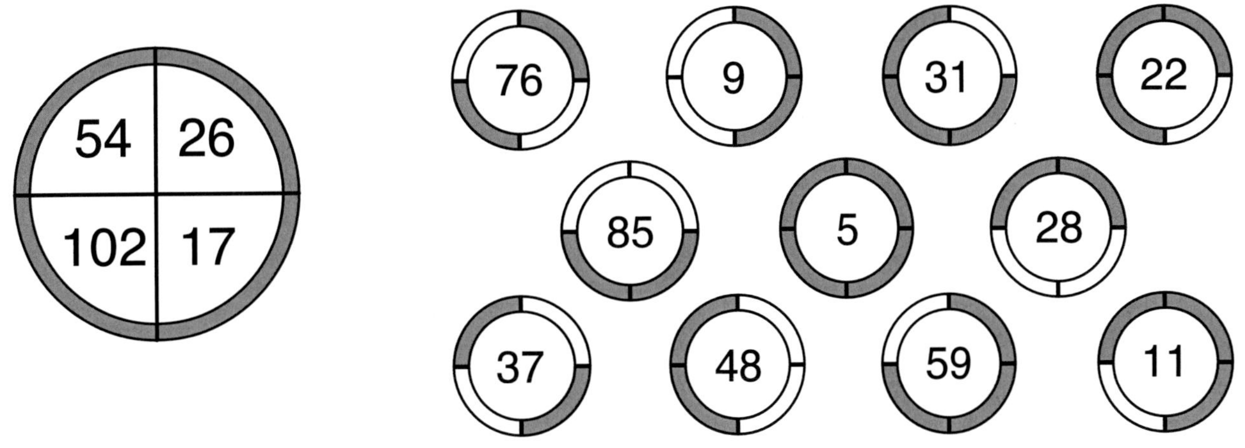

Name: ______________ Datum: ______________

# Wir rechnen bis 100 (–)

1. Rechne deinen Weg!

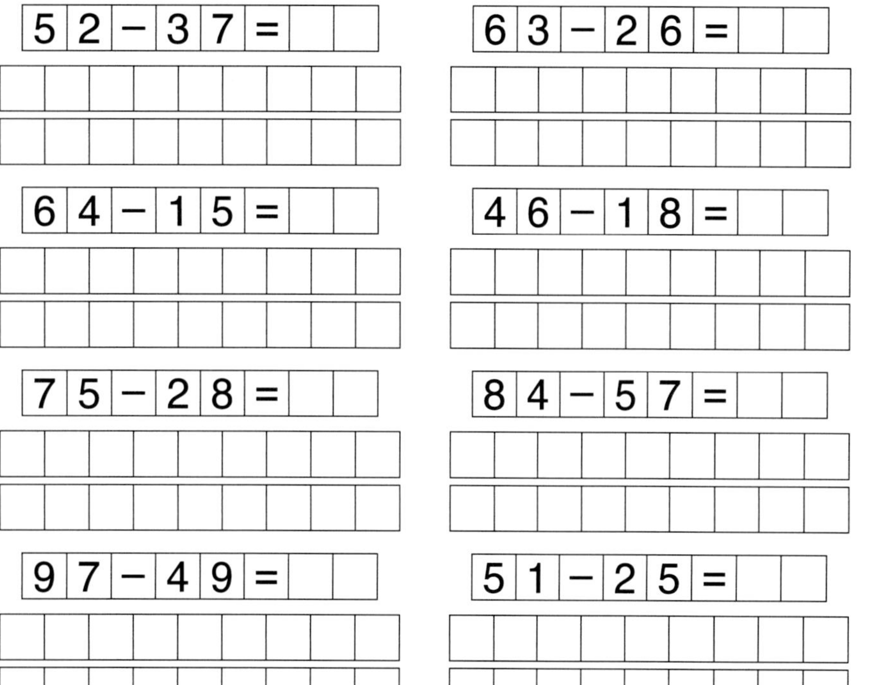

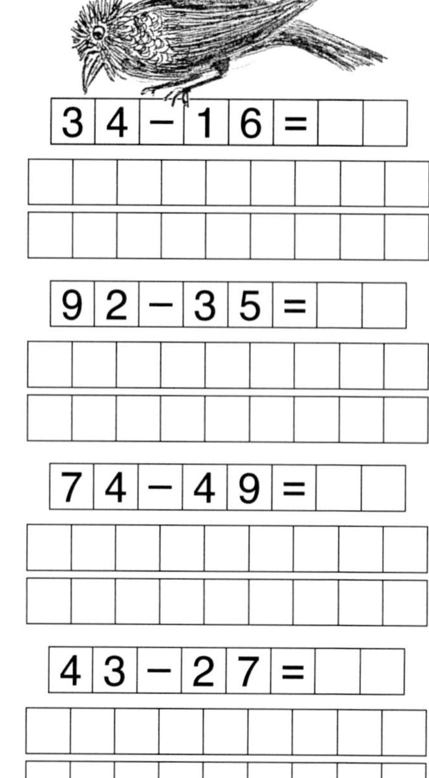

| | | |
|---|---|---|
| 52 – 37 = | 63 – 26 = | 34 – 16 = |
| 64 – 15 = | 46 – 18 = | 92 – 35 = |
| 75 – 28 = | 84 – 57 = | 74 – 49 = |
| 97 – 49 = | 51 – 25 = | 43 – 27 = |

Lösung: 15 – 16 – 18 – 25 – 26 – 27 – 28 – 37 – 47 – 48 – 49 – 57

2. Rechne! Verbinde die Lösungszahlen der Reihe nach!

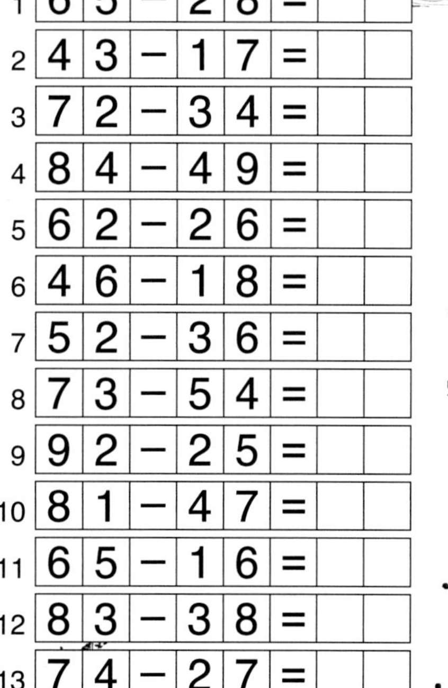

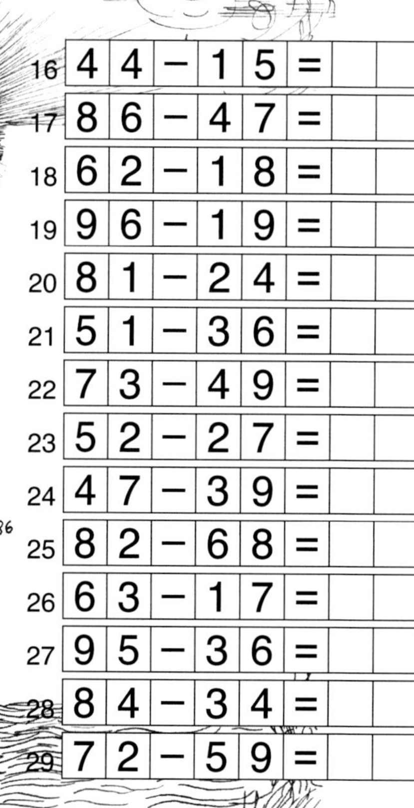

|  |  |  |  |
|---|---|---|---|
| 1 | 65 – 28 = | 16 | 44 – 15 = |
| 2 | 43 – 17 = | 17 | 86 – 47 = |
| 3 | 72 – 34 = | 18 | 62 – 18 = |
| 4 | 84 – 49 = | 19 | 96 – 19 = |
| 5 | 62 – 26 = | 20 | 81 – 24 = |
| 6 | 46 – 18 = | 21 | 51 – 36 = |
| 7 | 52 – 36 = | 22 | 73 – 49 = |
| 8 | 73 – 54 = | 23 | 52 – 27 = |
| 9 | 92 – 25 = | 24 | 47 – 39 = |
| 10 | 81 – 47 = | 25 | 82 – 68 = |
| 11 | 65 – 16 = | 26 | 63 – 17 = |
| 12 | 83 – 38 = | 27 | 95 – 36 = |
| 13 | 74 – 27 = | 28 | 84 – 34 = |
| 14 | 93 – 45 = | 29 | 72 – 59 = |
| 15 | 84 – 57 = | | |

# Lösung

## Wir rechnen bis 100 (–)

1. Rechne deinen Weg!

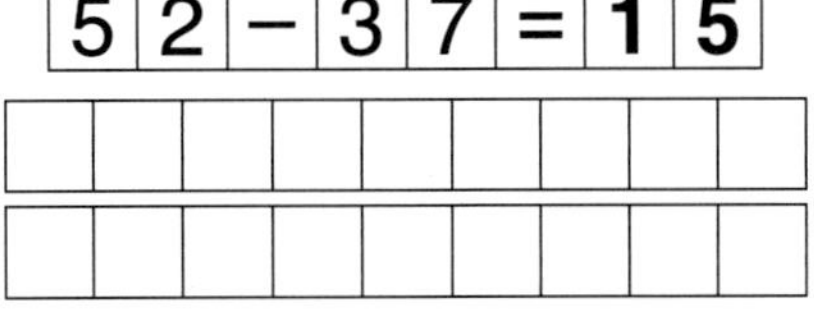

52 – 37 = **15** *

63 – 26 = **37**

34 – 16 = **18**

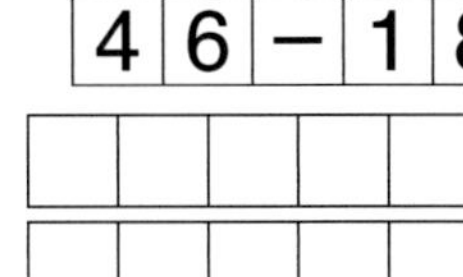

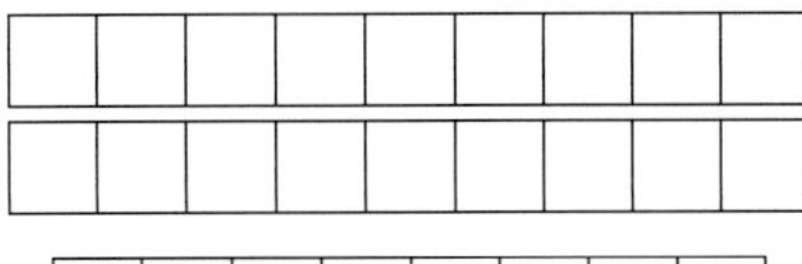

64 – 15 = **49**

46 – 18 = **28**

92 – 35 = **57**

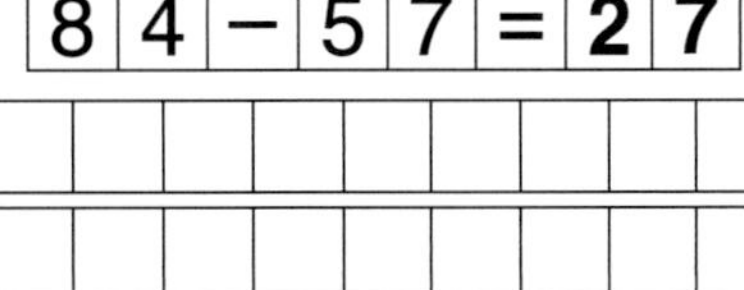

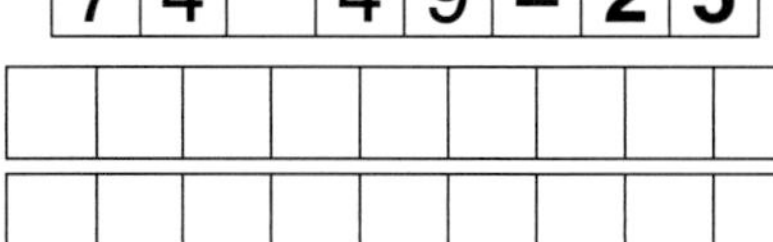

75 – 28 = **47**

84 – 57 = **27**

74 – 49 = **25**

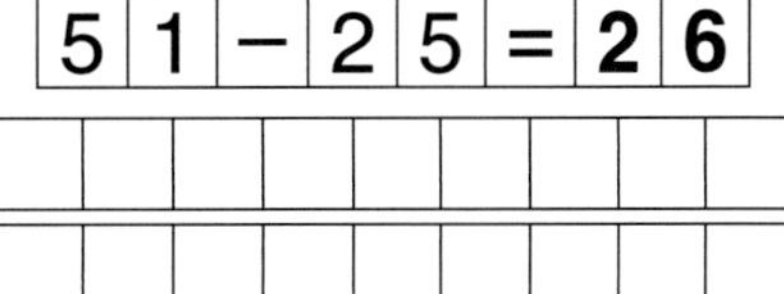

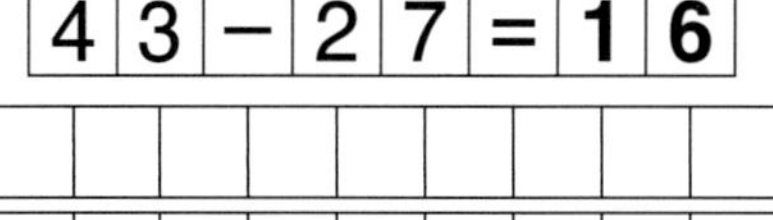

97 – 49 = **48**

51 – 25 = **26**

43 – 27 = **16**

Lösung: 15 – 16 – 18 – 25 – 26 – 27 – 28 – 37 – 47 – 48 – 49 – 57

2. Rechne! Verbinde die Lösungszahlen der Reihe nach!

|  |  |  |  |
|---|---|---|---|
| 1 | 65 – 28 = **37** | 16 | 44 – 15 = **29** |
| 2 | 43 – 17 = **26** | 17 | 86 – 47 = **39** |
| 3 | 72 – 34 = **38** | 18 | 62 – 18 = **44** |
| 4 | 84 – 49 = **35** | 19 | 96 – 19 = **77** |
| 5 | 62 – 26 = **36** | 20 | 81 – 24 = **57** |
| 6 | 46 – 18 = **28** | 21 | 51 – 36 = **15** |
| 7 | 52 – 36 = **16** | 22 | 73 – 49 = **24** |
| 8 | 73 – 54 = **19** | 23 | 52 – 27 = **25** |
| 9 | 92 – 25 = **67** | 24 | 47 – 39 = **8** |
| 10 | 81 – 47 = **34** | 25 | 82 – 68 = **14** |
| 11 | 65 – 16 = **49** | 26 | 63 – 17 = **46** |
| 12 | 83 – 38 = **45** | 27 | 95 – 36 = **59** |
| 13 | 74 – 27 = **47** | 28 | 84 – 34 = **50** |
| 14 | 93 – 45 = **48** | 29 | 72 – 59 = **13** |
| 15 | 84 – 57 = **27** | | |

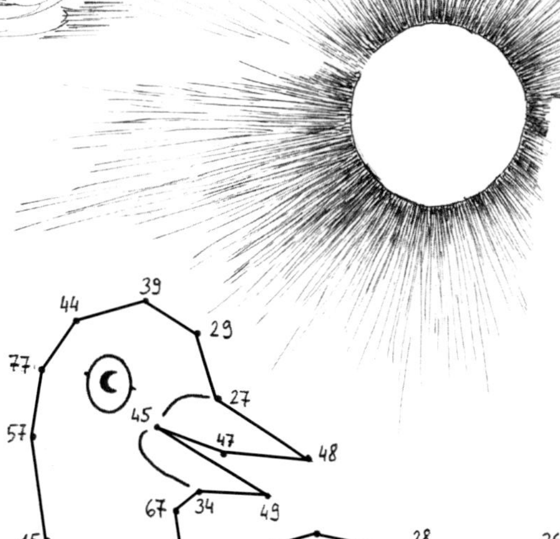

** 2 Lösungswege möglich!*

Name: ______________ Datum: ______________

# Wir rechnen bis 100 (–)

1. Rechenräder: Ziehe von der Mitte ab!

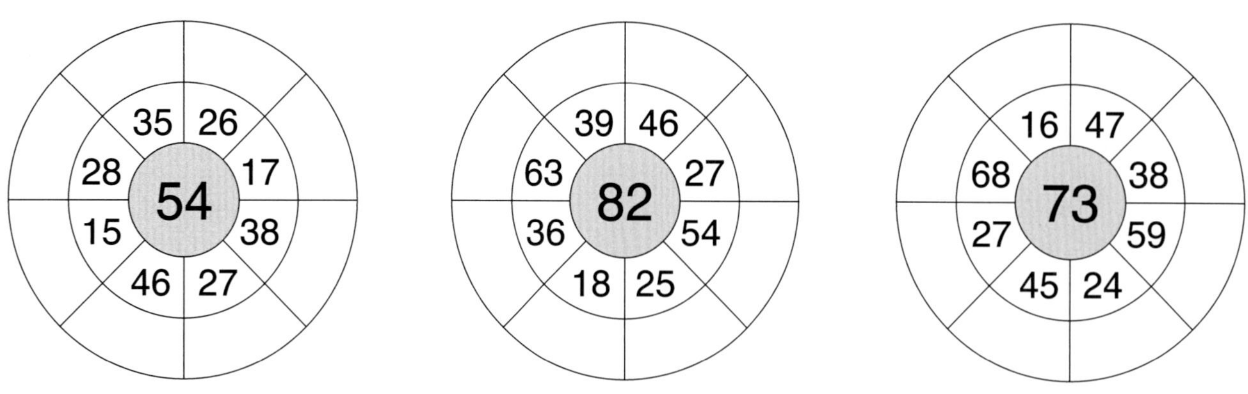


Lösungszahlen: 5 – 8 – 14 – 16 – 19 – 19 – 26 – 26 – 27 – 28 – 28 – 28 – 35 – 36 – 37 – 39 – 43 – 46 – 46 – 49 – 55 – 57 – 57 – 64

2. Ziehe vom oberen Baustein ab!

| 81 | 66 | 92 | 83 |
|---|---|---|---|
| 53 | 47 | 64 | 65 |
| | | | |
| | | | |

| 52 | 93 | 62 | 91 |
|---|---|---|---|
| 35 | 54 | 44 | 64 |
| | | | |
| | | | |

| 91 | 83 | 92 | 71 |
|---|---|---|---|
| 55 | 56 | 75 | 53 |
| | | | |
| | | | |

Unterste Steine: 15 – 17 – 17 – 18 – 18 – 18 – 18 – 19 – 19 – 25 – 26 – 27 – 27 – 28 – 28 – 28 – 29 – 35 – 36 – 36 – 37 – 39 – 47 – 58

# Lösung

## Wir rechnen bis 100 (–)

1. Rechenräder: Ziehe von der Mitte ab!

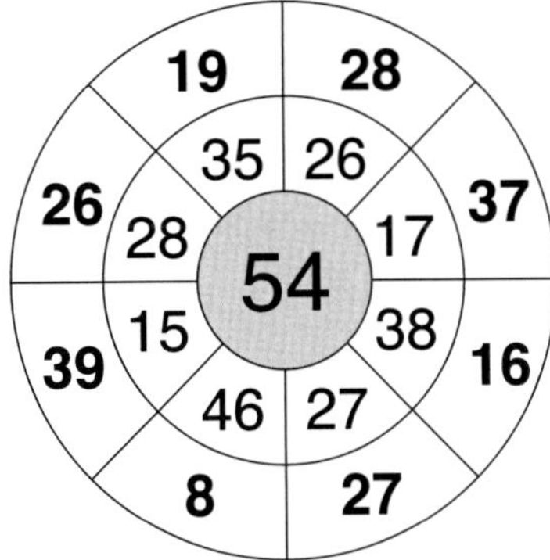


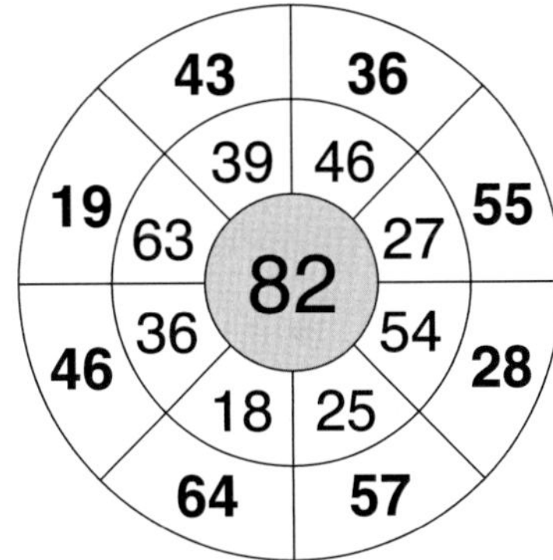


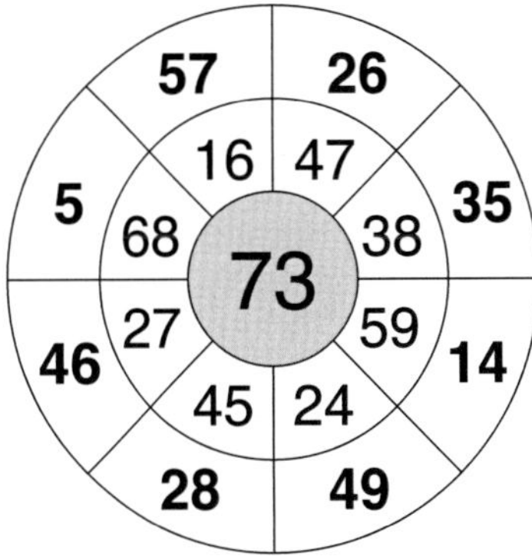


Lösungszahlen: 5 – 8 – 14 – 16 – 19 – 19 – 26 – 26 – 27 – 28 – 28 – 28 – 35 – 36 – 37 – 39 – 43 – 46 – 46 – 49 – 55 – 57 – 57 – 64

2. Ziehe vom oberen Baustein ab!

| | | | |
|---|---|---|---|
| 81 | 66 | 92 | 83 |
| 53 | 47 | 64 | 65 |
| **28** | **19** | **28** | **18** |
| **25** | **28** | **36** | **47** |

| | | | |
|---|---|---|---|
| 52 | 93 | 62 | 91 |
| 35 | 54 | 44 | 64 |
| **17** | **39** | **18** | **27** |
| **18** | **15** | **26** | **37** |

| | | | |
|---|---|---|---|
| 91 | 83 | 92 | 71 |
| 55 | 56 | 75 | 53 |
| **36** | **27** | **17** | **18** |
| **19** | **29** | **58** | **35** |

Unterste Steine: 15 – 17 – 17 – 18 – 18 – 18 – 18 – 19 – 19 – 25 – 26 – 27 – 27 – 28 – 28 – 28 – 29 – 35 – 36 – 36 – 37 – 39 – 47 – 58

Name: ______________ Datum: ______________

# Wir rechnen bis 100 (–)

1. Rechne!

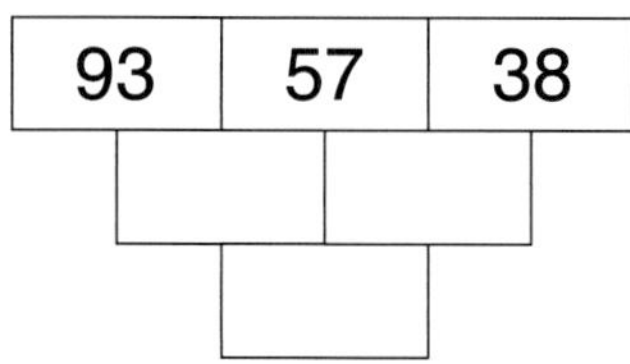


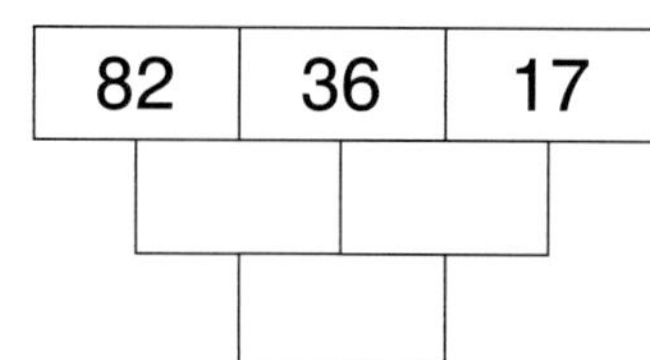


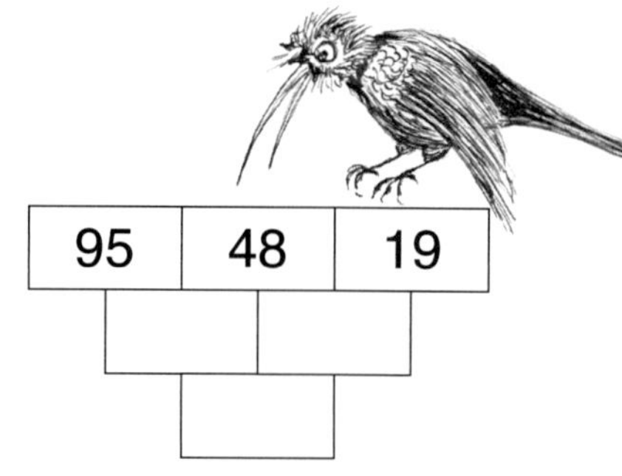


2. Trage die sechs Zahlen passend ein!

27 – 74 – 19 – 8 – 47 – 28

9 – 38 – 29 – 62 – 24 – 15

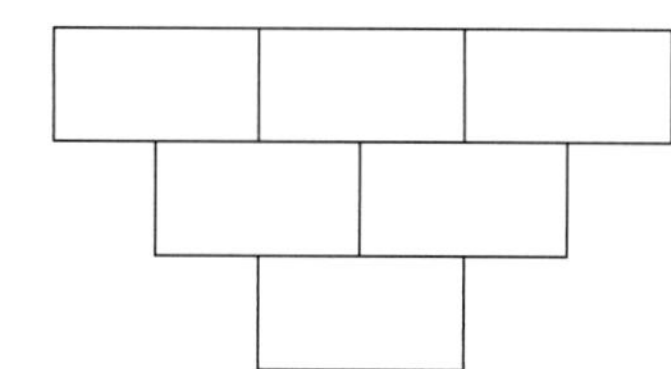

55 – 19 – 36 – 91 – 38 – 17

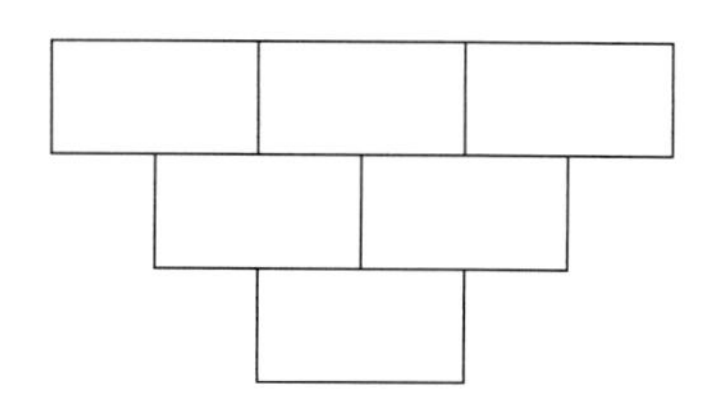

3. Trage die Zahlen ein und finde jeweils eine passende weitere Zahl!
Markiere die gefundene Zahl farbig!

18 – 37 – 46 – 28 – 83 – ?

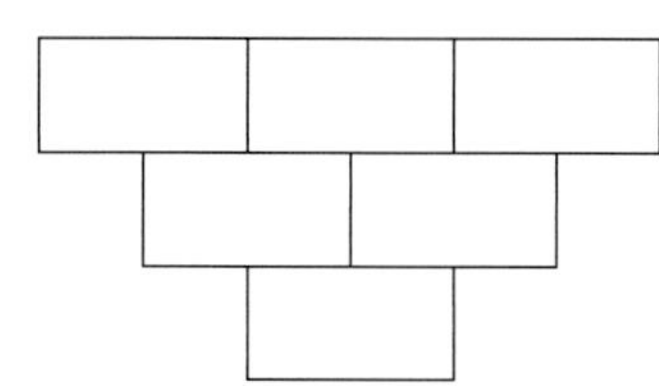

37 – 7 – 35 – 28 – 9 – ?

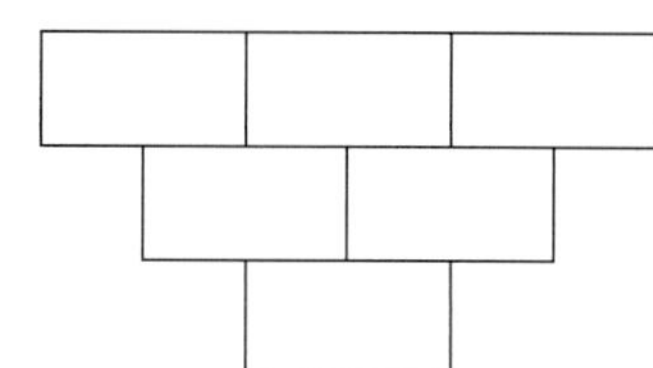

56 – 9 – 38 – 27 – 94 – ?

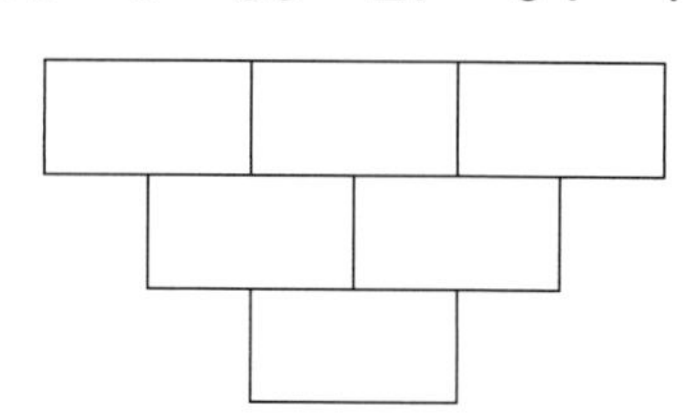

4. Trage die zehn Zahlen passend ein!

19 – 9 – 28 – 39 – 8 –
36 – 17 – 94 – 11 – 58

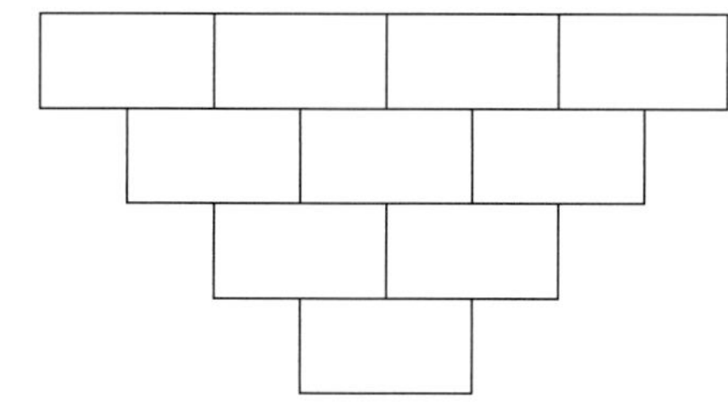

5. Finde die zehnte Zahl! Markiere sie!

93 – 33 – 18 – 61 –
6 – 43 – 8 – 10 – ?

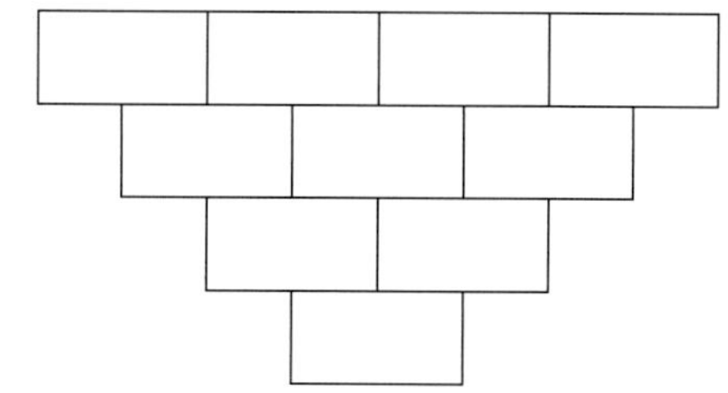

# Lösung

## Wir rechnen bis 100 (–)

1. Rechne!

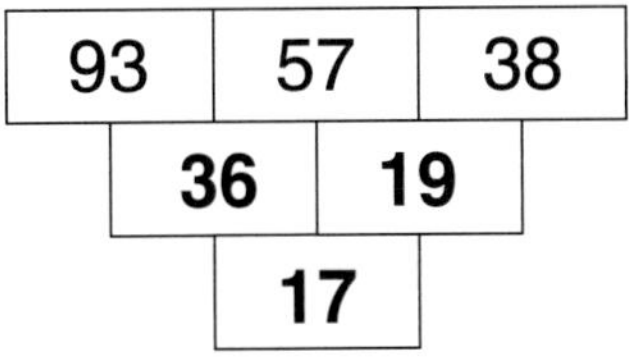

93 57 38
**36 19**
**17**

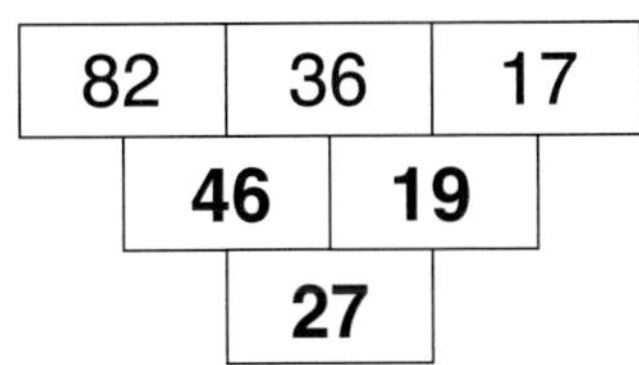

82 36 17
**46 19**
**27**

95 48 19
**47 29**
**18**

2. Trage die sechs Zahlen passend ein!

27 – 74 – 19 – 8 – 47 – 28

**74 47 28**
**27 19**
**8**

9 – 38 – 29 – 62 – 24 – 15

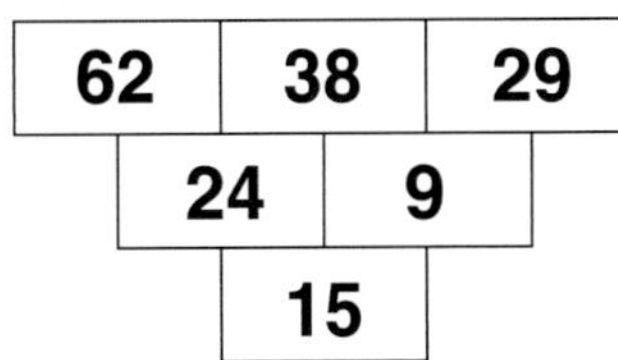

**62 38 29**
**24 9**
**15**

55 – 19 – 36 – 91 – 38 – 17

**91 55 38**
**36 17**
**19**

3. Trage die Zahlen ein und finde jeweils eine passende weitere Zahl!
Markiere die gefundene Zahl farbig!

18 – 37 – 46 – 28 – 83 – **19**

**83 46 28**
**37 18**
**(19)**

37 – 7 – 35 – 28 – 9 – **72**

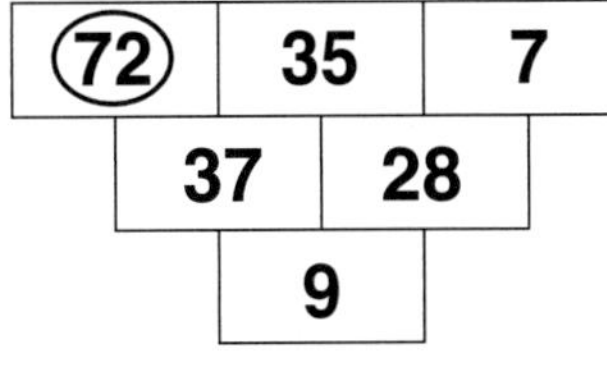

**(72) 35 7**
**37 28**
**9**

56 – 9 – 38 – 27 – 94 – **29**

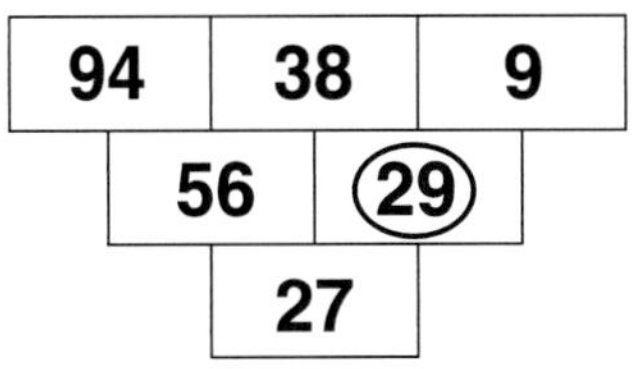

**94 38 9**
**56 (29)**
**27**

4. Trage die zehn Zahlen passend ein!

19 – 9 – 28 – 39 – 8 –
36 – 17 – 94 – 11 – 58

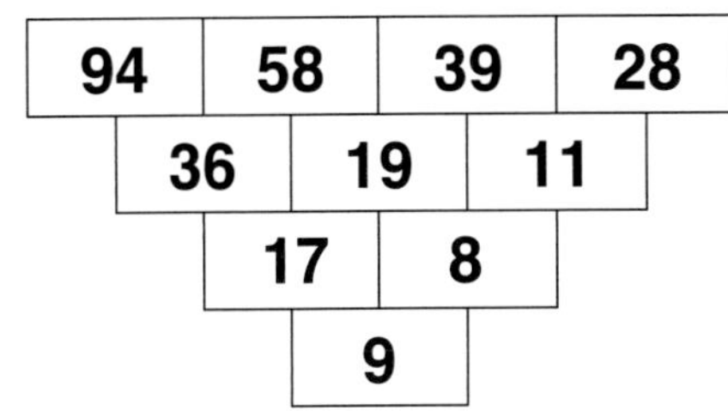

**94 58 39 28**
**36 19 11**
**17 8**
**9**

5. Finde die zehnte Zahl! Markiere sie!

93 – 33 – 18 – 61 –
6 – 43 – 8 – 10 – **32**

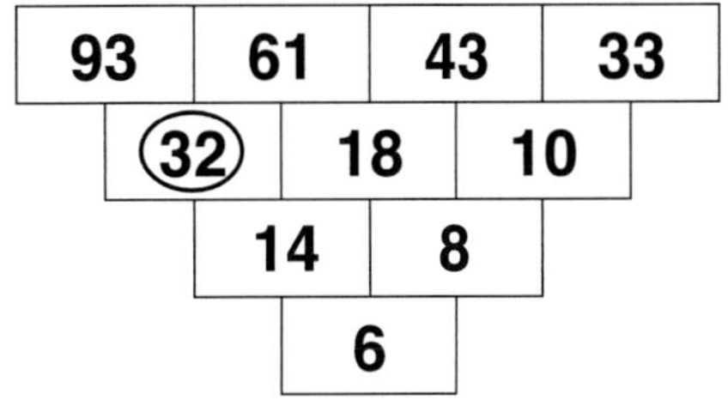

**93 61 43 33**
**(32) 18 10**
**14 8**
**6**

Name: ______________________ Datum: ______________________

# Wir rechnen Platzhalteraufgaben (–)

1. Schreibe die Zahl, streiche weg und rechne! – Vergleiche! Was entdeckst du?

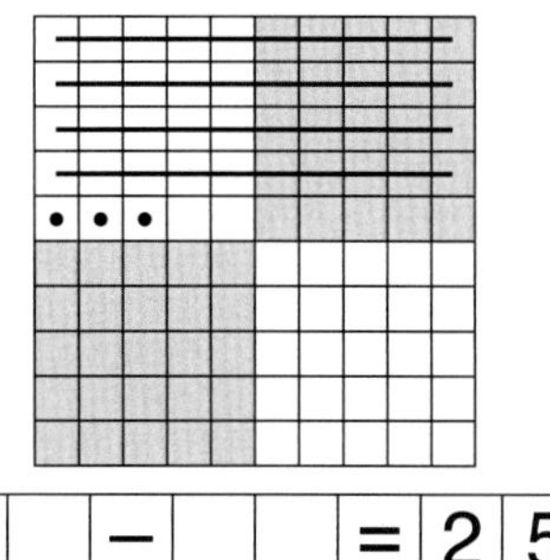

☐☐ – ☐☐ = 25

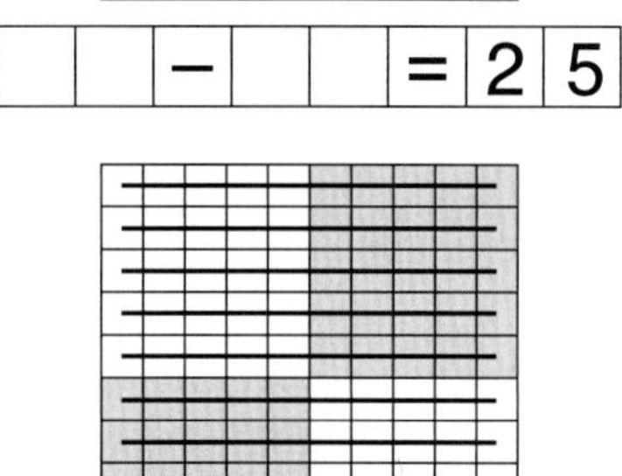

☐☐ – ☐☐ = 25

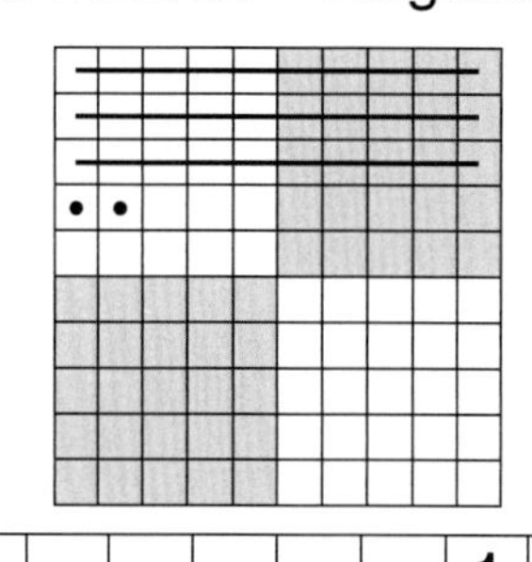

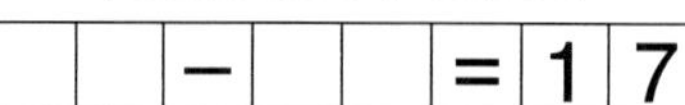

☐☐ – ☐☐ = 17

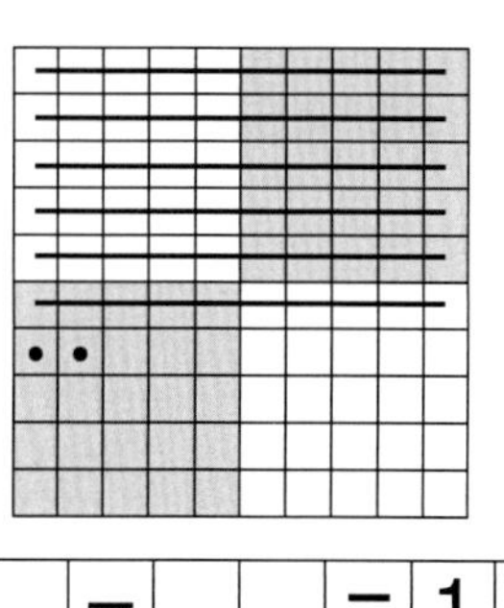

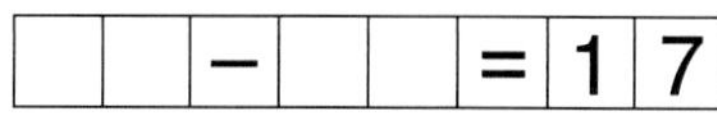

☐☐ – ☐☐ = 17

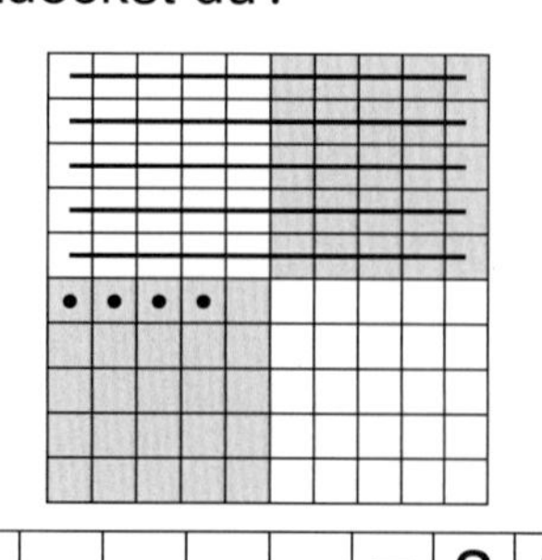

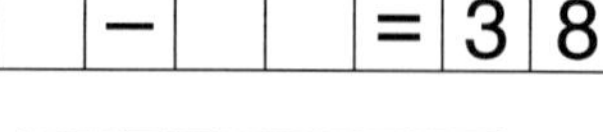

☐☐ – ☐☐ = 38

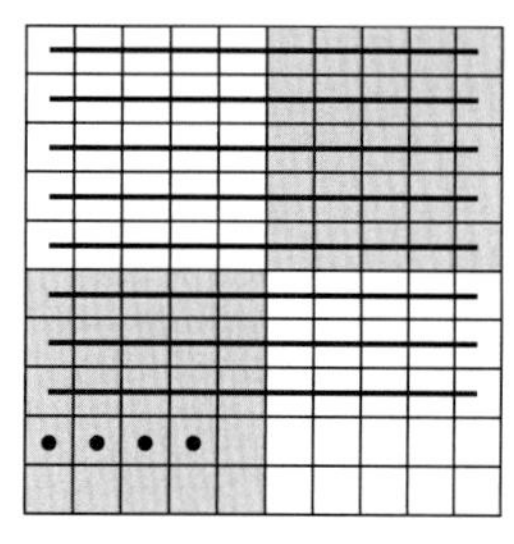

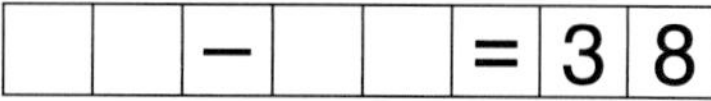

☐☐ – ☐☐ = 38

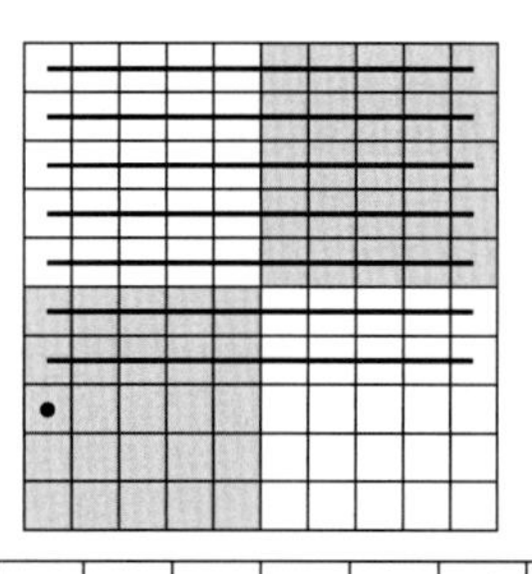

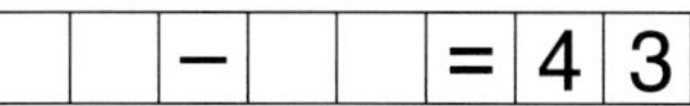

☐☐ – ☐☐ = 43

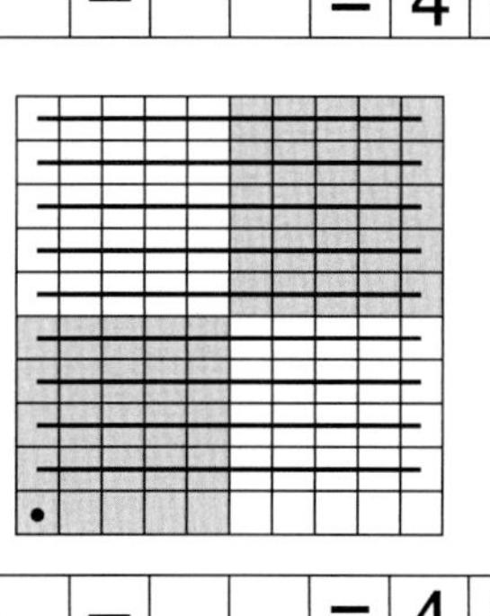

☐☐ – ☐☐ = 43

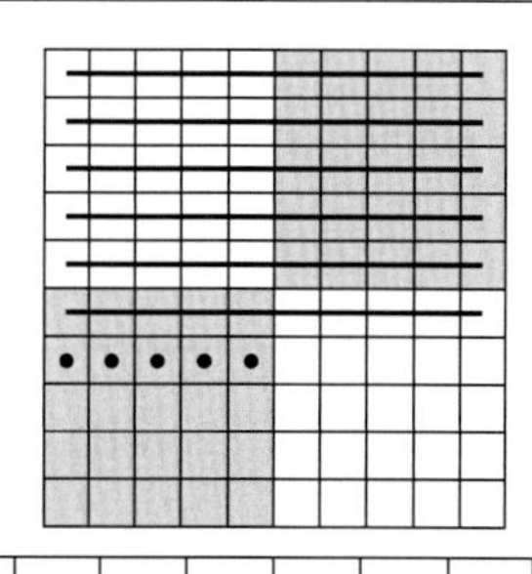

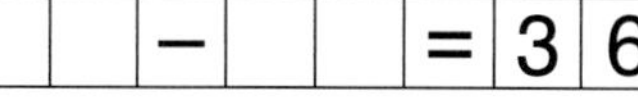

☐☐ – ☐☐ = 36

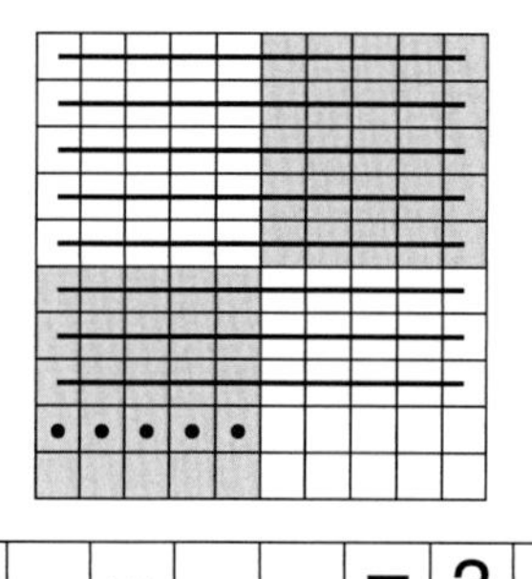

☐☐ – ☐☐ = 36

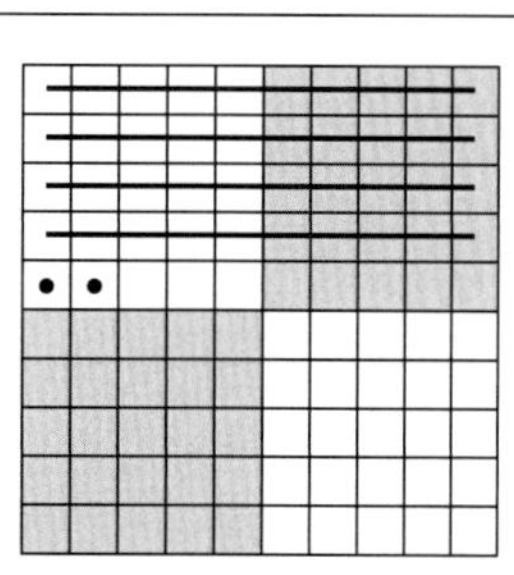

☐☐ – ☐☐ = 24

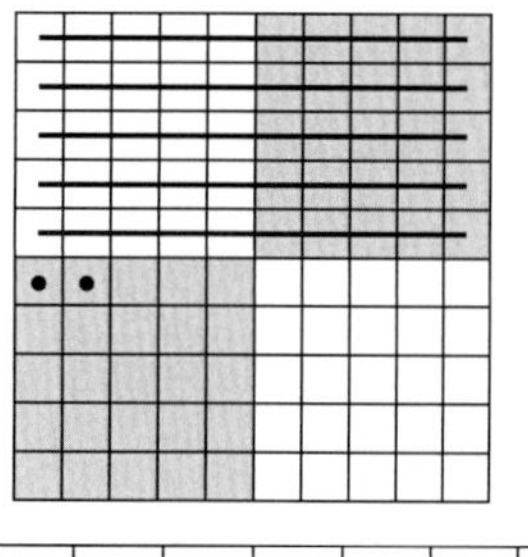

☐☐ – ☐☐ = 24

2. Rechne!

| | | |
|---|---|---|
| 42 – ☐☐ = 28 | 94 – ☐☐ = 57 | 45 – ☐☐ = 29 |
| 62 – ☐☐ = 28 | 74 – ☐☐ = 57 | 95 – ☐☐ = 29 |
| 34 – ☐☐ = 16 | 83 – ☐☐ = 34 | 62 – ☐☐ = 45 |
| 54 – ☐☐ = 16 | 53 – ☐☐ = 34 | 82 – ☐☐ = 45 |

# Lösung

## Wir rechnen Platzhalteraufgaben (–)

1. Schreibe die Zahl, streiche weg und rechne! – Vergleiche! Was entdeckst du?

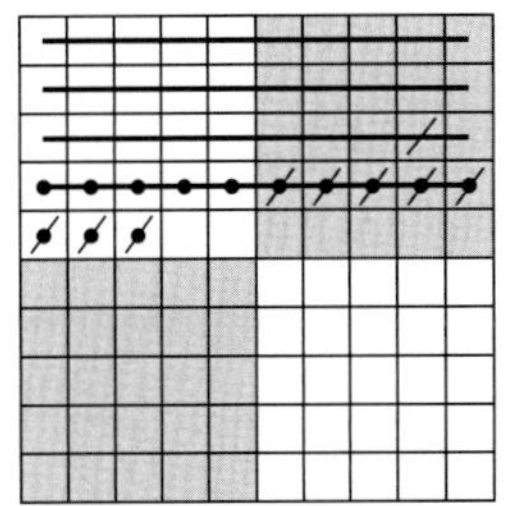

43 − 18 = 25

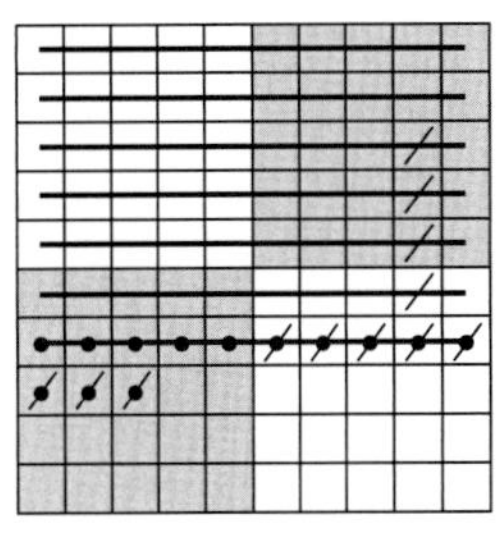

73 − 48 = 25

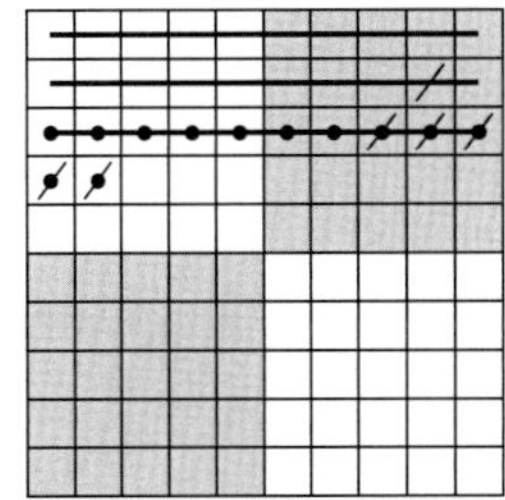

32 − 15 = 17

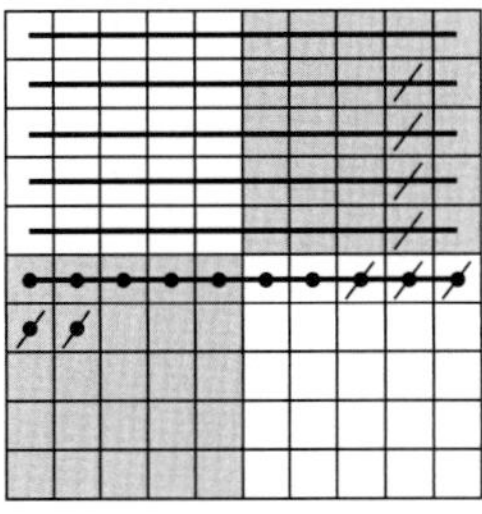

62 − 45 = 17

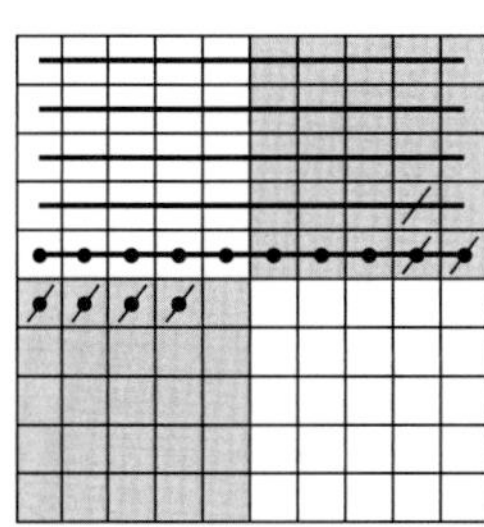

54 − 16 = 38

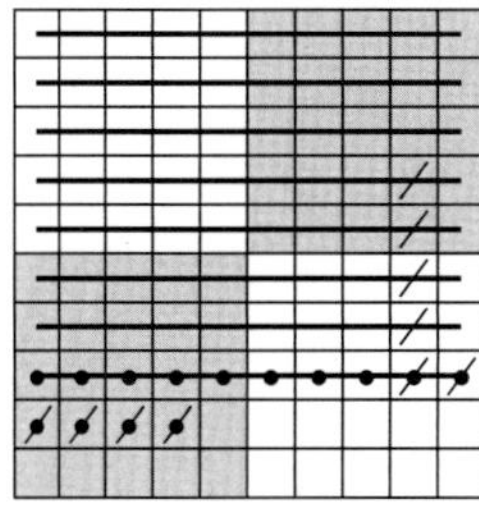

84 − 46 = 38

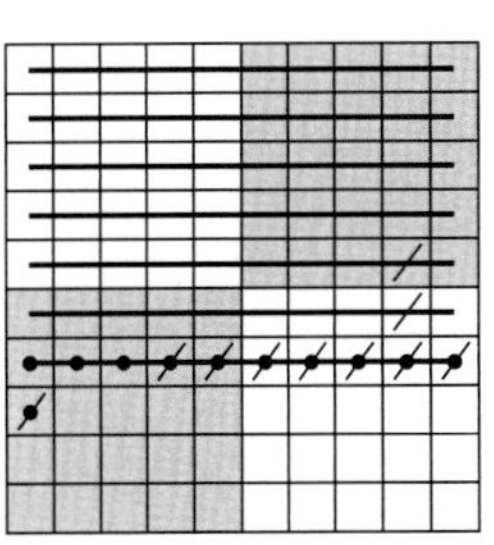

71 − 28 = 43

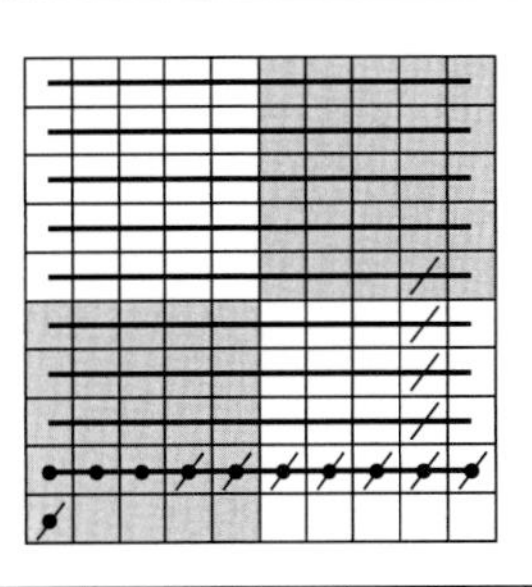

91 − 48 = 43

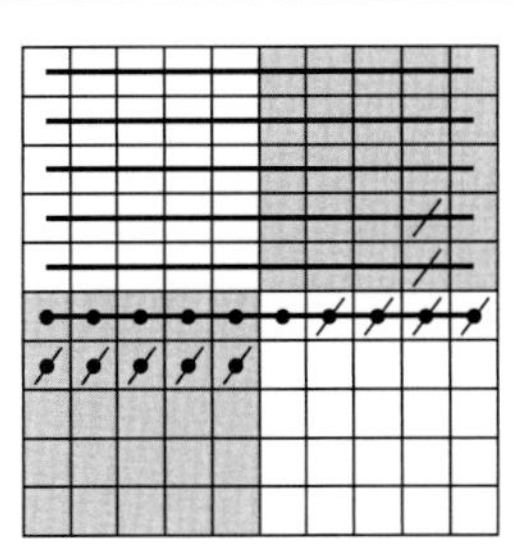

65 − 29 = 36

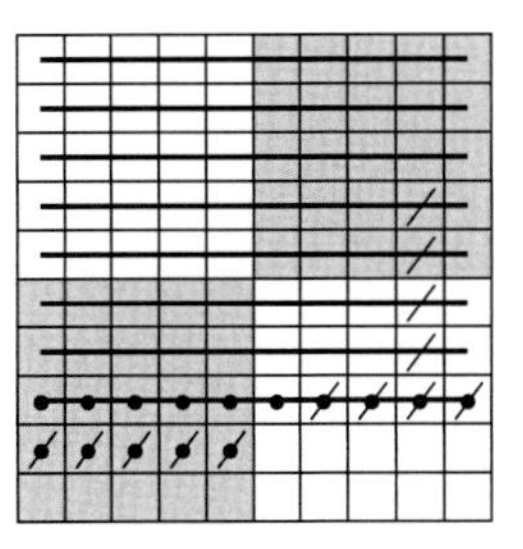

85 − 49 = 36

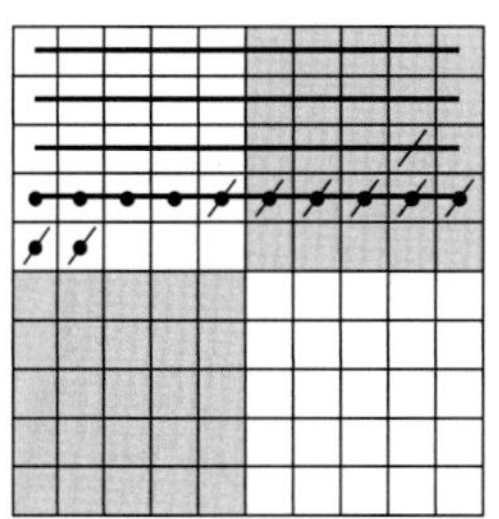

42 − 18 = 24

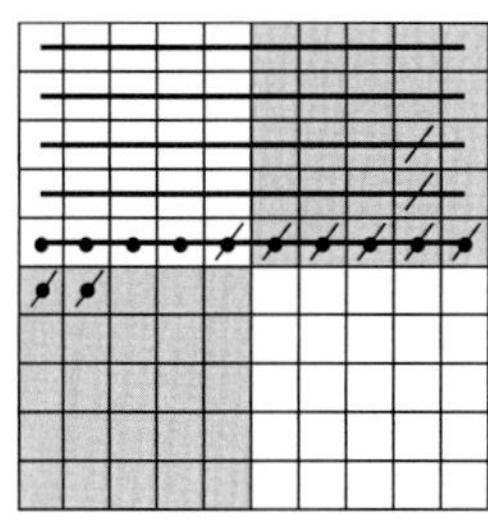

52 − 28 = 24

2. Rechne!

| | | |
|---|---|---|
| 42 − 14 = 28 | 94 − 37 = 57 | 45 − 16 = 29 |
| 62 − 34 = 28 | 74 − 17 = 57 | 95 − 66 = 29 |
| 34 − 18 = 16 | 83 − 49 = 34 | 62 − 17 = 45 |
| 54 − 38 = 16 | 53 − 19 = 34 | 82 − 37 = 45 |

Name: ____________________ Datum: ____________________

# Wir rechnen Platzhalteraufgaben (–)

1. Trage die Zahlen am Rechenstrich ein und rechne!

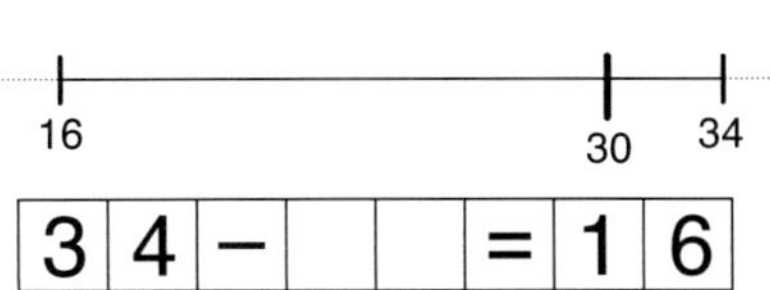


34 – ☐☐ = 16

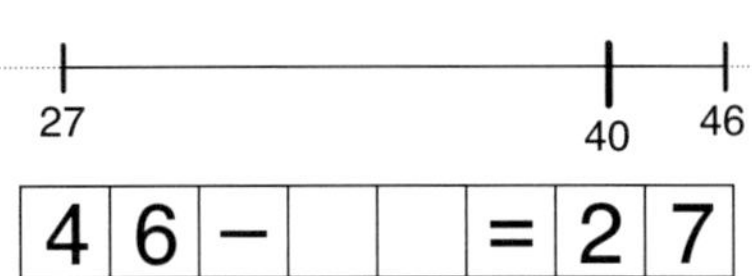


46 – ☐☐ = 27

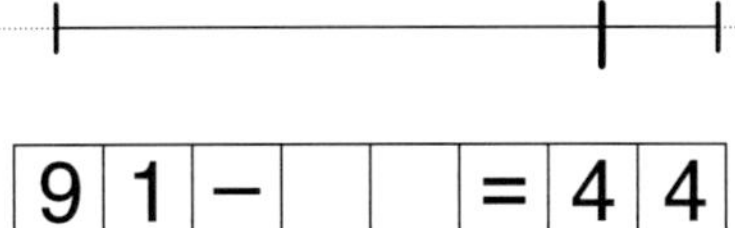

91 – ☐☐ = 44

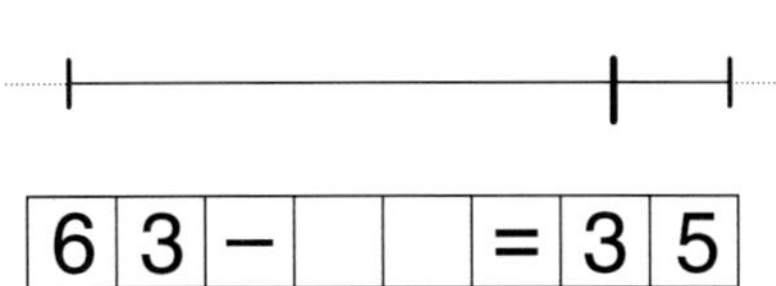

63 – ☐☐ = 35

25 50 52

52 – ☐☐ = 25

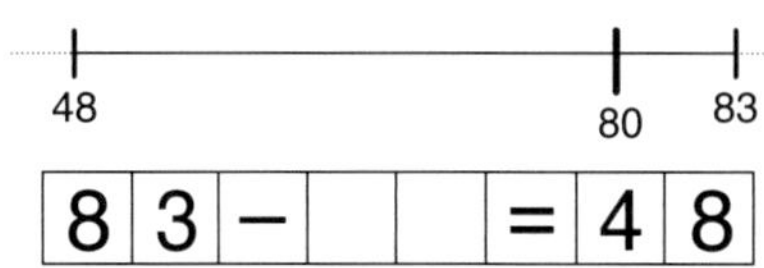


83 – ☐☐ = 48

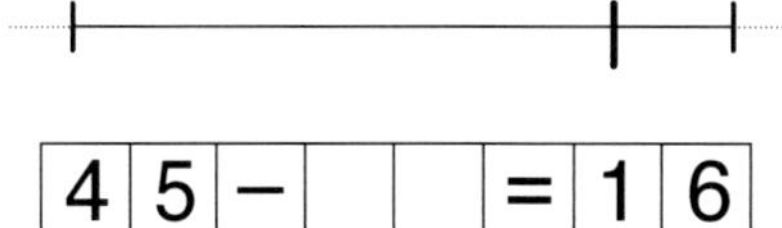

45 – ☐☐ = 16

74 – ☐☐ = 28

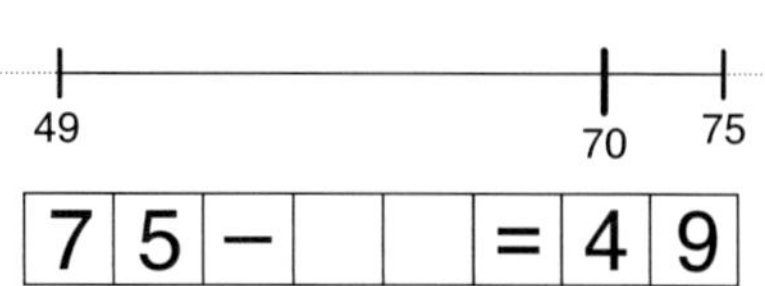


75 – ☐☐ = 49

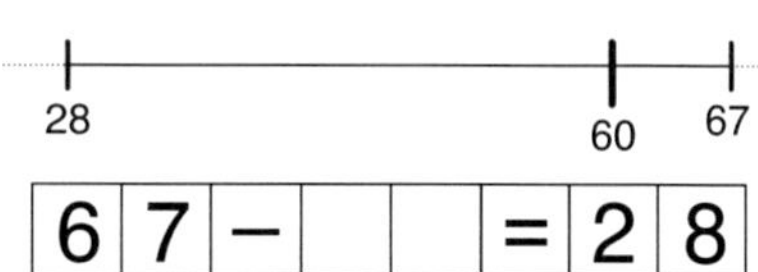


67 – ☐☐ = 28

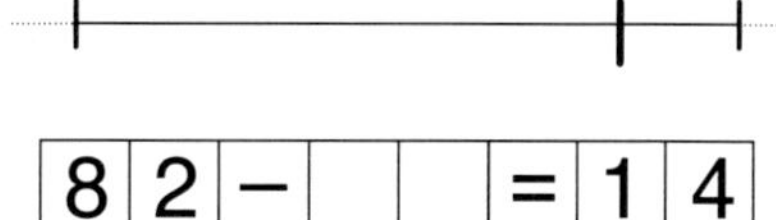

82 – ☐☐ = 14

56 – ☐☐ = 38

2. Rechne!

| | | |
|---|---|---|
| 43 – ☐☐ = 19 | 74 – ☐☐ = 28 | 66 – ☐☐ = 18 |
| 93 – ☐☐ = 45 | 51 – ☐☐ = 28 | 81 – ☐☐ = 59 |
| 73 – ☐☐ = 37 | 86 – ☐☐ = 28 | 72 – ☐☐ = 26 |
| 63 – ☐☐ = 26 | 43 – ☐☐ = 28 | 92 – ☐☐ = 67 |
| 83 – ☐☐ = 54 | 67 – ☐☐ = 28 | 54 – ☐☐ = 16 |
| 53 – ☐☐ = 18 | 95 – ☐☐ = 28 | 85 – ☐☐ = 38 |

# Lösung

## Wir rechnen Platzhalteraufgaben (–)

1. Trage die Zahlen am Rechenstrich ein und rechne!

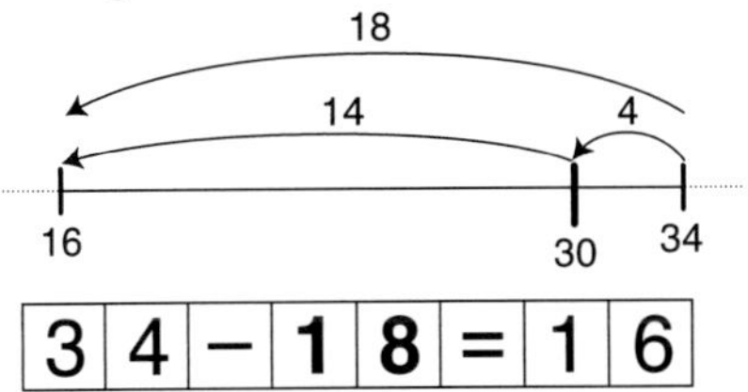


34 – **18** = 16

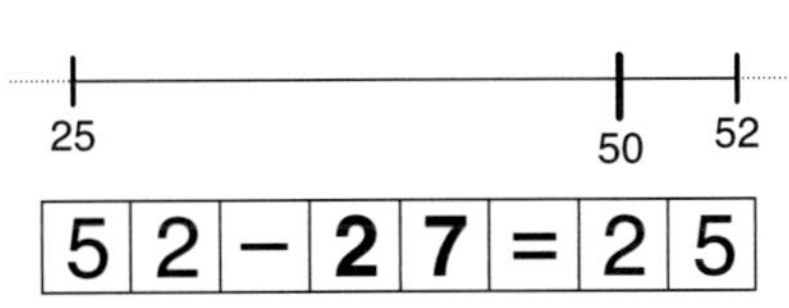


52 – **27** = 25

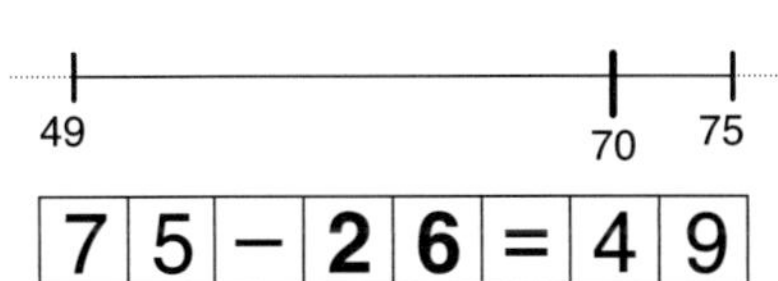


75 – **26** = 49

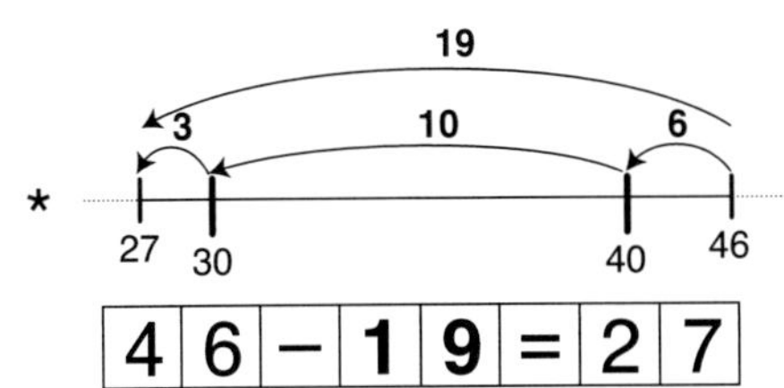


46 – **19** = 27

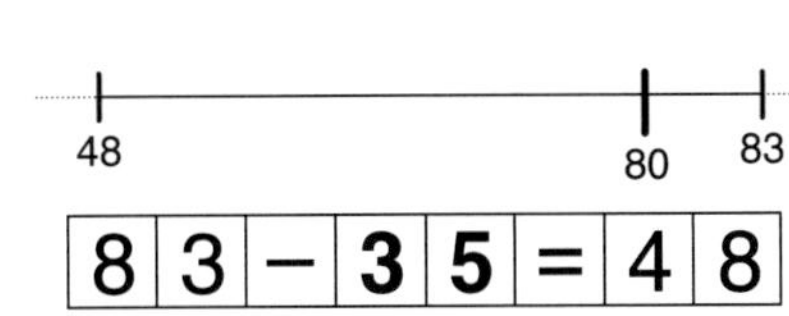


83 – **35** = 48

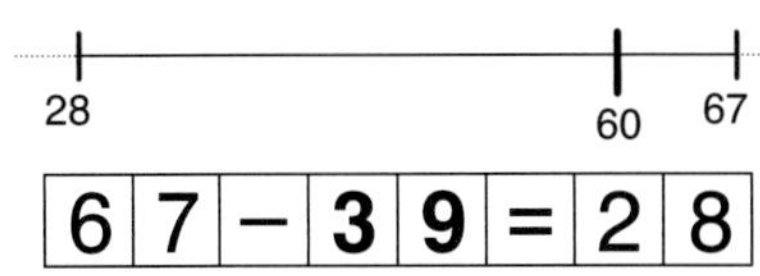


67 – **39** = 28

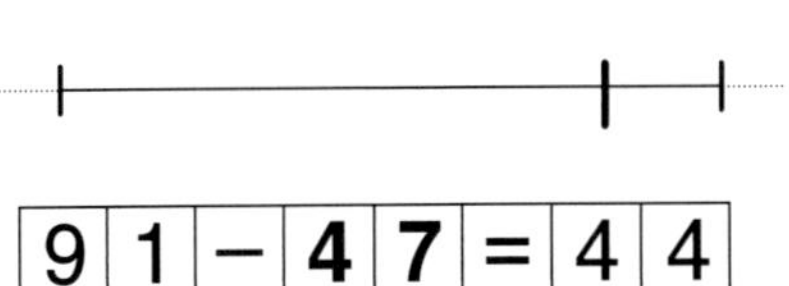

91 – **47** = 44

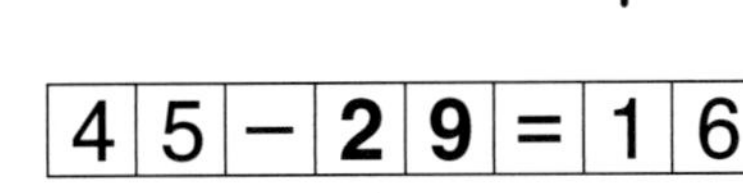

45 – **29** = 16

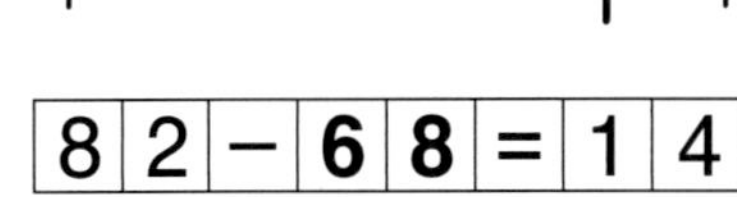

82 – **68** = 14

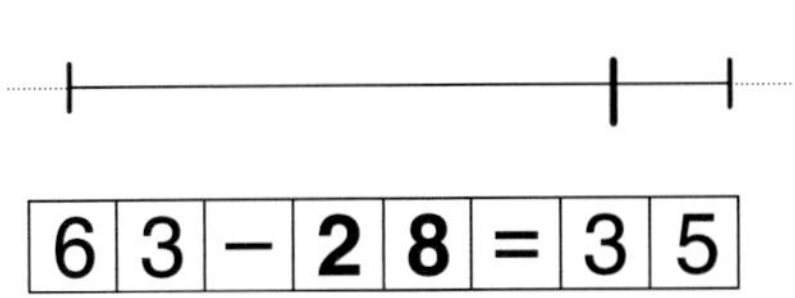

63 – **28** = 35

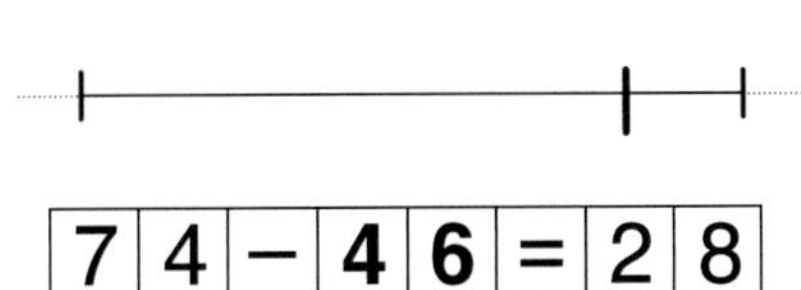

74 – **46** = 28

56 – **18** = 38

2. Rechne!

43 – **24** = 19
93 – **48** = 45
73 – **36** = 37
63 – **37** = 26
83 – **29** = 54
53 – **35** = 18

74 – **46** = 28
51 – **23** = 28
86 – **58** = 28
43 – **15** = 28
67 – **39** = 28
95 – **67** = 28

66 – **48** = 18
81 – **22** = 59
72 – **46** = 26
92 – **25** = 67
54 – **38** = 16
85 – **47** = 38

** 2 Lösungswege möglich!*

| Name: | | Datum: | |
|---|---|---|---|

# Wir rechnen Platzhalteraufgaben (–)

1. Rechne! – Vergleiche! Was entdeckst du?

| | | |
|---|---|---|
| 32 – ___ = 17 | 66 – ___ = 28 | 54 – ___ = 37 |
| 52 – ___ = 17 | 46 – ___ = 28 | 84 – ___ = 37 |
| 73 – ___ = 36 | 51 – ___ = 32 | 97 – ___ = 48 |
| 53 – ___ = 36 | 71 – ___ = 32 | 67 – ___ = 48 |
| 64 – ___ = 45 | 82 – ___ = 56 | 83 – ___ = 29 |
| 94 – ___ = 45 | 92 – ___ = 56 | 63 – ___ = 29 |

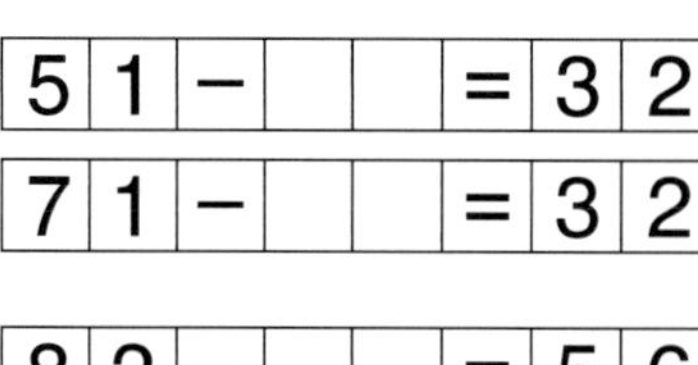

2. Rechne! – Vergleiche! Was entdeckst du?

| | | |
|---|---|---|
| 45 – ___ = 16 | 72 – ___ = 38 | 53 – ___ = 24 |
| 45 – ___ = 19 | 72 – ___ = 33 | 53 – ___ = 28 |
| 45 – ___ = 17 | 72 – ___ = 35 | 53 – ___ = 25 |

3. Rechne! – Vergleiche! Was entdeckst du?

| | | |
|---|---|---|
| 61 – ___ = 35 | 86 – ___ = 28 | 95 – ___ = 47 |
| 64 – ___ = 35 | 82 – ___ = 28 | 96 – ___ = 47 |
| 63 – ___ = 35 | 84 – ___ = 28 | 92 – ___ = 47 |

4. Rechne! – Vergleiche! Was entdeckst du?

| | | |
|---|---|---|
| 42 – ___ = 24 | 53 – ___ = 46 | 34 – ___ = 18 |
| 72 – ___ = 24 | 83 – ___ = 46 | 64 – ___ = 18 |
| 71 – ___ = 24 | 82 – ___ = 46 | 65 – ___ = 18 |
| 42 – ___ = 25 | 53 – ___ = 47 | 34 – ___ = 17 |
| 92 – ___ = 25 | 73 – ___ = 47 | 94 – ___ = 17 |
| 61 – ___ = 37 | 43 – ___ = 18 | 54 – ___ = 27 |
| 81 – ___ = 37 | 93 – ___ = 18 | 84 – ___ = 27 |
| 82 – ___ = 37 | 94 – ___ = 19 | 85 – ___ = 28 |
| 61 – ___ = 36 | 44 – ___ = 18 | 55 – ___ = 27 |
| 51 – ___ = 36 | 64 – ___ = 18 | 95 – ___ = 27 |

# Lösung

## Wir rechnen Platzhalteraufgaben (–)

1. Rechne! – Vergleiche! Was entdeckst du?

| | | |
|---|---|---|
| 32 − **15** = 17 | 66 − **38** = 28 | 54 − **17** = 37 |
| 52 − **35** = 17 | 46 − **18** = 28 | 84 − **47** = 37 |
| 73 − **37** = 36 | 51 − **19** = 32 | 97 − **49** = 48 |
| 53 − **17** = 36 | 71 − **39** = 32 | 67 − **19** = 48 |
| 64 − **19** = 45 | 82 − **26** = 56 | 83 − **54** = 29 |
| 94 − **49** = 45 | 92 − **36** = 56 | 63 − **34** = 29 |

2. Rechne! – Vergleiche! Was entdeckst du?

| | | |
|---|---|---|
| 45 − **29** = 16 | 72 − **34** = 38 | 53 − **29** = 24 |
| 45 − **26** = 19 | 72 − **39** = 33 | 53 − **25** = 28 |
| 45 − **28** = 17 | 72 − **37** = 35 | 53 − **28** = 25 |

3. Rechne! – Vergleiche! Was entdeckst du?

| | | |
|---|---|---|
| 61 − **26** = 35 | 86 − **58** = 28 | 95 − **48** = 47 |
| 64 − **29** = 35 | 82 − **54** = 28 | 96 − **49** = 47 |
| 63 − **28** = 35 | 84 − **56** = 28 | 92 − **45** = 47 |

4. Rechne! – Vergleiche! Was entdeckst du?

| | | |
|---|---|---|
| 42 − **18** = 24 | 53 − **7** = 46 | 34 − **16** = 18 |
| 72 − **48** = 24 | 83 − **37** = 46 | 64 − **46** = 18 |
| 71 − **47** = 24 | 82 − **36** = 46 | 65 − **47** = 18 |
| 42 − **17** = 25 | 53 − **6** = 47 | 34 − **17** = 17 |
| 92 − **67** = 25 | 73 − **26** = 47 | 94 − **77** = 17 |
| 61 − **24** = 37 | 43 − **25** = 18 | 54 − **27** = 27 |
| 81 − **44** = 37 | 93 − **75** = 18 | 84 − **57** = 27 |
| 82 − **45** = 37 | 94 − **75** = 19 | 85 − **57** = 28 |
| 61 − **25** = 36 | 44 − **26** = 18 | 55 − **28** = 27 |
| 51 − **15** = 36 | 64 − **46** = 18 | 95 − **68** = 27 |

Name: ______________ Datum: ______________

# Wir rechnen Platzhalteraufgaben (–)

1. Finde heraus, wie gerechnet wird!

| 10 | 5 | 5 |
|---|---|---|
| 6 | 2 | 4 |
| 4 | 3 | 1 |

| 60 | 20 | 40 |
|---|---|---|
| 30 | 10 | 20 |
| 30 | 10 | 20 |

2. Löse die Rechentabellen!

| 81 |  | 45 |
|---|---|---|
|  |  |  |
| 27 |  | 8 |

| 72 |  | 44 |
|---|---|---|
|  |  |  |
| 27 |  | 18 |

| 64 |  | 27 |
|---|---|---|
|  |  |  |
| 28 |  | 9 |

| 93 |  | 45 |
|---|---|---|
|  |  |  |
|  | 19 | 7 |

|  |  | 26 |
|---|---|---|
| 26 |  |  |
| 35 |  | 17 |

| 82 |  |  |
|---|---|---|
|  |  | 19 |
| 45 |  | 7 |

3. Finde richtige Lösungen!

|  |  | 17 |
|---|---|---|
|  |  |  |
| 25 |  | 8 |

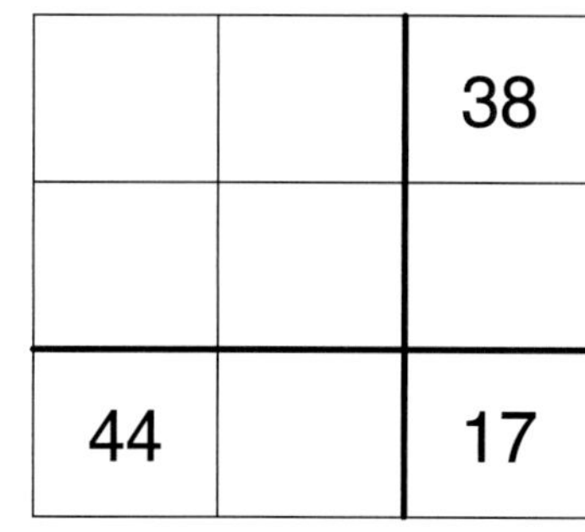

|  |  | 38 |
|---|---|---|
|  |  |  |
| 44 |  | 17 |

|  |  | 44 |
|---|---|---|
|  |  |  |
| 55 |  | 26 |

# Lösung

## Wir rechnen Platzhalteraufgaben (–)

1. Finde heraus, wie gerechnet wird!

| 10 | 5 | 5 |
|---|---|---|
| 6 | 2 | 4 |
| 4 | 3 | 1 |

| 60 | 20 | 40 |
|---|---|---|
| 30 | 10 | 20 |
| 30 | 10 | 20 |

2. Löse die Rechentabellen!

| 81 | **36** | 45 |
|---|---|---|
| **54** | **17** | **37** |
| 27 | **19** | 8 |

| 72 | **28** | 44 |
|---|---|---|
| **45** | **19** | **26** |
| 27 | **9** | 18 |

| 64 | **37** | 27 |
|---|---|---|
| **36** | **18** | **18** |
| 28 | **19** | 9 |

| 93 | **48** | 45 |
|---|---|---|
| **67** | **29** | **38** |
| **26** | 19 | 7 |

| **61** | **35** | 26 |
|---|---|---|
| 26 | **17** | **9** |
| 35 | **18** | 17 |

| 82 | **56** | **26** |
|---|---|---|
| **37** | **18** | 19 |
| 45 | **38** | 7 |

3. Finde richtige Lösungen!

*

|  |  | 17 |
|---|---|---|
|  |  | **9** |
| 25 | **17** | 8 |

|  |  | 38 |
|---|---|---|
|  |  | **21** |
| 44 | **27** | 17 |

|  |  | 44 |
|---|---|---|
|  |  | **18** |
| 55 | **29** | 26 |

** Mehrere Möglichkeiten! Keine Lösungsangabe möglich.*

Name: ____________________ Datum: ____________________

## Tauschaufgaben (Rechenmauern)

1. Löse die Rechenmauern! – Vergleiche die Mauern! Was fällt dir auf?

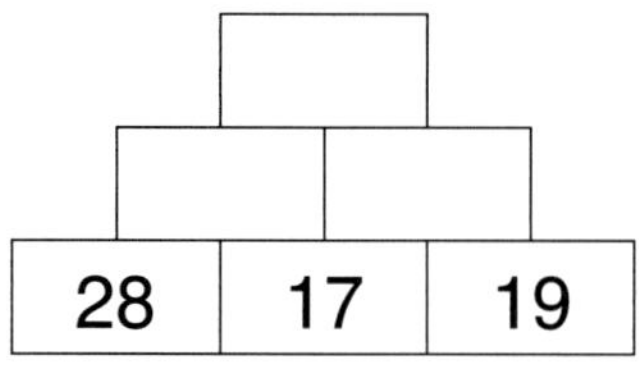

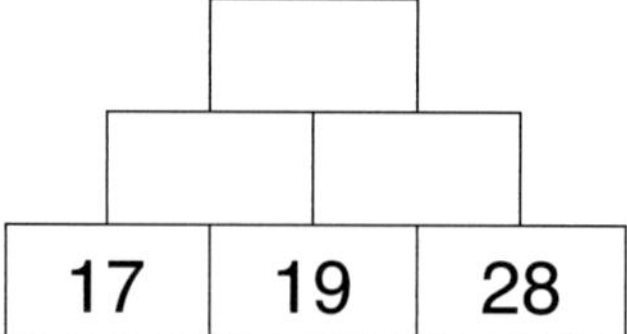

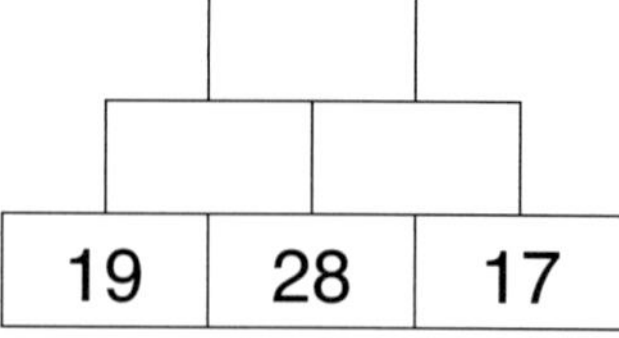

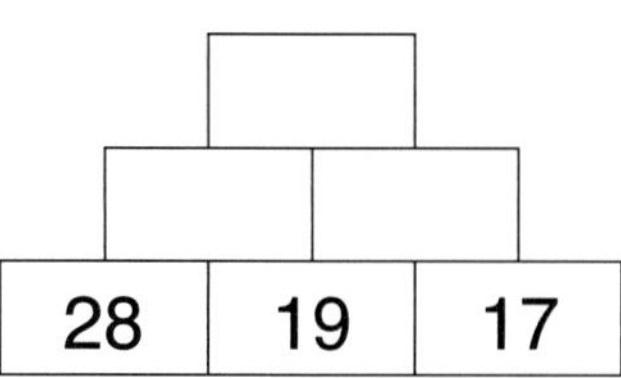

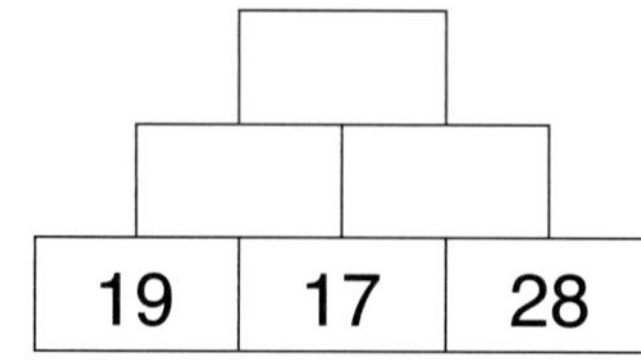

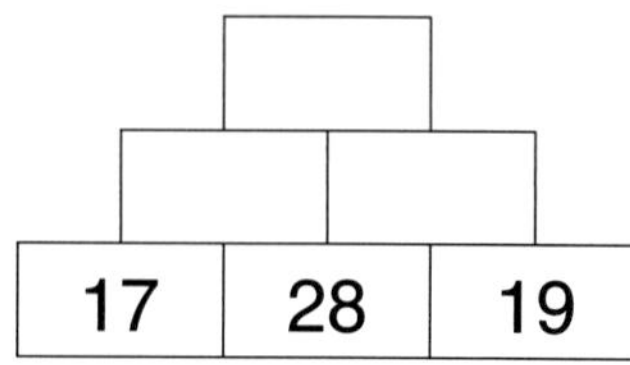


2. Gleiche Grundsteine 8 27 29 : Finde verschiedene Rechenmauern!

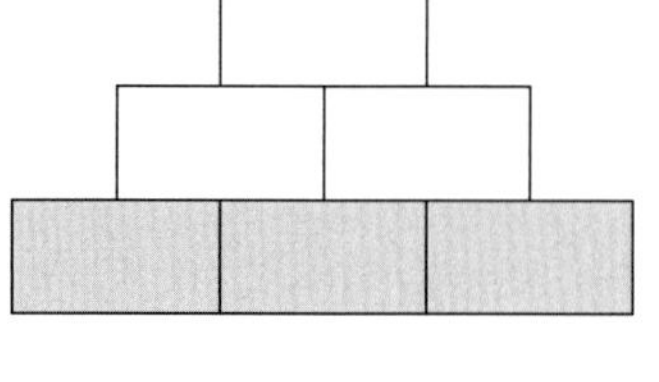
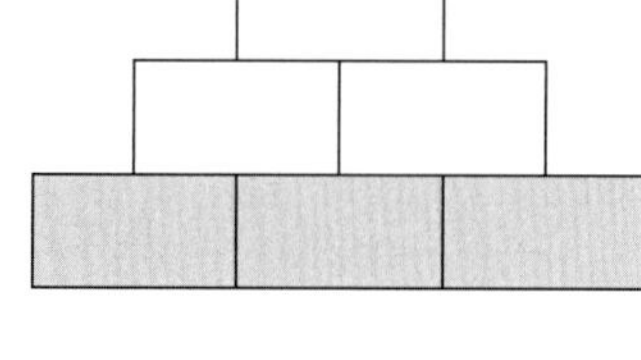
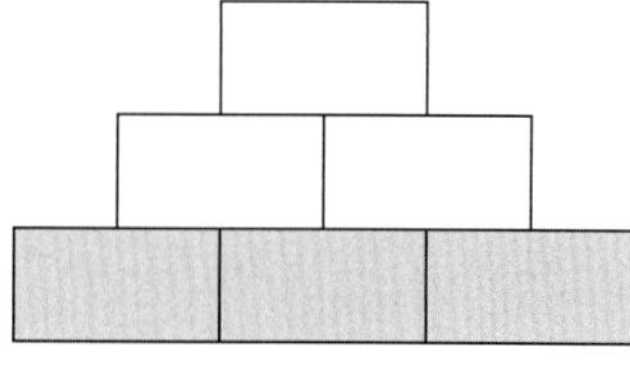
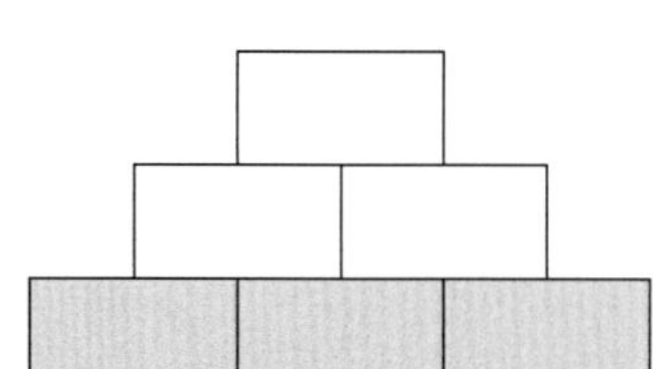
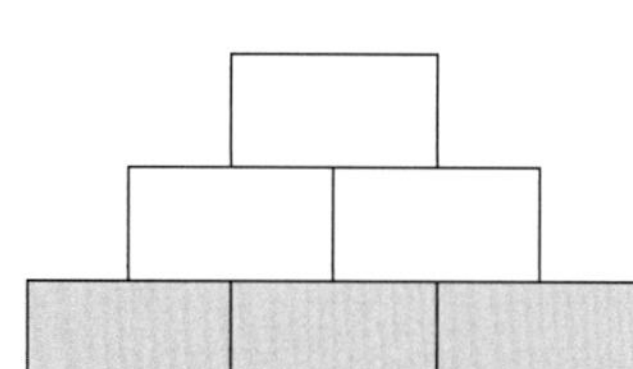
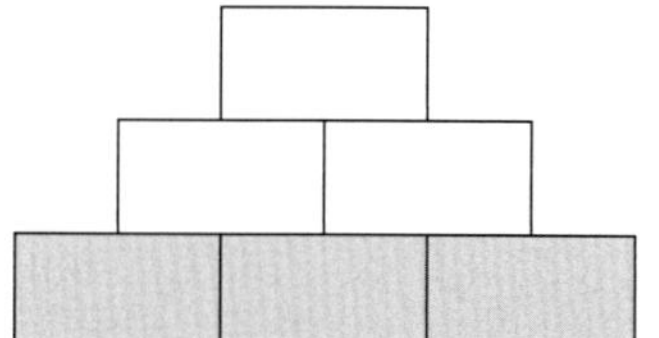

3. Finde zwei verschiedene Rechenmauern!

| 9 | 35 | 17 | 61 | 18 | 26 |
|---|---|---|---|---|---|

# Lösung

## Tauschaufgaben (Rechenmauern)

1. Löse die Rechenmauern! – Vergleiche die Mauern! Was fällt dir auf?

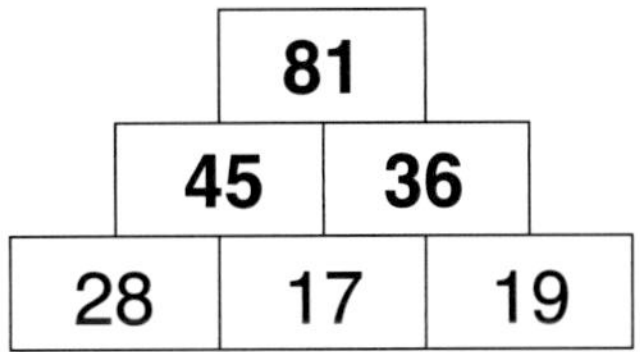


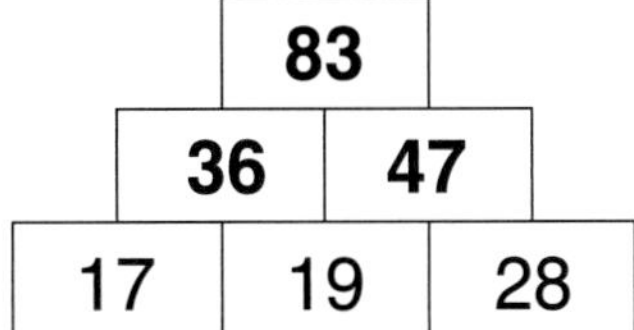


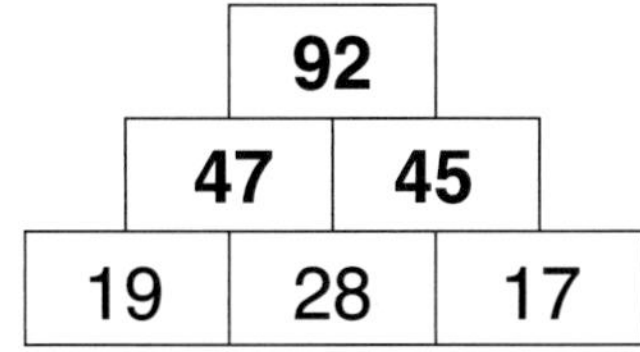


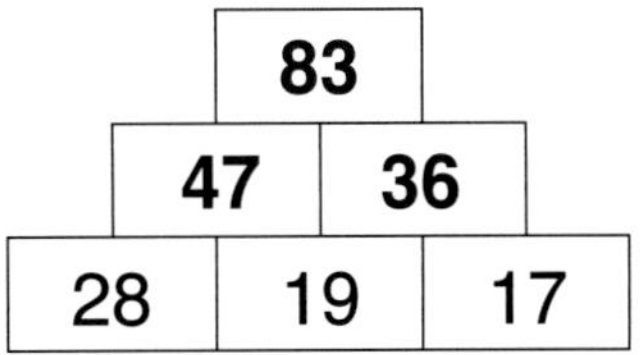


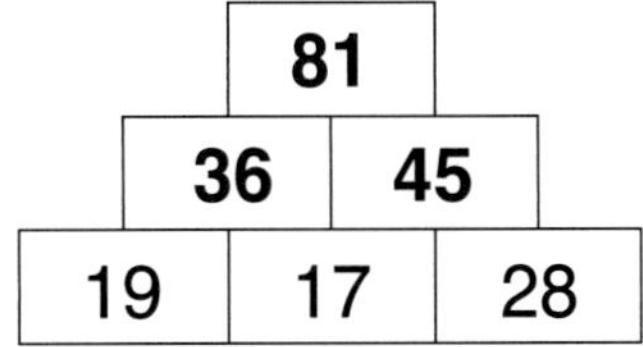


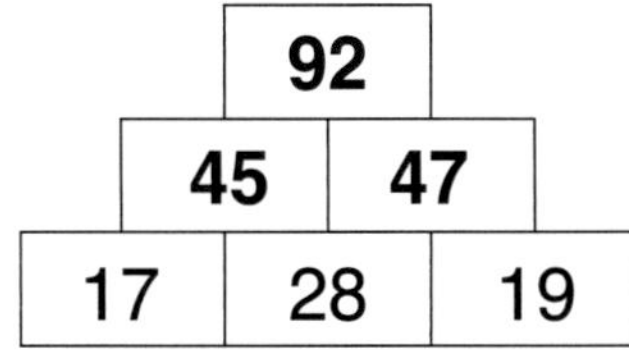


2. Gleiche Grundsteine 8  27 29 : Finde verschiedene Rechenmauern!

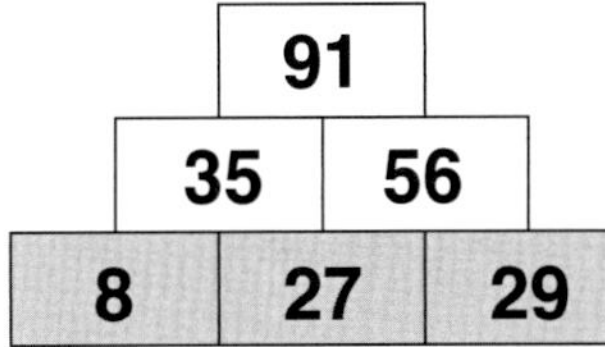


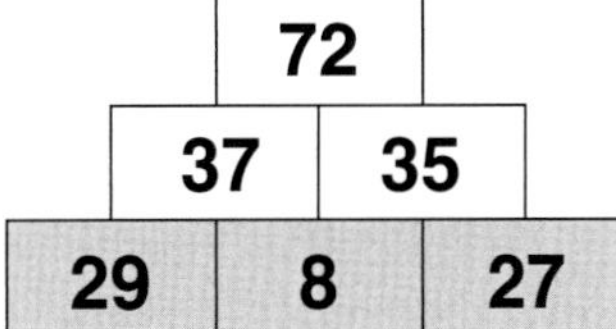


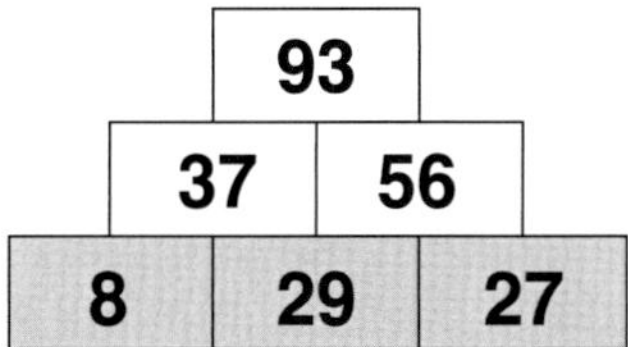


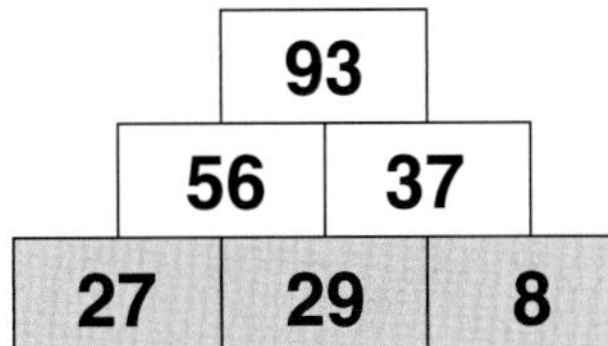


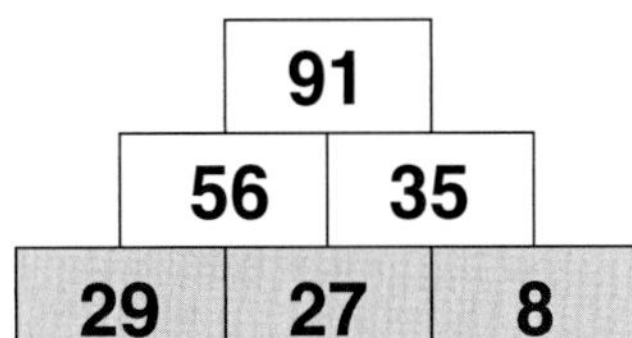


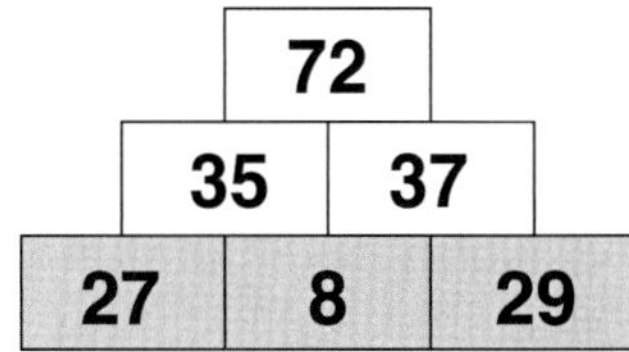


3. Finde zwei verschiedene Rechenmauern!

Name: ______ Datum: ______

# Kleeblattaufgaben

**(Tausch- und Umkehraufgaben)**

Finde alle möglichen Aufgaben und rechne!

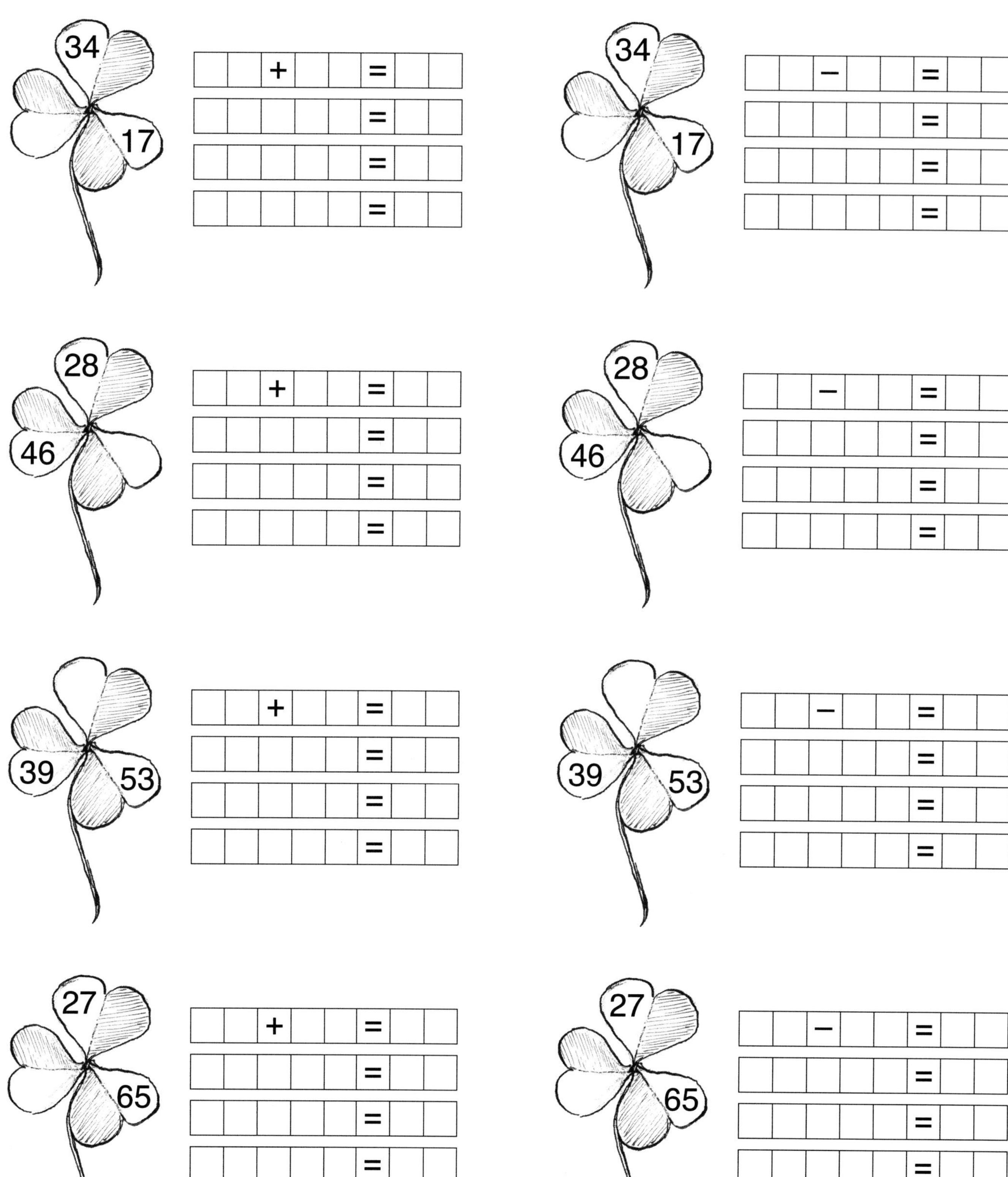

# Lösung

## Kleeblattaufgaben
**(Tausch- und Umkehraufgaben)**

Finde alle möglichen Aufgaben und rechne!

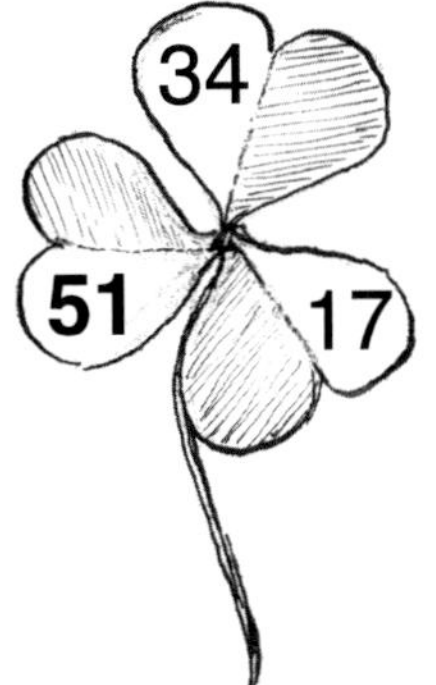


34 + 17 = 51
51 − 17 = 34
17 + 34 = 51
51 − 34 = 17

34 − 17 = 17
17 + 17 = 34
=
=

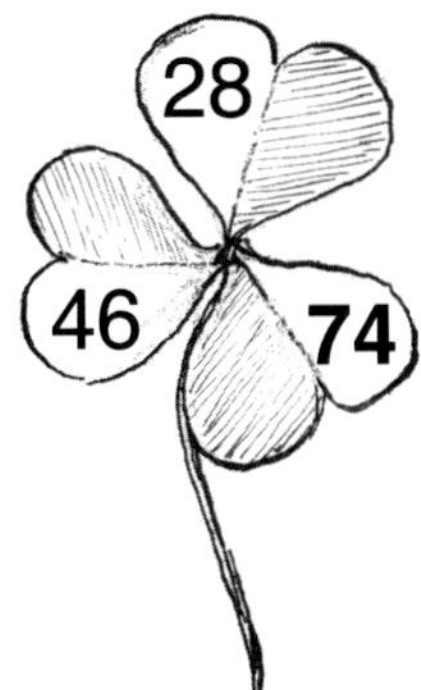


46 + 28 = 74
74 − 28 = 46
28 + 46 = 74
74 − 46 = 28

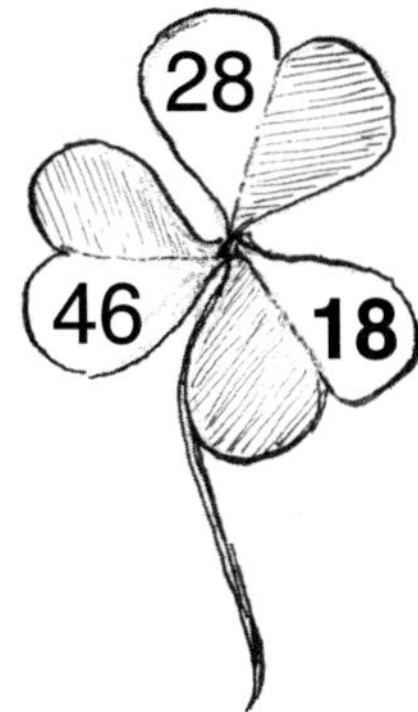


46 − 28 = 18
18 + 28 = 46
46 − 18 = 28
28 + 18 = 46

53 + 39 = 92
92 − 39 = 53
39 + 53 = 92
92 − 53 = 39

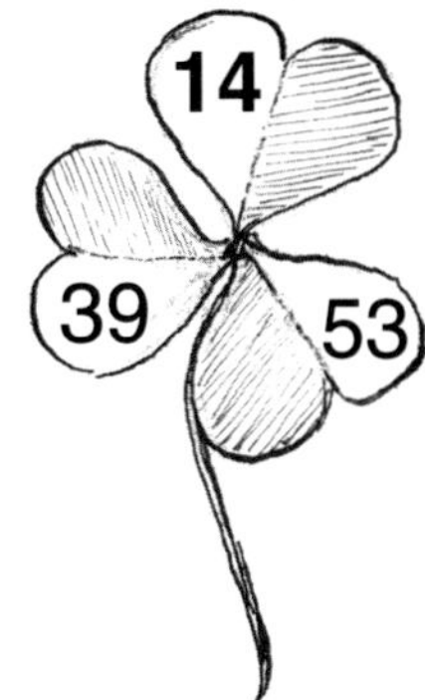


53 − 39 = 14
14 + 39 = 53
53 − 14 = 39
39 + 14 = 53

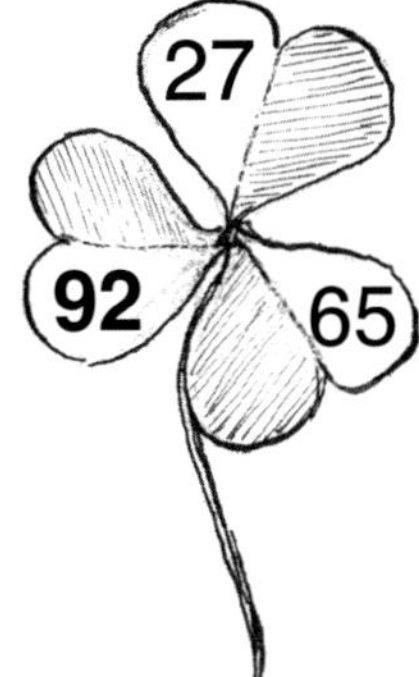


65 + 27 = 92
92 − 27 = 65
27 + 65 = 92
92 − 65 = 27

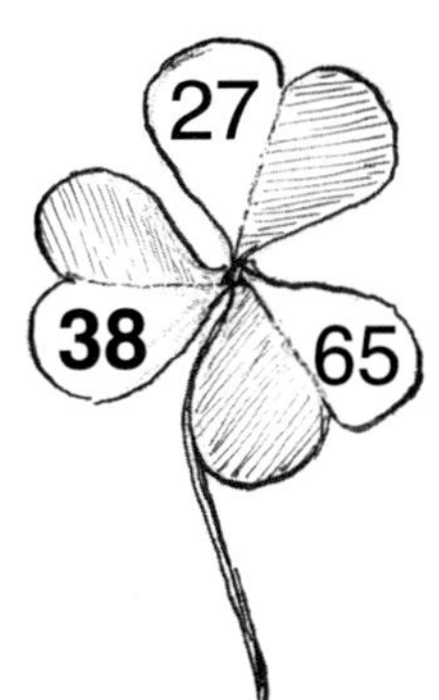


65 − 27 = 38
38 + 27 = 65
65 − 38 = 27
27 + 38 = 65

| Name: | | Datum: | |
|---|---|---|---|

# Zahlenquadrate

1. Finde heraus, wie gerechnet wird!

Aufgabe:

| | | | |
|---|---|---|---|
| | 7 | | |
| | 4 | 5 | |
| | 3 | 1 | |
| | | | 5 |

Lösung:

| | | | |
|---|---|---|---|
| 5 | 7 | 6 | 8 |
| 9 | 4 | 5 | 9 |
| 4 | 3 | 1 | 4 |
| 8 | 7 | 6 | 5 |

2. Löse die Zahlenquadrate!

| | | | |
|---|---|---|---|
| | | | |
| | 25 | 46 | |
| | 17 | 38 | |
| | | | |

| | | | |
|---|---|---|---|
| | | | |
| | 54 | 18 | |
| | 39 | 27 | |
| | | | |

| | | | |
|---|---|---|---|
| | | | |
| | 19 | 67 | |
| | 28 | 33 | |
| | | | |

| | | | |
|---|---|---|---|
| | | | 91 |
| 35 | | | |
| | 74 | 7 | |
| | | | |

| | | | |
|---|---|---|---|
| | | 63 | |
| | | | 83 |
| | | 16 | |
| 92 | | | |

| | | | |
|---|---|---|---|
| 73 | | | |
| | | | 61 |
| | 19 | | |
| | 54 | | |

| | | | |
|---|---|---|---|
| | | | 94 |
| | 15 | | |
| | | | |
| | 81 | | 33 |

| | | | |
|---|---|---|---|
| | | | |
| 71 | | 44 | |
| | | | 93 |
| | | 81 | |

| | | | |
|---|---|---|---|
| | 31 | | |
| | | | 24 |
| | | | |
| | | | 23 |

# Lösung

## Zahlenquadrate

1. Finde heraus, wie gerechnet wird!

Aufgabe:

| | | | |
|---|---|---|---|
| | 7 | | |
| | 4 | 5 | |
| | 3 | 1 | |
| | | | 5 |

Lösung:

| | | | |
|---|---|---|---|
| 5 | 7 | 6 | 8 |
| 9 | 4 | 5 | 9 |
| 4 | 3 | 1 | 4 |
| 8 | 7 | 6 | 5 |

2. Löse die Zahlenquadrate!

| | | | |
|---|---|---|---|
| 63 | 42 | 84 | 63 |
| 71 | 25 | 46 | 71 |
| 55 | 17 | 38 | 55 |
| 63 | 42 | 84 | 63 |

| | | | |
|---|---|---|---|
| 81 | 93 | 45 | 57 |
| 72 | 54 | 18 | 72 |
| 66 | 39 | 27 | 66 |
| 57 | 93 | 45 | 81 |

| | | | |
|---|---|---|---|
| 52 | 47 | 100 | 95 |
| 86 | 19 | 67 | 86 |
| 61 | 28 | 33 | 61 |
| 95 | 47 | 100 | 52 |

| | | | |
|---|---|---|---|
| 25 | 92 | 24 | 91 |
| 35 | 18 | 17 | 35 |
| 81 | 74 | 7 | 81 |
| 91 | 92 | 24 | 25 |

| | | | |
|---|---|---|---|
| 52 | 81 | 63 | 92 |
| 83 | 36 | 47 | 83 |
| 61 | 45 | 16 | 61 |
| 92 | 81 | 63 | 52 |

| | | | |
|---|---|---|---|
| 73 | 54 | 64 | 45 |
| 61 | 35 | 26 | 61 |
| 57 | 19 | 38 | 57 |
| 45 | 54 | 64 | 73 |

| | | | |
|---|---|---|---|
| 33 | 81 | 46 | 94 |
| 43 | 15 | 28 | 43 |
| 84 | 66 | 18 | 84 |
| 94 | 81 | 46 | 33 |

| | | | |
|---|---|---|---|
| 64 | 83 | 81 | 100 |
| 71 | 27 | 44 | 71 |
| 93 | 56 | 37 | 93 |
| 100 | 83 | 81 | 64 |

*

| | | | |
|---|---|---|---|
| | 31 | | |
| | | | 24 |
| | | | |
| | | | 23 |

* *Mehrere Möglichkeiten! Keine Lösungsangabe möglich.*

| Name: | | Datum: | |
|---|---|---|---|

# Zauberquadrate

1. Finde heraus, wie gerechnet wird!

Aufgabe:

| | | | | |
|---|---|---|---|---|
| | | | | |
| | 10 | 3 | 8 | |
| | 5 | 7 | 9 | |
| | 6 | 11 | 4 | |
| | | | | |

Lösung: Zauberzahl 21

| | | | | |
|---|---|---|---|---|
| 21 | 21 | 21 | 21 | 21 |
| 21 | 10 | 3 | 8 | 21 |
| 21 | 5 | 7 | 9 | 21 |
| 21 | 6 | 11 | 4 | 21 |
| 21 | 21 | 21 | 21 | 21 |

2. Löse die Zauberquadrate!

Zauberzahl 36

| | | |
|---|---|---|
| | | 13 |
| 10 | | |
| | | 9 |

Zauberzahl 48

| | | |
|---|---|---|
| 19 | | |
| | | |
| | 20 | 13 |

Zauberzahl 66

| | | |
|---|---|---|
| 21 | | |
| 20 | 22 | |
| | | |

Zauberzahl 57

| | | |
|---|---|---|
| 18 | | 16 |
| | | |
| 22 | | |

Zauberzahl 84

| | | |
|---|---|---|
| | | |
| | 28 | 30 |
| 31 | | |

Zauberzahl 99

| | | |
|---|---|---|
| 32 | | |
| | | |
| | 29 | 34 |

Zauberzahl ____

| | | |
|---|---|---|
| 34 | | 32 |
| | 31 | |
| | | 28 |

Zauberzahl ____

| | | |
|---|---|---|
| | | 22 |
| 23 | 25 | 27 |
| | | |

Zauberzahl ____

| | | |
|---|---|---|
| | | 26 |
| 27 | | 31 |
| | | 30 |

Name: ______________ Datum: ______________

# Zauberquadrate

1. Finde heraus, wie gerechnet wird!

Aufgabe:

| | | | | |
|---|---|---|---|---|
| | 10 | 3 | 8 | |
| | 5 | 7 | 9 | |
| | 6 | 11 | 4 | |
| | | | | |

Lösung: Zauberzahl 21

| 21 | 21 | 21 | 21 | 21 |
|---|---|---|---|---|
| 21 | 10 | 3 | 8 | 21 |
| 21 | 5 | 7 | 9 | 21 |
| 21 | 6 | 11 | 4 | 21 |
| 21 | 21 | 21 | 21 | 21 |

2. Löse die Zauberquadrate!

Zauberzahl 36

| **15** | **8** | 13 |
|---|---|---|
| 10 | **12** | **14** |
| **11** | **16** | 9 |

Zauberzahl 48

| 19 | **12** | **17** |
|---|---|---|
| **14** | **16** | **18** |
| **15** | 20 | 13 |

Zauberzahl 66

| 21 | **26** | **19** |
|---|---|---|
| 20 | 22 | **24** |
| **25** | **18** | **23** |

Zauberzahl 57

| 18 | **23** | 16 |
|---|---|---|
| **17** | **19** | **21** |
| 22 | **15** | **20** |

Zauberzahl 84

| **27** | **32** | **25** |
|---|---|---|
| **26** | 28 | 30 |
| 31 | **24** | **29** |

Zauberzahl 99

| 32 | **37** | **30** |
|---|---|---|
| **31** | **33** | **35** |
| **36** | 29 | 34 |

Zauberzahl **93**

| 34 | **27** | 32 |
|---|---|---|
| **29** | 31 | **33** |
| **30** | **35** | 28 |

Zauberzahl **75**

| **24** | **29** | 22 |
|---|---|---|
| 23 | 25 | 27 |
| **28** | **21** | **26** |

Zauberzahl **87**

| **28** | **33** | 26 |
|---|---|---|
| 27 | **29** | 31 |
| **32** | **25** | 30 |

Name: Datum:

# Windmühlenaufgaben

1. Finde heraus, wie gerechnet wird! – Welche Zahl steht in der Tür?

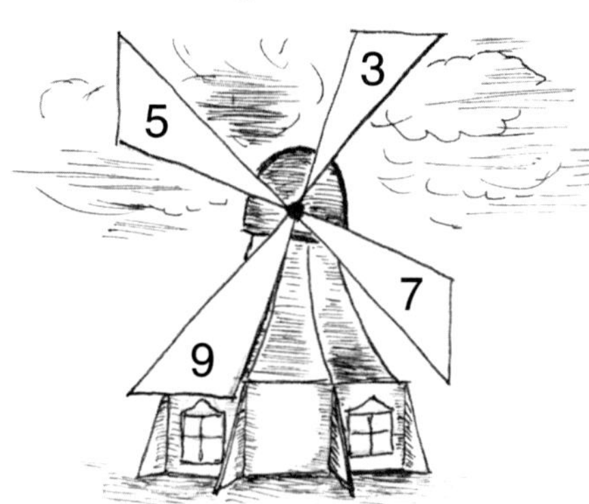

2. Rechne!

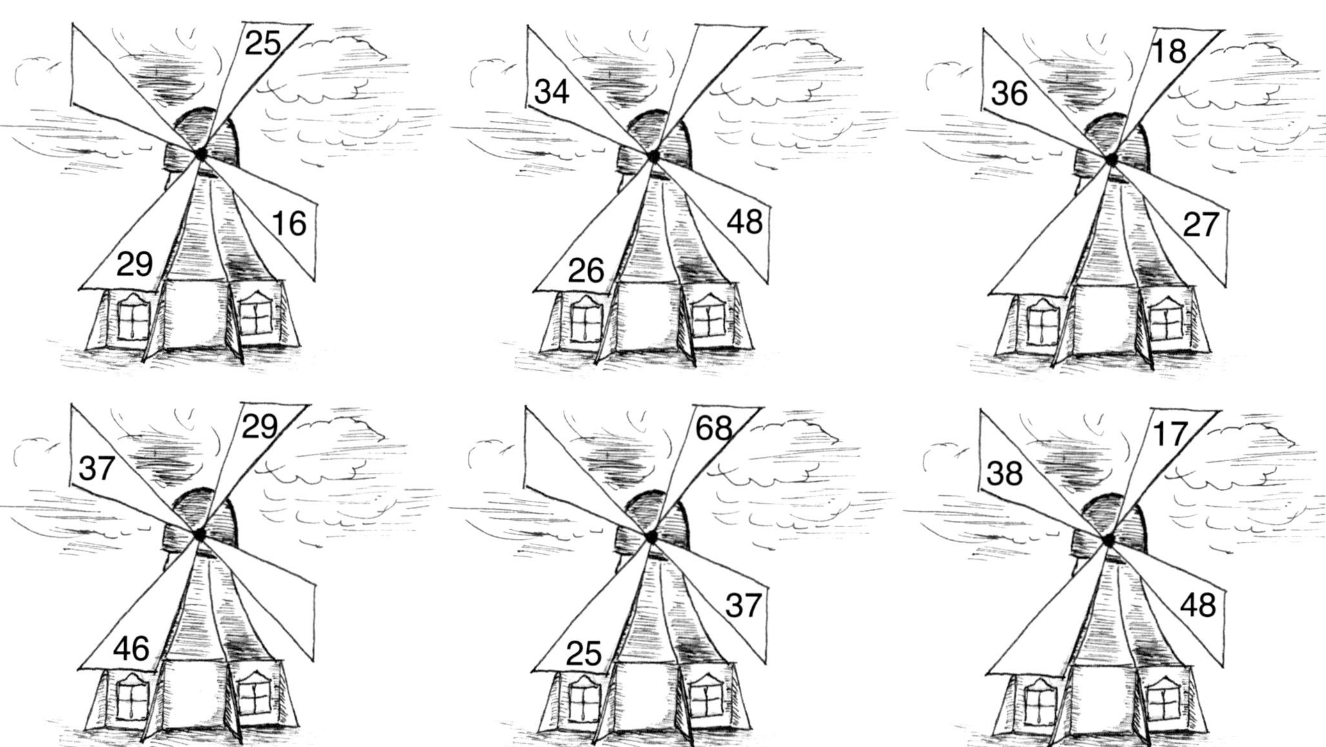


3. Trage die Zahlen passend ein! – Finde die fehlende Zahl!

24 – 27 – 25 – 28 – ?

48 – 16 – 55 – 23 – ?

67 – 39 – 84 – 17 – ?

# Lösung

## Windmühlenaufgaben

1. Finde heraus, wie gerechnet wird! – Welche Zahl steht in der Tür?

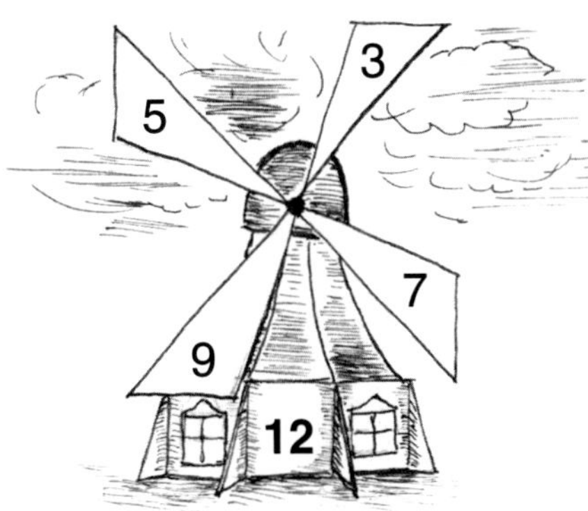

2. Rechne!

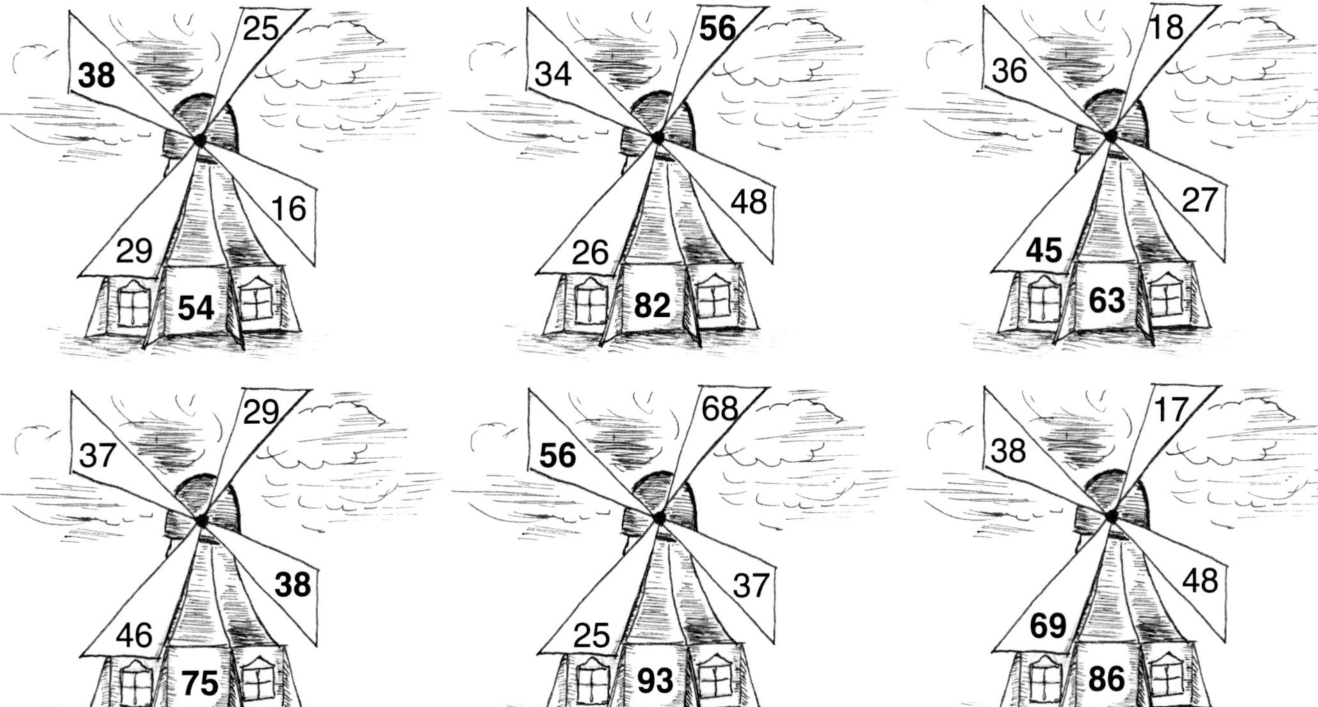


3. Trage die Zahlen passend ein! – Finde die fehlende Zahl!

24 – 27 – 25 – 28 – **52**

48 – 16 – 55 – 23 – **71**

67 – 39 – 84 – 17 – **45**

**27**
**28**
**25**
**24**
**52**

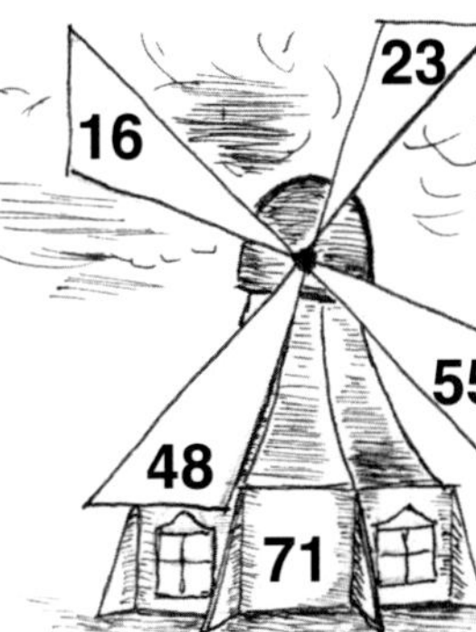


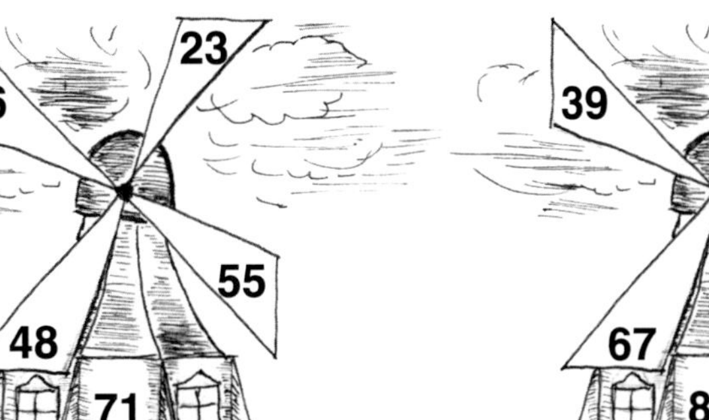

Name: ______________________ Datum: ______________________

## Zahlenhäuser

1. Finde heraus, wie gerechnet wird! – Vergleiche die Häuser miteinander!

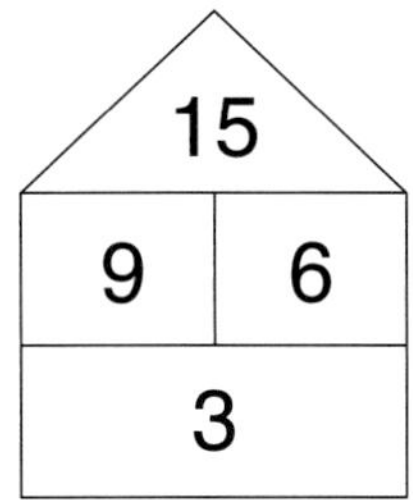


| Dach | links | rechts | unten |
|---|---|---|---|
| 18 | 15 | 3 | 12 |
| 30 | 18 | 12 | 6 |
| 36 | 30 | 6 | 24 |
|  | 36 |  |  |

2. Löse die Zahlenhäuser!

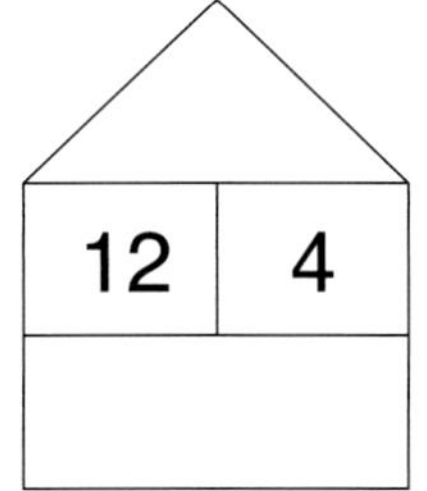

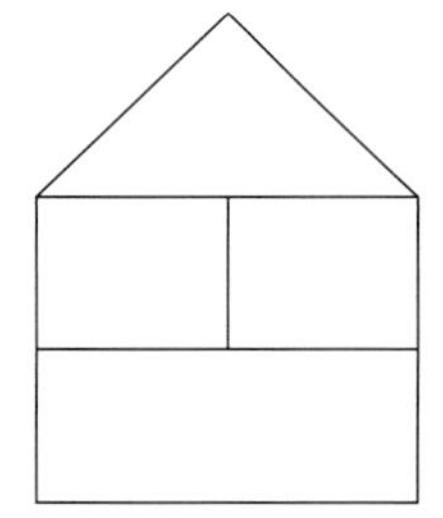
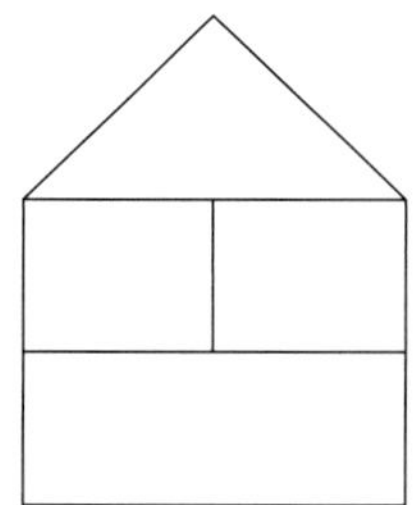
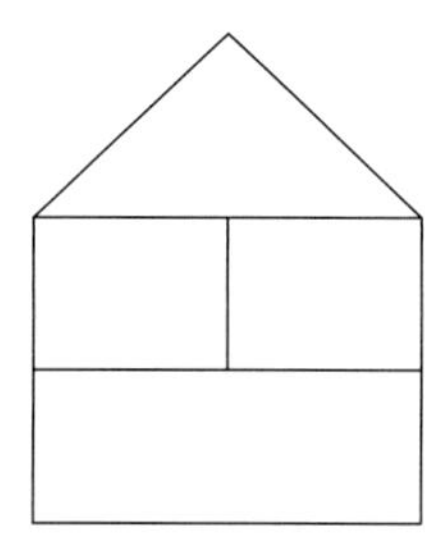
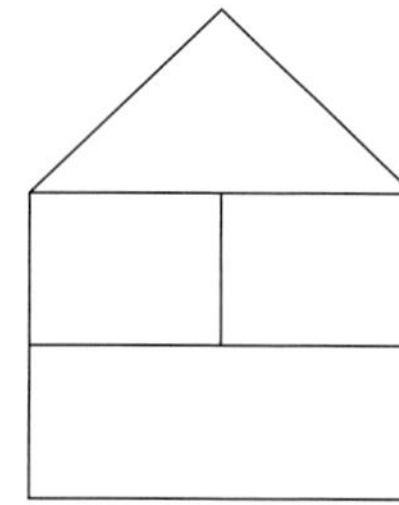

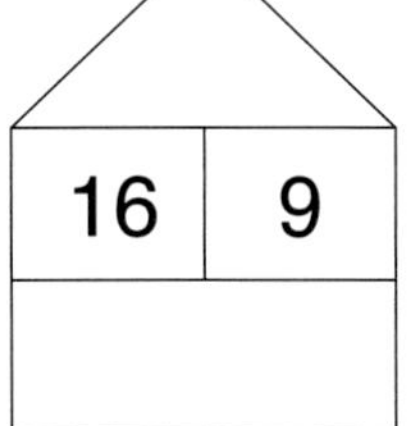

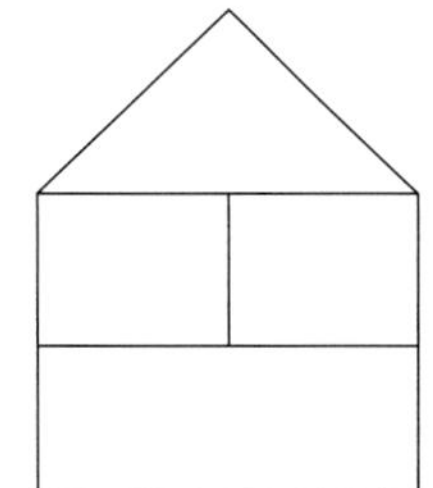
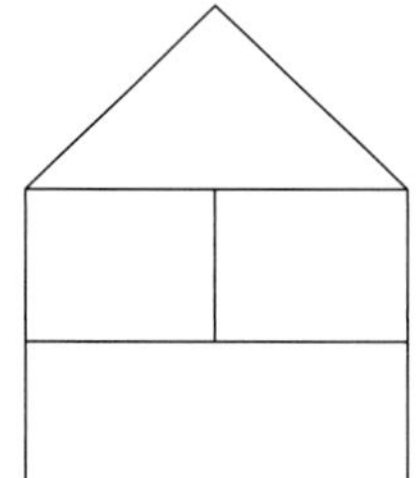
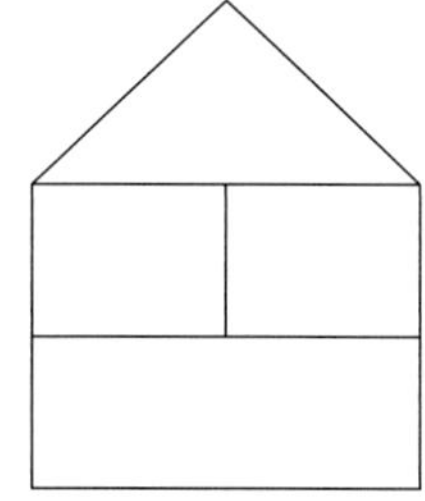
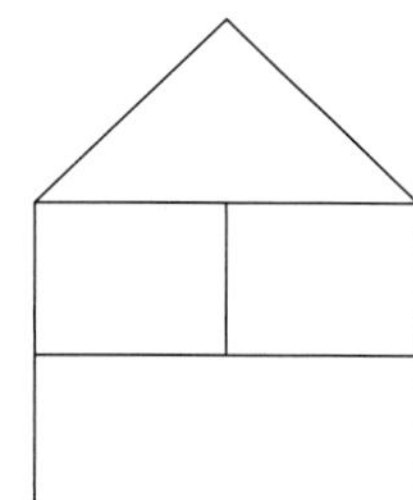

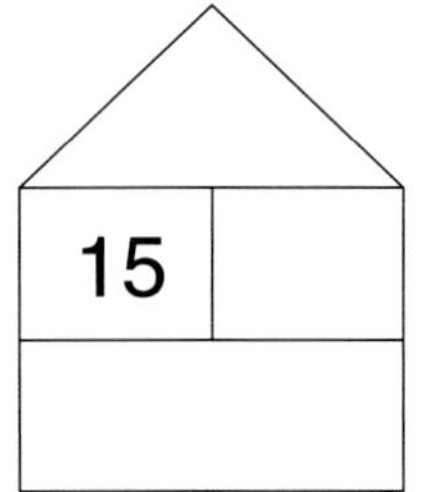

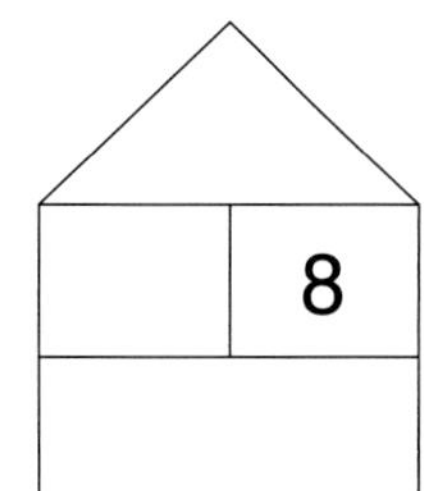

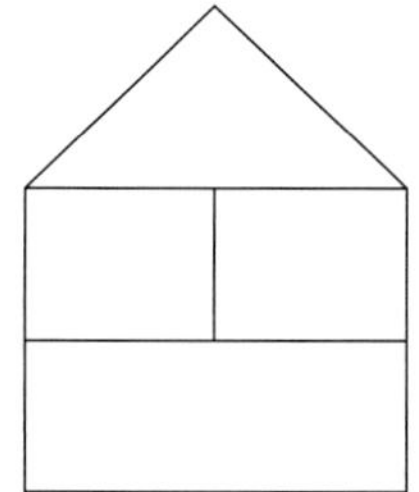
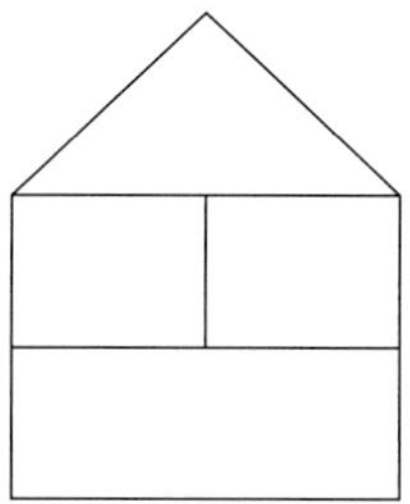
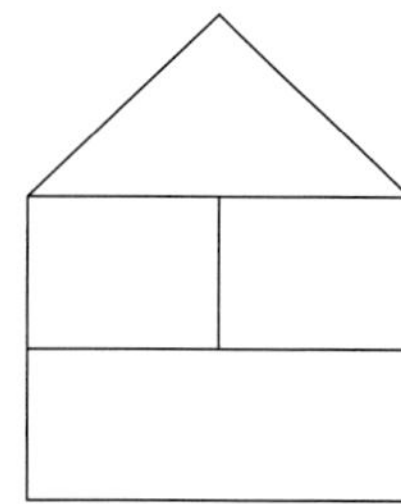

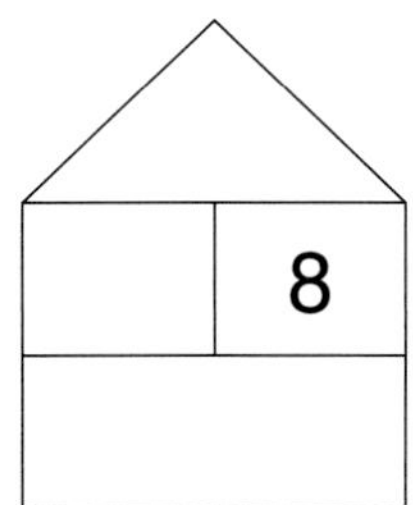

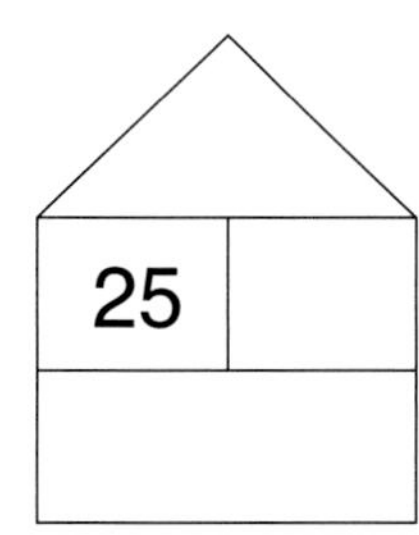

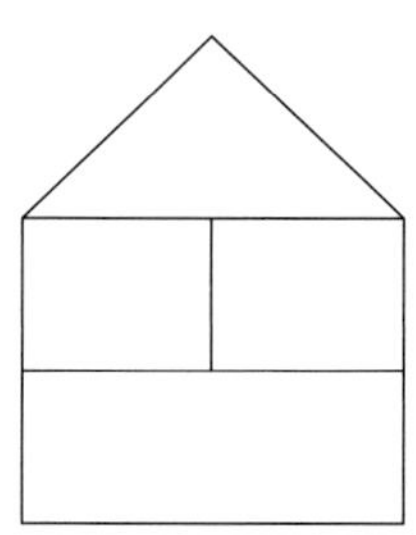
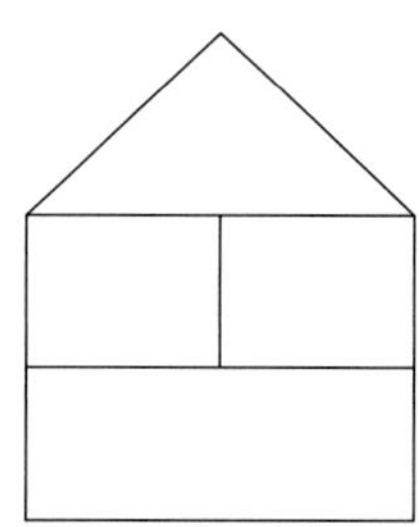
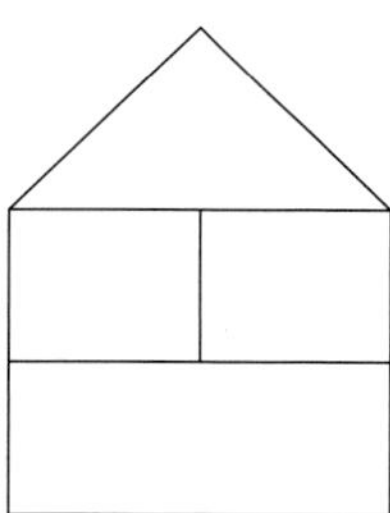

# Lösung

## Zahlenhäuser

1. Finde heraus, wie gerechnet wird! – Vergleiche die Häuser miteinander!

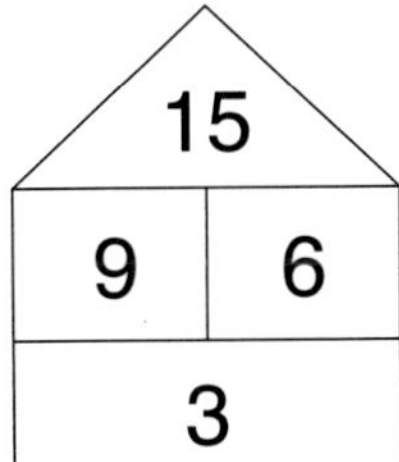


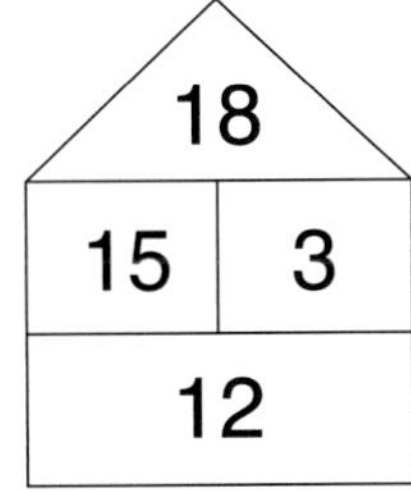


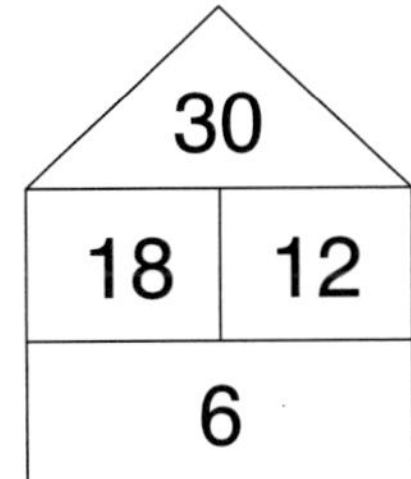


36
30 | 6
24

60
36 | 24
12

2. Löse die Zahlenhäuser!

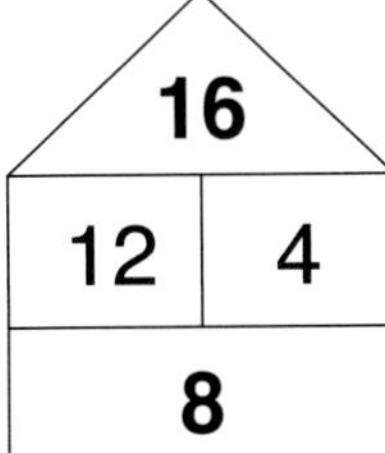


24
16 | 8
8

32
24 | 8
16

48
32 | 16
16

64
48 | 16
32

25
16 | 9
7

32
25 | 7
18

50
32 | 18
14

64
50 | 14
36

100
64 | 36
28

22
15 | 7
8

30
22 | 8
14

44
30 | 14
16

60
44 | 16
28

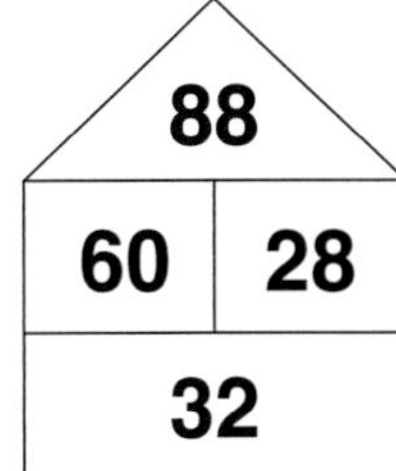


25
17 | 8
9

34
25 | 9
16

50
34 | 16
18

68
50 | 18
32

100
68 | 32
36

Name: ____________ Datum: ____________

## Plus und minus bis 100

Löse die Aufgaben und male die Lösungszahlen im Hunderterfeld an!

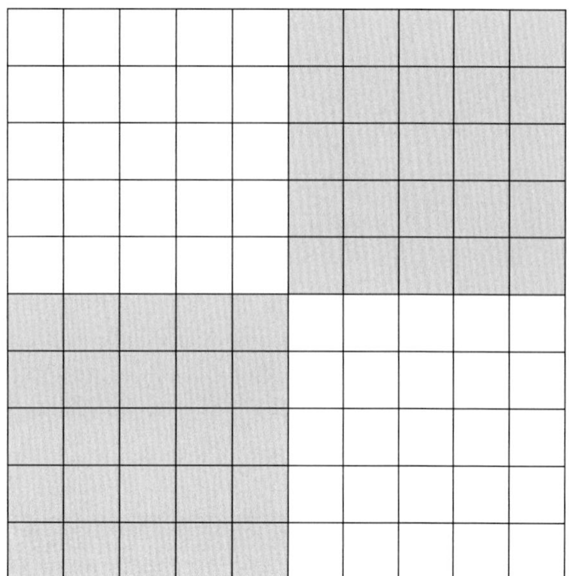

**rot**

| | | | | | | | |
|---|---|---|---|---|---|---|---|
| 4 | 7 | + | 2 | 7 | = | | |
| 6 | 1 | − | 2 | 8 | = | | |
| 2 | 6 | + | 3 | 9 | = | | |
| 4 | 2 | − | 1 | 8 | = | | |
| 5 | 6 | + | 1 | 7 | = | | |
| 9 | 1 | − | 4 | 9 | = | | |

**rot**

| | | | | | | | |
|---|---|---|---|---|---|---|---|
| 5 | 4 | + | | | = | 6 | 2 |
| 8 | 5 | − | | | = | 5 | 7 |
| 7 | 6 | + | | | = | 9 | 1 |
| 3 | 1 | − | | | = | 2 | 4 |
| 6 | 7 | + | | | = | 8 | 5 |
| 4 | 2 | − | | | = | 3 | 6 |

**rot**

| | | | | | | | |
|---|---|---|---|---|---|---|---|
| | | + | 1 | 9 | = | 7 | 0 |
| | | − | 4 | 4 | = | 2 | 7 |
| | | + | 4 | 6 | = | 8 | 4 |
| | | − | 3 | 5 | = | 2 | 6 |
| | | + | 2 | 8 | = | 7 | 5 |
| | | − | 5 | 7 | = | 1 | 5 |

**blau**

| | | | | | | | |
|---|---|---|---|---|---|---|---|
| 5 | 9 | + | 2 | 9 | = | | |
| 8 | 7 | − | | | = | 1 | 8 |
| 4 | 8 | + | 3 | 8 | = | | |
| 9 | 5 | − | 1 | 6 | = | | |
| | | + | 1 | 4 | = | 8 | 0 |

**blau**

| | | | | | | | |
|---|---|---|---|---|---|---|---|
| | | + | 2 | 3 | = | 8 | 2 |
| 8 | 4 | − | | | = | 2 | 6 |
| 3 | 6 | + | | | = | 9 | 3 |
| | | − | 1 | 9 | = | 6 | 8 |
| 1 | 5 | + | | | = | 9 | 1 |

**schwarz**

| | | | | | | | |
|---|---|---|---|---|---|---|---|
| 5 | 8 | + | | | = | 9 | 2 |
| 6 | 2 | − | | | = | 3 | 9 |
| | | + | 2 | 7 | = | 8 | 3 |
| | | − | 4 | 9 | = | 2 | 9 |
| 2 | 6 | + | | | = | 7 | 1 |
| 8 | 4 | − | 1 | 7 | = | | |

**gelb**

- Meine Zahl ist um 8 größer als das Doppelte von 9.
- Meine Zahl hat die gleiche Einer- und Zehnerstelle. Sie hat die Quersumme 14.
- Meine Zahl erhalte ich, wenn ich von 100 das Doppelte von 16 abziehe.
- Wenn ich von meiner Zahl 8 abziehe, erhalte ich die Hälfte von 90.

# Lösung

## Plus und minus bis 100

Löse die Aufgaben und male die Lösungszahlen im Hunderterfeld an!

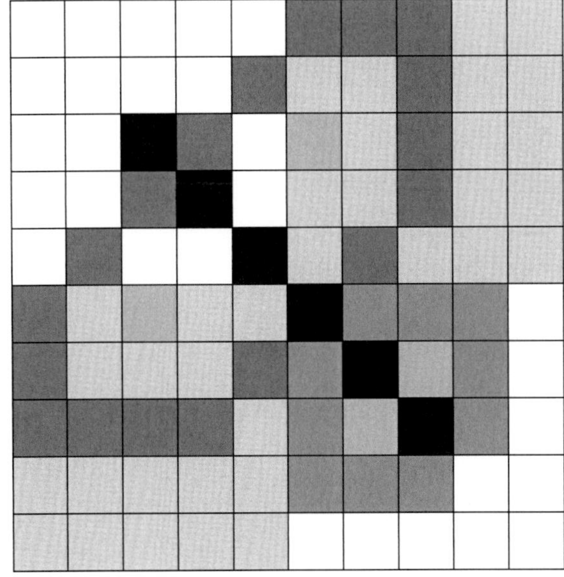

rot

47 + 27 = **74**
61 − 28 = **33**
26 + 39 = **65**
42 − 18 = **24**
56 + 17 = **73**
91 − 49 = **42**

rot

54 + **8** = 62
85 − **28** = 57
76 + **15** = 91
31 − **7** = 24
67 + **18** = 85
42 − **6** = 36

rot

**51** + 19 = 70
**71** − 44 = 27
**38** + 46 = 84
**61** − 35 = 26
**47** + 28 = 75
**72** − 57 = 15

blau

59 + 29 = **88**
87 − **69** = 18
48 + 38 = **86**
95 − 16 = **79**
**66** + 14 = 80

blau

**59** + 23 = 82
84 − **58** = 26
36 + **57** = 93
**87** − 19 = 68
15 + **76** = 91

schwarz

58 + **34** = 92
62 − **23** = 39
**56** + 27 = 83
**78** − 49 = 29
26 + **45** = 71
84 − 17 = **67**

gelb

- Meine Zahl ist um 8 größer als das Doppelte von 9. **26**
- Meine Zahl hat die gleiche Einer- und Zehnerstelle. Sie hat die Quersumme 14. **77**
- Meine Zahl erhalte ich, wenn ich von 100 das Doppelte von 16 abziehe. **68**
- Wenn ich von meiner Zahl 8 abziehe, erhalte ich die Hälfte von 90. **53**

# BLANKOFORMULARE

Name: ______ Datum: ______

# Nachbarn helfen ( )

1. Rechne zuerst die Aufgabe in der Mitte!

2. Rechne zuerst die Aufgabe in der Mitte!

3. Rechne zuerst die Aufgabe in der Mitte! – Finde die Nachbaraufgaben!

4. Rechne!

Name: ______ Datum: ______

# Auf die Einer kommt es an (+)

1. Markiere alle Einer farbig!
2. Zähle die Einer zusammen! – Rechnest du dabei bis zum nächsten Zehner oder musst du über den Zehner rechnen?
3. Schreibe die Aufgaben auf und rechne die aus, die du rechnen kannst!
4. Lege eine Tabelle in deinem Heft an und ordne die Aufgaben!

| Bis zum Zehner | Über den Zehner |
|---|---|
| | |

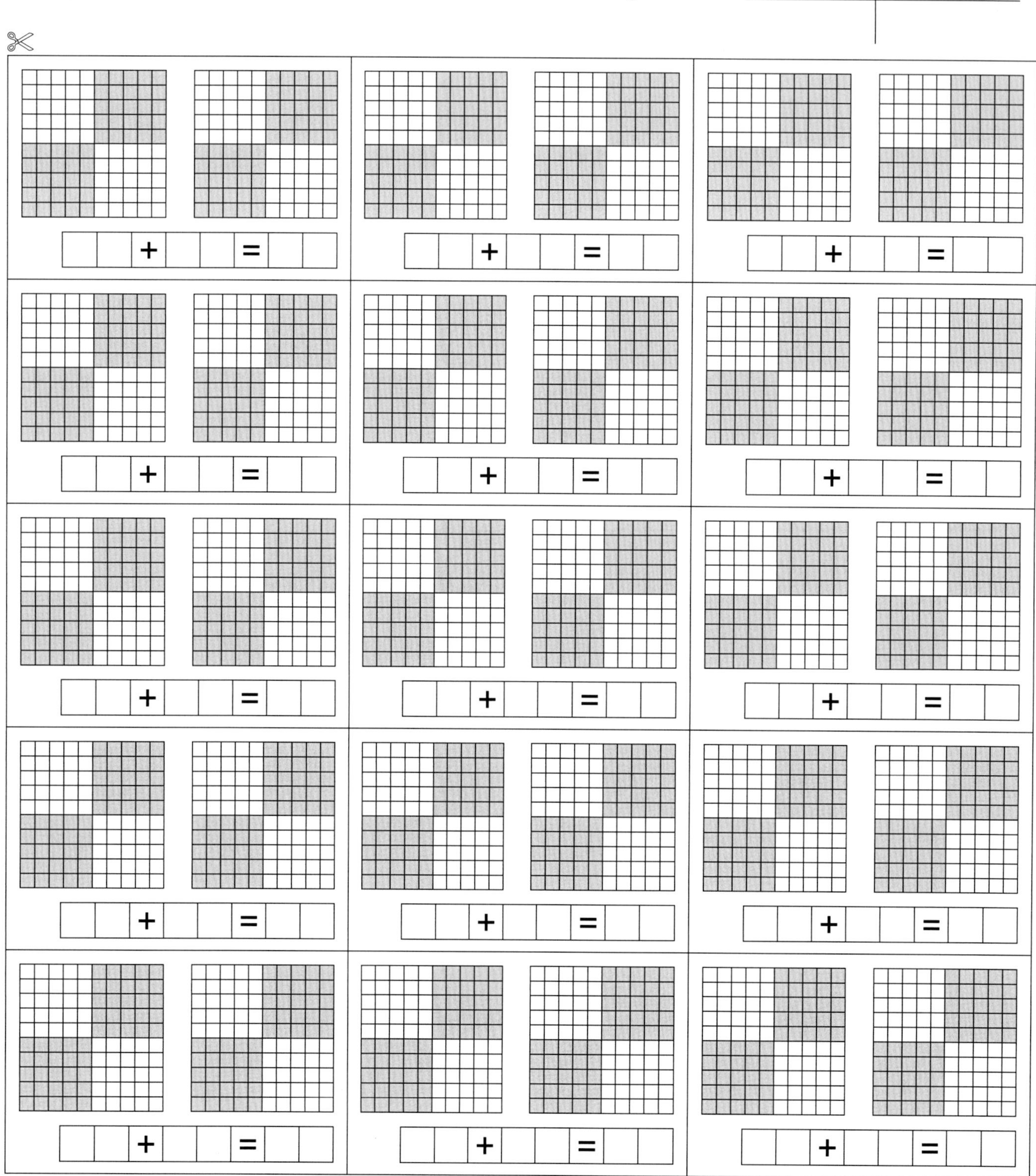

Name: Datum:

# Von einfachen zu schweren Aufgaben (+)

Zeichne und rechne!

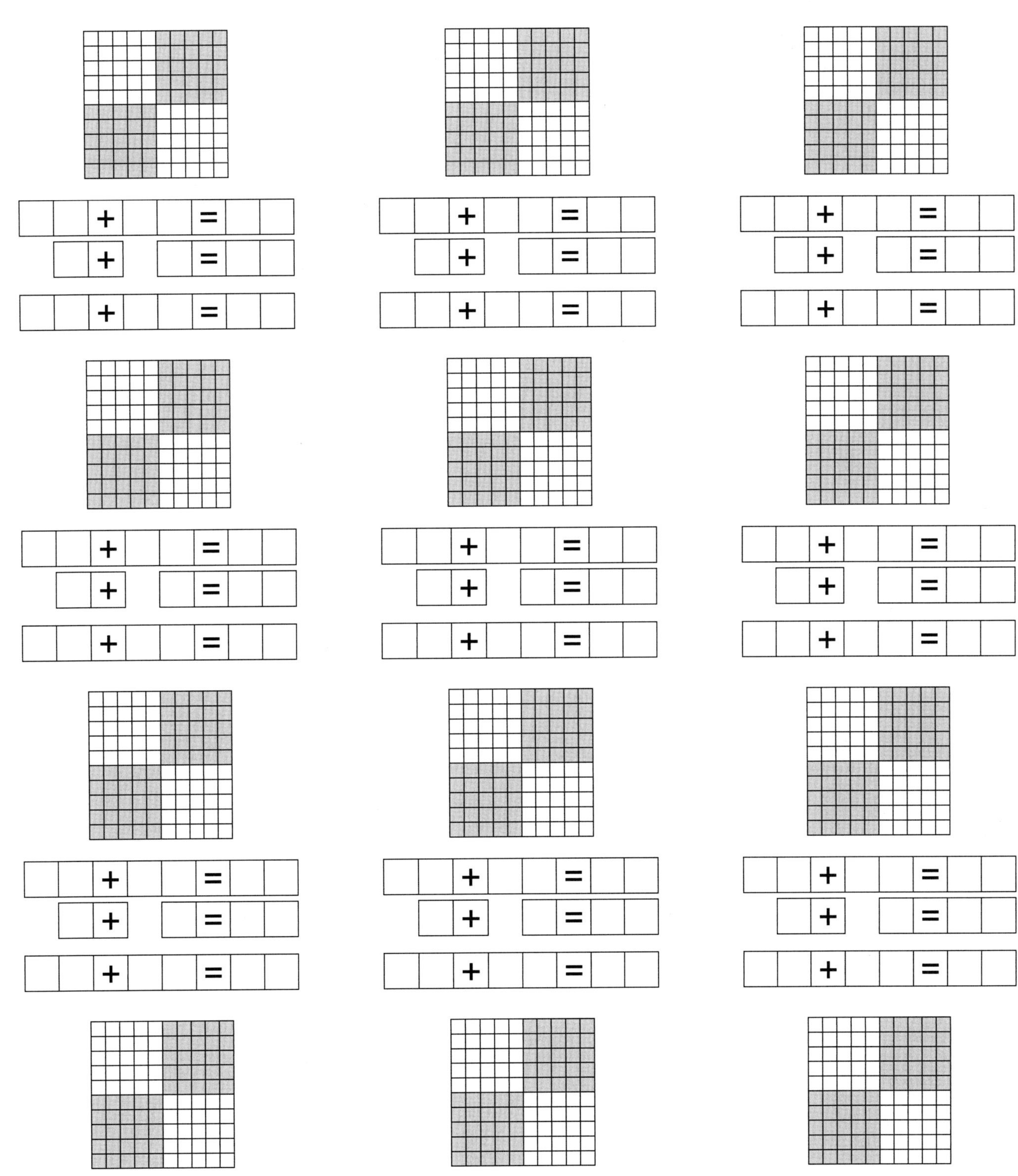

Name: ____________ Datum: ____________

# Wir rechnen bis 100 (+)

1. Schreibe die Zahlen und rechne deinen Weg!

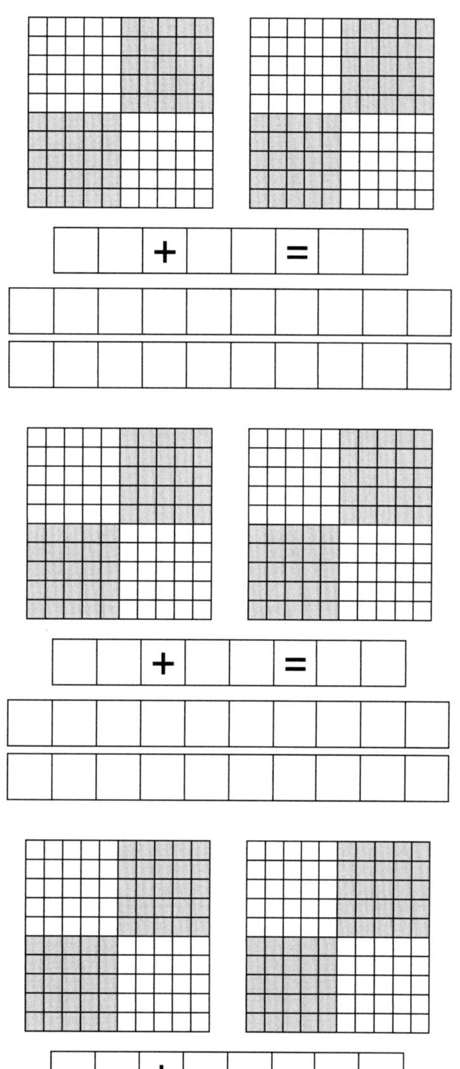

2. Rechne deinen Weg!

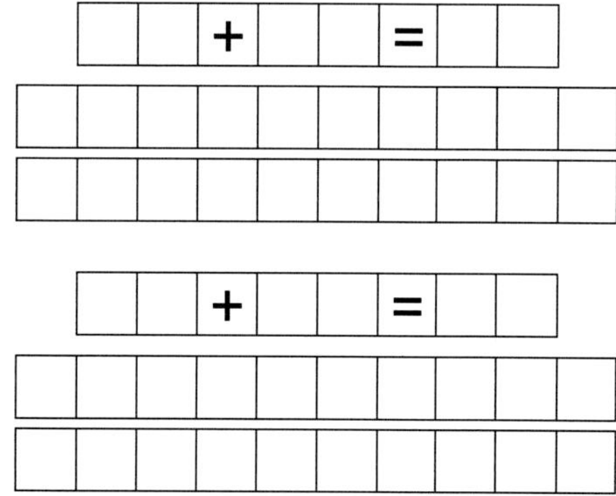

Name: ____________ Datum: ____________

# Wir rechnen bis 100 (–)

1. Schreibe die Zahl, streiche weg und rechne deinen Weg!

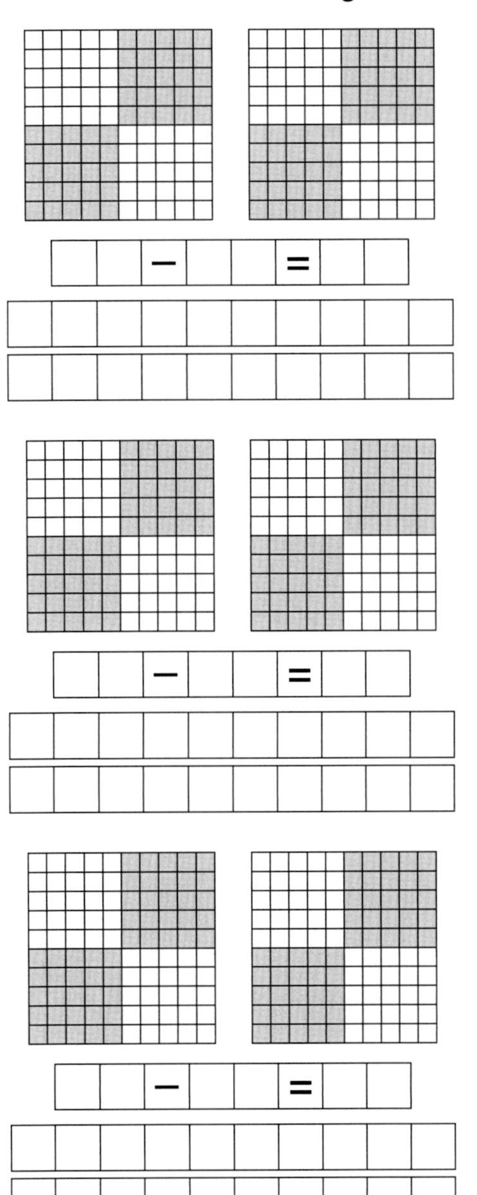

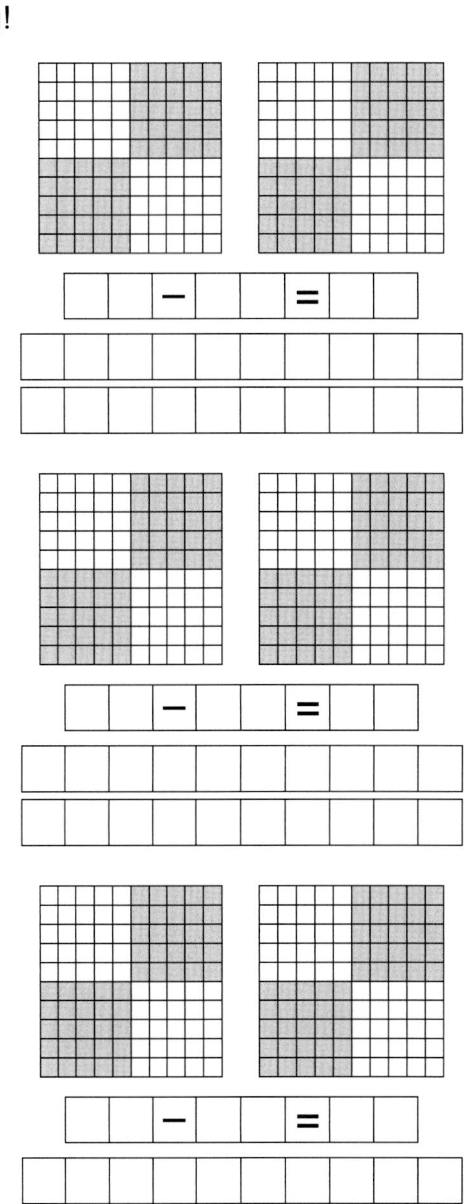

2. Schreibe die Zahl, streiche weg und rechne deinen Weg!

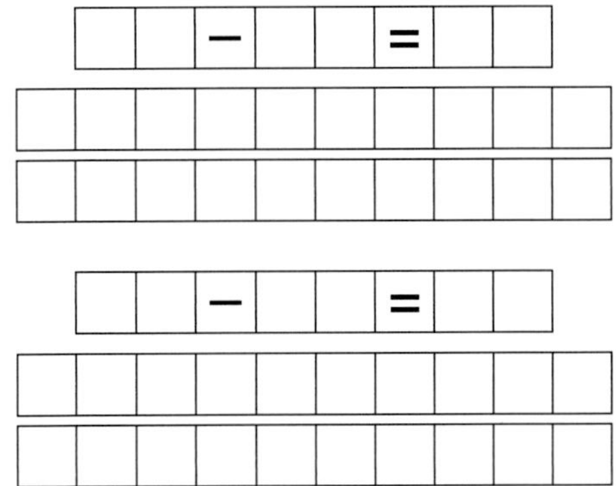

# Hunderterfeld

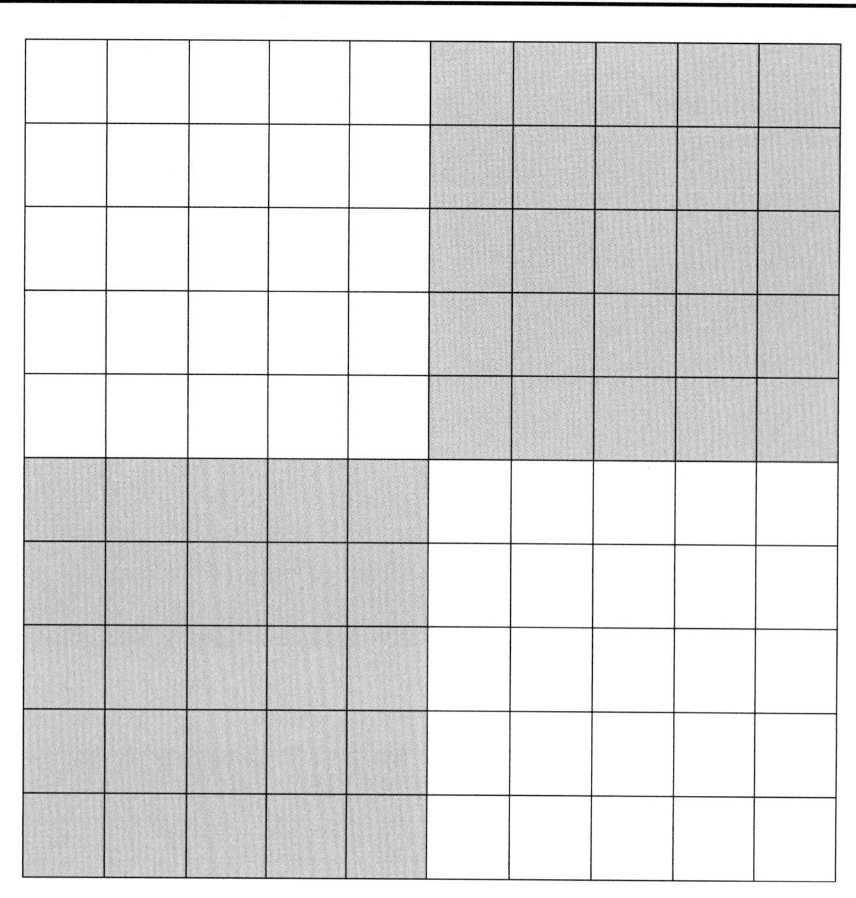

Faltlinie und Zwischenraum für Kartonverstärkung

| 1 | 2 | 3 | 4 | 5 | 6 | 7 | 8 | 9 | 10 |
|---|---|---|---|---|---|---|---|---|---|
| 11 | 12 | 13 | 14 | 15 | 16 | 17 | 18 | 19 | 20 |
| 21 | 22 | 23 | 24 | 25 | 26 | 27 | 28 | 29 | 30 |
| 31 | 32 | 33 | 34 | 35 | 36 | 37 | 38 | 39 | 40 |
| 41 | 42 | 43 | 44 | 45 | 46 | 47 | 48 | 49 | 50 |
| 51 | 52 | 53 | 54 | 55 | 56 | 57 | 58 | 59 | 60 |
| 61 | 62 | 63 | 64 | 65 | 66 | 67 | 68 | 69 | 70 |
| 71 | 72 | 73 | 74 | 75 | 76 | 77 | 78 | 79 | 80 |
| 81 | 82 | 83 | 84 | 85 | 86 | 87 | 88 | 89 | 90 |
| 91 | 92 | 93 | 94 | 95 | 96 | 97 | 98 | 99 | 100 |

# Wochenplan

| | | | | | | | |
|---|---|---|---|---|---|---|---|
| 1 | | | | | | | |
| 2 | | | | | | | |
| 3 | | | | | | | |
| 4 | | | | | | | |
| 5 | | | | | | | |
| 6 | | | | | | | |
| 7 | | | | | | | |
| 8 | | | | | | | |
| 9 | | | | | | | |
| 10 | | | | | | | |
| 11 | | | | | | | |
| 12 | | | | | | | |
| 13 | | | | | | | |
| 14 | | | | | | | |
| 15 | | | | | | | |
| 16 | | | | | | | |
| 17 | | | | | | | |
| 18 | | | | | | | |
| 19 | | | | | | | |
| 20 | | | | | | | |
| 21 | | | | | | | |
| 22 | | | | | | | |
| 23 | | | | | | | |
| 24 | | | | | | | |
| 25 | | | | | | | |
| 26 | | | | | | | |
| 27 | | | | | | | |
| 28 | | | | | | | |

**Notizen**